Annemarie Grund

Zeit für Wirksamkeit

Wie wir uns sinnstiftend und wertschöpfend einbringen können

ForwardVerlag

ForwardVerlag

Zeit für Wirksamkeit
Wie wir uns sinnstiftend und wertschöpfend einbringen können

Imprint der Verlagsgruppe StudyHelp GmbH, Paderborn
www.forwardverlag.de

1. Auflage

Autorin: Annemarie Grund

Lektorat: Tina Müller
Kontakt: info@forwardverlag.de
Umschlaggestaltung: @magier
Grafiken: Krumm Design GbR, Polanski & Weiner
Druck: mediaprint solutions GmbH

ISBN 978-3-98755-170-3

INHALT

Vorwort von Prof. Dr. Günter Faltin 7

Prolog: Was ich 8.700 Kilometer von Zuhause über Wirksamkeit gelernt habe 10

I Warum deine Zeit für Wirksamkeit genau jetzt ist

1 Warum wir alle gebraucht werden 15

2 Was Wirksamkeit wirklich bedeutet – und warum sie gerade jetzt zählt 21

II Die Grundlagen deiner Wirksamkeit

3 Was unternehmerisches Handeln mit Wirksamkeit zu tun hat 31

4 Der Wirkungskern: Dein innerer Kompass 43

III Das Wirksamkeitsmodell: Schritt für Schritt wirksam werden

5 Der Wirksamkeitskreis: Rolle und Ressourcen in Einklang bringen 77

6 Vom Wirksamkeitskreis zum Wirksamkeitskosmos: Wie individuelle Wirksamkeit wächst 97

IV Die Felder unternehmerischer Wirksamkeit

7 Dein Spielfeld im Überblick 115

8 Gründen: Etwas Eigenes aufbauen 123

9 Nachfolge (Entrepreneurship through Acquisition): Ein Unternehmen übernehmen und entwickeln 149

10 Mischformen: Neue Wege gestalten 177

11 Investieren: Kapital wirksam einsetzen 201

12 Begleiten: Zeit und Erfahrung einbringen 225

V 12 unternehmerische Wirksamkeits-Impulse

Dr. Philipp Baaske
Gründer NanoTemper GmbH, Vizepräsident für Entrepreneurship an der LMU München 247

Torsten Bendlin
Gründer und Geschäftsführer Valuedesk GmbH 252

Iota Dimou
Gründerin und Geschäftsführerin Pixida GmbH 259

Lucy Geppert
Geschäftsführerin Eckl Kamine & Solar GmbH & Co. KG 264

Florian Pachaly
Gründer und Gesellschafter RECUP GmbH 268

Michael Scheidel
Gründer und Geschäftsführer MS Investment Partners GmbH 273

Michaela Schenk
Geschäftsführerin MAWA GmbH 276

Matthias Schwarz
Gründer der Plattform Healthcare Founders 279

Gosia Schweizer
Geschäftsführerin Schweizer Beteiligungsconsult GmbH 283

Günes Seyfarth
Serienentrepreneurin 288

Christian Steiger
Geschäftsführer Lexware 291

Niclas Storz
Gründer und Geschäftsführer Tidely GmbH 294

Epilog: Deine Zeit für Wirksamkeit beginnt jetzt 298

Danksagung 299

Fotocredits 300

Hinweis zur Sprache

In meinen Texten verzichte ich auf das Gendern. Nicht aus Ignoranz, sondern aus Überzeugung. Sprachliche Formen allein entfalten keine Wirkung – Handlungen schon. Wer sich einbringt, ist gemeint – unabhängig von Geschlecht, Etikett oder Rolle. Entscheidend ist nicht, wie du genannt wirst, sondern was du bewirkst. Wenn du weiterliest, wirst du verstehen, warum.

Für alle,
die glauben, sie könnten nichts bewirken.

Für alle,
die meinen, sie müssten sich abfinden.

Für alle,
die morgens ihre Träume
an den Garderobenhaken hängen.

Für alle,
die ahnen, dass sie sich einbringen können.

Für alle,
die ihre Ressourcen
etwas Größerem zur Verfügung stellen wollen –
auch wenn sie heute noch nicht wissen, was das ist.

Für alle,
die bereit sind, Verantwortung zu übernehmen.

Heute.
Hier.
Jetzt.

Vorwort von Prof. Dr. Günter Faltin

Wir haben uns daran gewöhnt, Ökonomie als das Geschäft der Großen zu betrachten. Konzerne, Banken, Regierungen – sie geben den Ton an, sie bestimmen die Spielregeln. Der Rest glaubt, das müsse so sein, hofft auf gute Arbeitsplätze, auf ein wenig Sicherheit, vielleicht auf steigende Aktienkurse. Doch diese Vorstellung ist überholt. Wir können uns eine solche verengte Perspektive nicht länger leisten. Ökonomie muss zur Sache der Vielen werden.

Es klingt fast utopisch: Ökonomie nicht länger als Privileg einiger weniger, sondern als Spielfeld für alle. Für Köpfe, nicht nur für Kapital. Für neue Ideen, nicht nur für Konvention und Macht. Für Menschen, die bereit sind, Verantwortung zu übernehmen. Aber das ist keine utopische Fantasie. Es ist der Ausweg aus den Sackgassen, in die uns die alte Ökonomie geführt hat.

Wer glaubt, dass man Millionen braucht, um unternehmerisch wirksam zu sein, hat das Potenzial von Ideen nicht verstanden. Ein gutes Ideenkonzept, mit vielen attraktiven Facetten, richtig durchdacht, braucht nicht zwangsläufig großes Startkapital. Ein solches Konzept braucht Klarheit und konsequente Umsetzung. Manchmal reicht schon die Fähigkeit, aus dem, was schon vorhanden ist, etwas Neues zusammenzusetzen. Wir müssen nicht alles selbst erfinden. Wir können das Puzzle auch neu ordnen.

Die Teekampagne war dafür nur ein Beispiel. Tee gibt es zuhauf, Verpackungen auch, Transportwege sowieso. Nichts daran war revolutionär. Revolutionär war die Art, die Bausteine neu zusammenzufügen: Direktimport statt Zwischenhandel, große Verpackungseinheiten statt kleiner Päckchen, überschaubares Sortiment statt teurer Komplexität. Das Modell war einfach und transparent. Aber es eröffnete Möglichkeiten und zeigte: Man kann die Spielregeln ändern, wenn man den Mut hat, sie infrage zu stellen.

Genau das ist der Punkt. Ökonomie ist kein Naturgesetz. Sie ist gestaltbar. Sie ist nicht gegeben wie die Gravitation, sie ist ein menschengemachtes Konstrukt. Und wenn sie uns nicht mehr dient, müssen wir sie neu denken. Wir haben uns viel zu sehr blenden lassen von Show, von Glanz, von Reichweite. Wer laut ist, gilt als erfolgreich. Wer sichtbar ist, als wirksam. Doch was bleibt übrig, wenn der Lärm verklungen ist? Wirkung misst sich nicht an Klicks, sondern an Problemlösungen. Substanz schlägt Show. Fast immer.

Viele sagen: Aber wie sollen die Kleinen gegen die Großen bestehen? Der Markt sei gnadenlos, die Großen hätten zu viel Kapital, zu viel Macht. Aber erinnern wir uns: David gegen Goliath ist kein Märchen. Es ist eine Metapher dafür, dass Klugheit und Mut es mit Größe und Schwerfälligkeit aufnehmen können. Gerade die Kleinen, die nicht an die Konventionen gebunden sind, haben die Chance, das Spiel neu zu definieren.

Das ist die eigentliche Stärke einer Ökonomie der Vielen: Sie bringt nicht nur mehr Akteure ins Spiel, sondern auch Menschen mit anderen Werten, mehr Ideen, mehr Perspektiven, mehr Experimentierfreude. Vielfalt schlägt Monokultur. Hundert kleine Initiativen sind anpassungsfähiger, kreativer, resilienter als ein einzelner Konzernkoloss.

Und es geht noch tiefer. Wir müssen Ökonomie nicht länger als eine Maschine betrachten, die Profite ausspuckt, während sie Umwelt und Menschen verschleißt. Wir können Ökonomie besser. Wir können sie fairer machen, nachhaltiger, menschlicher. Das ist keine naive Hoffnung, sondern schlichte Notwendigkeit. Wenn wir weitermachen wie bisher, zerstören wir die Grundlagen unseres eigenen Lebens. Wir alle, die wir Ressourcen haben – Ideen, Zeit, Erfahrung, Kapital, Netzwerke. Die Frage ist, ob wir diese Ressourcen weiterhin parken oder endlich einsetzen.

Und damit sind wir bei diesem Buch. *Zeit für Wirksamkeit* ist ein treffender Titel. Denn es geht genau darum: nicht mehr zu warten, nicht mehr zu hoffen, sondern zu handeln. Nicht mehr Zuschauer zu sein, sondern Akteur.

Das Buch richtet sich an Menschen, die spüren, dass sie mehr können, als sie bislang einbringen. An Menschen, die bereit sind, Verantwortung zu übernehmen. Es zeigt, dass es nicht nur den einen Weg gibt – die Gründung. Sondern viele: Nachfolge, Investition, Mentoring, Möglichmachen. Jeder kann Teil der Ökonomie der Vielen werden, auf seine Weise.

Wir dürfen unternehmerisches Denken und Handeln nicht länger mit dem Bild des jungen Gründers im Hoodie verwechseln. Selbst aktiv zu werden, zu unternehmen, ist keine Altersfrage, keine Modeerscheinung, sondern eine Haltung. Es ist die Bereitschaft, Probleme nicht nur zu beklagen, sondern zu lösen. Wer Verantwortung übernimmt, wirkt unternehmerisch – egal ob als Gründer, Investor, Mentor oder Nachfolger.

Dieses Buch ist unbequem, weil es klare Worte findet. Es sagt nicht: Warte auf die perfekte Gelegenheit. Es sagt: Fang an. Mit dem, was du hast. Mit der Klarheit deiner Idee. Mit dem Mut, anders zu denken. Das Potenzial ist da – in uns allen.

Eine Ökonomie der Vielen ist kein nettes Add-on, sondern der Weg in die Zukunft. Und dieses Buch ist ein Baustein auf diesem Weg. Es zeigt, wie wir unsere Ressourcen bündeln und wirksam werden können. Nicht irgendwann, sondern jetzt.

Wenn Sie es lesen, lesen Sie es nicht wie ein Sachbuch. Lesen Sie es wie einen Weckruf. Prüfen Sie sich selbst: Wo kann ich wirksam sein? Denn die Zukunft gehört nicht den wenigen Großen. Wir können Ökonomie besser.

Tun wir es!

Prof. Dr. Günter Faltin

Stiftung Entrepreneurship, Berlin

Prolog: Was ich 8.700 Kilometer von Zuhause über Wirksamkeit gelernt habe

Ich erinnere mich noch genau an diesen Besuch in Shanghai. Damals war ich im internationalen Marketing tätig, verantwortlich für die Umsetzung einer globalen Kampagne in China. Die Strategie kam aus Deutschland: ein einheitliches Erscheinungsbild, klare Farben, eine präzise Botschaft. Alles bis ins Detail definiert – mit der Idee, die Marke weltweit wiedererkennbar zu machen.

Die Entscheidung fiel auf ein kräftiges Orange – als Signal am Regal, wo sonst Schwarz und Weiß dominierten. Das Key Visual zeigte eine Szene, die im Westen für ein Schmunzeln sorgen sollte: ein Vorhang, eine schemenhafte Gestalt, eine Hand mit einem Messer. Eine kreative Irritation, gedacht, um Aufmerksamkeit zu erzeugen. Doch vor Ort war die Wirkung eine ganz andere. In Gesprächen mit den chinesischen Kollegen wurde schnell klar: Was hier als humorvoll gedacht war, wurde dort als bedrohlich empfunden. Es war ein klassischer Fall kultureller Fehlinterpretation – und ein Moment, der mir zeigt, wie wenig Wirkung entsteht, wenn die Rahmenbedingungen nicht stimmen.

Am Abend lief ich durch die Straßen von Shanghai, vorbei an den grellen Schriftzügen über der Skyline. Eigentlich hätte ich auf die Einhaltung des Styleguides bestehen müssen – keine chinesischen Schriftzeichen, keine silbergraue Verpackung. Doch die Argumente meiner Kollegen waren überzeugend. Sie wussten, was in ihrem Markt funktionierte, und handelten danach. Selbst Coca-Cola leuchtete in chinesischen Schriftzeichen über dem Bund, dieser berühmten Uferpromenade am Huangpu-Fluss. Die grelle Beleuchtung warf nicht nur ein Licht auf die Stadt, sondern auch auf meine eigene Haltung. In mir entstand die Klarheit, mich nach meiner Rückkehr in Deutschland für mehr lokalen Spielraum einzusetzen. „I put all my trust in you“, hatte mir der Leiter der chinesischen Niederlassung beim Abschied gesagt – ein Satz, der nachhallte.

Zurück in der Zentrale war das Interesse groß: Hatte ich die „Ausreißer“ zur Ordnung gerufen? Ihre Abweichungen sanktioniert? Ihre Budgets gekürzt? Ich hatte es nicht. Stattdessen stellte ich die Frage, ob unsere Regeln unter diesen Marktbedingungen überhaupt sinnvoll waren.

Doch mein Chef, verantwortlich für das globale Marketing, sah das anders. Für ihn zählten die internen Kennzahlen: Markenkonsistenz, Wiedererkennung, Corporate Design. Genau daran wurde er gemessen. Aber Umsatz, Marktanteil, Kundenzufriedenheit? All das fiel offiziell nicht in seinen Verantwortungsbereich. Und genau da lag das Problem. Unsere Marketingziele standen im Widerspruch zu den gesamtunternehmerischen Zielen. Wir hielten uns an Vorgaben, die dem Unternehmen schaden konnten, nur um die Marke formal zu schützen.

Als ich vorschlug, diesen lokalen Freiraum offiziell zuzulassen, weil er nachweislich zu besseren Ergebnissen führte, kam die Frage, die alles änderte: „Wessen Mandat vertrittst du hier eigentlich?"

Dieser Satz hat sich eingebrannt. Er machte schmerzhaft deutlich, wie wenig zählt, was man tatsächlich bewirkt – solange man die Spielregeln einhält. Ich begriff, dass ich in einem System arbeitete, in dem Zuständigkeiten wichtiger waren als Wirkung. Wo Loyalität belohnt wurde, nicht gesunder Menschenverstand.

Das war der Moment, in dem ich innerlich gekündigt habe – und wenig später auch wirklich. Ich wollte dort arbeiten, wo Wirkung zählt – nicht Absicherung. Wo man etwas verändern darf, wenn man es besser sieht. Wo nicht das Mandat entscheidet, sondern der Beitrag. Ich wollte wirksam sein. Wirklich wirksam. Und dieser Wunsch hat mich nie wieder losgelassen.

TEIL I

Warum deine Zeit für Wirksamkeit genau jetzt ist

1

Warum wir alle gebraucht werden

Vielleicht fragst du dich jetzt: Was hat meine Geschichte mit dir zu tun? Mehr, als du denkst. Denn das, was ich damals in einem Konzern erlebt habe, sehe ich heute im ganzen Land: Strukturen, die lähmen, statt zu befähigen. Menschen, die spüren, dass es so nicht weitergehen kann. Und ein System, das an seiner eigenen Komplexität zu ersticken droht. Darum betrifft dich das – weil echte Wirkung heute weniger von Strukturen abhängt und mehr von Menschen, die handeln.

Es war einmal anders. Vielleicht erinnerst du dich auch an eine Zeit, in der vieles klarer schien – in der man sich darauf verlassen konnte, dass ein Plan aufging, wenn man ihn gut durchdachte. Dass Institutionen funktionierten. Dass Stabilität kein leeres Versprechen war, sondern ein verlässlicher Rahmen, in dem Leben und Wirtschaft ihren Platz fanden.

Deutschland war lange ein Land, das für seine Gründlichkeit bewundert wurde. Für seine Ingenieurskunst, seine Bildung, seinen Mittelstand. Für seine Fähigkeit, Dinge zu Ende zu denken – und dann auch umzusetzen. Diese Verlässlichkeit bildete den Rahmen, auf dem das deutsche Wirtschaftswunder stand – getragen von Fleiß, Struktur und einer Stabilität, die Orientierung bot.

Die Welt, in der wir leben, ist schneller und komplexer geworden – alte Gewissheiten bröckeln. Nicht ein einzelnes Ereignis fordert uns heraus, sondern die Gleichzeitigkeit vieler Entwicklungen. Diese Überlagerung aus Krisen, Umbrüchen und neuen Abhängigkeiten bringt selbst stabile

Systeme ins Wanken. Die weltpolitische Lage ist angespannt wie seit Jahrzehnten nicht: Der Krieg in der Ukraine hat Abhängigkeiten offengelegt und die geopolitischen Machtachsen verschoben. Neue Allianzen entstehen, autoritäre Systeme gewinnen an Einfluss – und Deutschland? *Reagiert oft, statt zu gestalten.*

Gleichzeitig wird unser wirtschaftliches Fundament poröser. Der einst so starke Mittelstand kämpft mit Nachfolgeproblemen, überbordender Bürokratie und einer Innovationspolitik, die oft mehr ankündigt als ermöglicht. Digitalisierung bleibt vielerorts Schlagwort statt Realität. Behörden arbeiten noch mit Faxgeräten, Unternehmen verzweifeln an Formularen. Selbst einfache Genehmigungen werden zum Kraftakt. So entsteht ein Klima, in dem viele spüren: Die Strukturen, die uns einst getragen haben, halten uns heute zunehmend auf.

Doch es ist nicht nur die Wirtschaft, die stottert. Auch im Inneren unseres Landes zeigt sich ein beunruhigendes Bild: Unser Bildungssystem fällt zurück – nicht nur im internationalen Vergleich, sondern auch in der Fähigkeit, Talente zu fördern und Zukunftskompetenzen zu vermitteln.

Die Verwaltung ist oft überfordert, überreguliert, mutlos. Das Gesundheitswesen kämpft mit wachsender Belastung, Personalmangel und Strukturversagen. Und unsere Städte und Regionen driften immer weiter auseinander – wirtschaftlich, sozial, kulturell.

Was früher als Stärke galt – Gründlichkeit, Vorsicht, Komplexitätsbewusstsein –, wird heute zum Bremsklotz. Wir analysieren zu lange, entscheiden zu spät, setzen zu wenig um. Während andere Länder handeln, klammern wir uns an Protokolle und Zuständigkeiten.

Und während all das geschieht, wächst ein Gefühl, das schwer zu greifen, aber überall spürbar ist: Müdigkeit. Zweifel. Orientierungslosigkeit. Viele spüren, dass etwas nicht mehr stimmt – aber wissen nicht, wo sie ansetzen sollen. Das Vertrauen in Institutionen schwindet, das Zutrauen in die eigene Gestaltungsfähigkeit gleich mit.

Deutschland war einmal ein Land, das gemacht hat. Ein Land, das angepackt hat, das Lösungen gesucht und gefunden hat. Heute wirkt es oft wie ein Land im Standby-Modus. Gut ausgebildet, gut versorgt, aber seltsam bewegungslos.

Das eigentliche Risiko ist nicht, dass uns die Mittel fehlen – sondern dass wir sie nicht mehr einsetzen. Wenn wir weiter so verwalten, verlieren wir die Fähigkeit zu gestalten. Und somit das, was uns einmal stark gemacht hat. Denn viele der Werkzeuge, mit denen wir früher Probleme gelöst haben, funktionieren heute nicht mehr. Was einst als Tugend galt – Gründlichkeit, Risikobewusstsein, Regelkonformität –, verwandelt sich heute allzu oft in Lähmung. Unsere Prozesse sind auf Absicherung ausgerichtet, nicht auf Wirkung. Unsere Entscheidungswege folgen Hierarchien, nicht Dringlichkeiten. Und während sich die Welt draußen rasant verändert, bleibt unser System drinnen im Prüfmodus stecken.

Man spürt es überall: in Unternehmen, in Schulen, in der öffentlichen Verwaltung. Überall dort, wo Menschen gestalten wollen, stoßen sie an Grenzen – und sie tun es täglich. Regeln werden wichtiger genommen als Ergebnisse. Verantwortlichkeiten gleichen Zäunen. Und Ideen scheitern nicht an ihrer Qualität, sondern an der Frage, ob sie ins richtige Ressort fallen. Mut wird nicht belohnt, sondern misstrauisch beäugt.

Wir sehen ein System, das sich selbst immer wieder beschäftigt – mit Gutachten, Vorschriften und Protokollen. Entscheidungen werden verschoben: auf die Zeit nach der nächsten Wahl, nach der nächsten Sitzung, nach der nächsten Reform. Wir reden viel und entscheiden wenig. Wir analysieren lange und setzen zu spät um – in der Hoffnung, jedes Risiko ausschließen zu können. Doch dieser Moment kommt nie. Während wir noch prüfen, handeln andere längst.

Komplexitätsüberlastung – wenn Verstehen vom Handeln abhält

Wir leben in einer Zeit, in der wir mehr Informationen zur Verfügung haben als je zuvor. Wir wissen mehr, sehen mehr, verstehen mehr Zusammenhänge. Und doch handeln wir immer weniger.

Was zunächst paradox klingt, folgt einer klaren Logik: Je komplexer das Außen wird, desto schwerer fällt es dem Einzelnen, ins Tun zu kommen. Permanente Information, Bewertung und Einordnung erzeugen das Gefühl, beteiligt zu sein – lenken aber oft genau von dem ab, was eigentlich gebraucht wäre: Entscheidung und Handlung.

Viele von uns stecken in einem Zustand fest, den man als **Analyseparalyse** beschreiben kann. Wir denken nach, wägen ab, lesen weiter, hören zu, versuchen, alle Perspektiven zu verstehen. Wir wollen nichts übersehen, nichts falsch machen, niemandem schaden. Doch genau dieser Anspruch kann lähmen.

Verstehen wird dann zur Ersatzhandlung. Beschäftigtsein zum Beruhigungsmittel. Und je mehr wir versuchen, der Komplexität gerecht zu werden, desto weniger trauen wir uns zu handeln.

Das Problem ist nicht mangelndes Wissen. Im Gegenteil. Viele der Menschen, die sich heute am ohnmächtigsten fühlen, sind hoch informiert, reflektiert und verantwortungsbewusst. Doch Verantwortung braucht einen Rahmen. Ohne einen klar abgesteckten Raum, in dem sie wirksam werden darf, kippt sie in Überforderung.

Wirksamkeit entsteht nicht dadurch, dass wir immer mehr verstehen. Sie entsteht dort, wo wir bewusst begrenzen. Wo wir entscheiden, wofür wir Verantwortung übernehmen – und wofür nicht. Wo wir einen Wirkungsraum definieren, den wir gestalten können, statt uns im Großen zu verlieren.

Dieses Buch lädt deshalb nicht dazu ein, noch mehr Informationen aufzunehmen oder das Weltgeschehen weiter zu durchdringen. Es lädt dazu ein, aus dem Außen zurückzukommen, die eigenen Ressourcen ernst zu nehmen und für sich einen klaren Rahmen abzustecken, so dass Handeln wieder möglich wird.

Die Welt dreht sich weiter, aber Deutschland tritt auf der Stelle. Ein Land, das einst für Mut und Machergeist stand, wirkt heute überversichert, überanalytisch und überängstlich – gelähmt vom eigenen Perfektionsanspruch. Und während wir so verharren, wächst die Zahl derer, die sich innerlich abmelden. Nicht aus Gleichgültigkeit, sondern aus Enttäuschung und Ohnmacht. Weil sie gesehen haben, wie Ideen verpuffen. Weil sie gelernt haben, dass Initiative nicht gefördert, sondern verwaltet wird. Weil sie irgendwann aufgehört haben zu glauben, dass sie noch etwas bewegen können.

Genau hier liegt der Kipppunkt: Wenn zu viele Menschen aufhören, sich verantwortlich zu fühlen, bleibt Verantwortung liegen. Was dann entsteht, ist kein technisches Problem, sondern ein kulturelles. *Eine Gesellschaft, die nicht mehr gestalten will, verliert erst ihren Mut. Dann ihre Identität. Und irgendwann auch ihre Zukunft.*

Deutschland steht heute an einem Wendepunkt. Wir haben alles, was es bräuchte: Wissen, Kapital, Talente, Erfahrung, Netzwerke. Was fehlt, ist der Mut, diese Ressourcen wieder zu nutzen. Wir klammern uns an Altbewährtes, statt Neues zu wagen. Wir wollen Sicherheit und verlieren dabei das, was uns einmal innovativ gemacht hat. Doch es ist nicht zu spät. Noch nicht.

Jetzt ist der Moment, an dem wir umdenken müssen. An dem wir uns erinnern, was es heißt, Verantwortung zu übernehmen. Nicht, weil es bequem ist, sondern weil es notwendig ist. Nicht als Bürde, sondern als Chance. Wir brauchen Menschen, die wieder Lust auf Gestaltung haben. Die nicht fragen: „Was bringt mir das?“, sondern: „Was kann ich beitragen?“ Menschen, die nicht warten, bis jemand anderes den Anfang macht, sondern selbst die Hand heben.

Wir brauchen dich. Und mich. Uns alle. Nicht irgendwann, sondern jetzt.

Denn wenn wir wirklich wollen, dass dieses Land wieder in Bewegung kommt, dann reicht es nicht, zuzuschauen. Dann braucht es Menschen, die sich entscheiden, nicht länger nur Teil des Systems zu sein, sondern Teil der Lösung.

Vermutlich hältst du genau deshalb dieses Buch in deinen Händen. Weil in dir eine Ahnung lebt, dass da mehr sein könnte. Mehr als Dienst nach Vorschrift. Mehr als das nächste Projekt. Mehr als das nächste Meeting. Vielleicht hast du dieses Buch gekauft, weil du dich immer wieder fragst, ob das schon alles gewesen sein kann – obwohl du eigentlich viel erreicht hast. Oder weil du spürst, dass du etwas beitragen möchtest. Nicht aus Ego, sondern aus Verantwortung. Nicht, weil du musst, sondern weil du könntest.

Du bist in guter Gesellschaft, denn so viele Menschen könnten etwas bewegen – mit ihrer Erfahrung, ihrem Wissen, ihrem Netzwerk, ihrem Kapital oder einfach nur mit ihrem jugendlichen Tatendrang –, aber sie tun es nicht. Weil sie sich eingerichtet haben. Weil es bequem ist. Weil sie kein Risiko eingehen wollen.

Ich denke dabei nicht nur an junge Menschen, die mit Idealismus und Tatendrang anpacken wollen, sondern auch an all diejenigen, die vielleicht über Jahrzehnte in Schlüsselpositionen gearbeitet haben. Manager, Entscheider, Fachkräfte mit riesigem Erfahrungsschatz. Viele von ihnen sitzen die letzten Jahre ihres Berufslebens nur noch ab. Weil es sicher ist. Weil keiner mehr erwartet, dass sie etwas Neues wagen. Weil sie selbst irgendwann angefangen haben, nur noch rückwärts bis zur Rente zu rechnen. Sie gehen Tag für Tag ins Büro, machen ihren Job – pflichtbewusst, zuverlässig, aber innerlich längst auf Rückzug geschaltet. Sie haben viel zu sagen, aber keiner fragt sie mehr. Sie sehen, was nicht funktioniert, aber dürfen nichts mehr verändern. Ihre Ideen, ihre Erfahrung, ihr Blick für Zusammenhänge – sie verpuffen, weil das System keine Verwendung mehr dafür sieht. Und weil sie selbst den Glauben daran verloren haben, dass es noch einmal anders werden könnte. *Was für eine Verschwendung!*

Wer auch immer du bist und was auch immer dich hierhergeführt hat: Du bist am richtigen Ort.

Denn dieses Buch ist kein Ratgeber für Selbstoptimierung. Es geht hier nicht darum, wie du „noch effizienter" wirst oder dein Leben „noch besser managst". Es geht um etwas Tieferes: Deine Wirkung. Deinen Einfluss. Deine Verantwortung – und die Möglichkeiten, die daraus erwachsen.

Wenn du dieses Buch bis zum Ende liest, wirst du nicht nur neue Perspektiven gewinnen. Du wirst beginnen, deine eigene Rolle neu zu sehen. Du wirst erkennen, was du einbringen kannst und was es dafür wirklich braucht. Und du wirst sehen, dass es viele Wege gibt, unternehmerisch wirksam zu werden und so sinnstiftend und wertschöpfend zu agieren. Es gibt nicht den einen richtigen Weg. Aber es gibt deine Entscheidung.

Und genau darum geht es in den kommenden Kapiteln: zu verstehen, wie Wirksamkeit heute funktionieren kann. Wie sie entsteht. Und wie du sie in dein Leben holst, sodass sie für dich stimmig ist: mit den Zielen, die zu dir passen, in der Rolle, in der du dich wohlfühlst, und mit den Ressourcen, die du beitragen kannst.

Also: Bleib dran. Denn du kannst mehr bewirken, als du vielleicht ahnst. *Und gerade jetzt braucht es Menschen, die nicht nur reden, sondern handeln.*

2

Was Wirksamkeit wirklich bedeutet – und warum sie gerade jetzt zählt

Nach meiner Rückkehr aus Shanghai und dieser einen ernüchternden Frage meines Chefs nach dem Mandat, war für mich klar: Wenn ich in dieser Struktur nicht wirksam sein konnte, dann war es nicht die richtige Struktur für mich. Punkt. Ich zog die Konsequenz: Ich verließ das Unternehmen.

Aber lass uns einen Moment genauer hinschauen. Was bedeutet Wirksamkeit eigentlich?

Laut Definition ist jemand wirksam, wenn er eine „beabsichtigte Wirkung" erzielt. In der BWL-Sprache würden wir wahrscheinlich von Effektivität sprechen: Also, wie effektiv ist mein Einsatz im Hinblick auf das Ziel, das ich erreichen will? Tue ich das Richtige, um eine bestimmte Wirkung zu erzielen? Ein hoher Zielerreichungsgrad kann dann durchaus ein gutes Gefühl auslösen – zumindest theoretisch.

Was aber, wenn das Ziel auf dem Papier richtig scheint – sich im Inneren jedoch falsch anfühlt? Nicht, weil es fachlich falsch wäre, sondern weil es zu klein gedacht ist. Weil es sich wie ein Teilziel anfühlt, das den eigentlichen Zweck aus dem Blick verliert. In meinem Fall ging es in der Zentrale um Markenreinheit, Konsistenz und Regelkonformität – alles nachvollziehbare, klassische Marketingziele. Aber für mich war das zu eng. Ich wollte nicht nur ein Corporate Design schützen, sondern verstehen, *wofür* es steht.

Für mich war das größere Ziel Umsatz, Wachstum, Stabilität – kurz: unternehmerische Wirkung. In meinen Augen ist Umsatz die Grundlage für alles andere: für Arbeitsplätze, wirtschaftliche Stärke, Zukunftsperspektiven – in China genauso wie in Deutschland. Das war mein Anspruch: nicht einfach nur Marketing zu machen, sondern unternehmerisch zu handeln – mit Blick auf Wirkung, nicht auf Vorgaben.

Und genau deshalb war dieser Moment in Shanghai so entscheidend für mich. Ich hätte mich an die Vorgaben halten können. Ich hätte den chinesischen Kollegen klarmachen können, dass ihre lokale Markeninterpretation nicht genehmigt ist. Hätte mit Verweis auf das globale Design Manual durchgesetzt, dass das Logo künftig korrekt verwendet wird. Das wäre regelkonform gewesen. Vielleicht sogar karriereförderlich. Aber es hätte dem eigentlichen Ziel geschadet – und das war für mich nicht akzeptabel. Ich hätte in meiner Funktion zwar „alles richtig" gemacht – aber dabei genau das Falsche erreicht.

Diese Erfahrung hat sich bei mir eingebrannt. Weil sie mir etwas deutlich gemacht hat, das ich vorher nicht so klar benennen konnte: Wirksamkeit entsteht nicht einfach dadurch, dass wir ein Ziel erfüllen. Sie entsteht dann, wenn wir dieses Ziel auch innerlich mittragen. Es geht nicht darum, alles richtig zu machen. Sondern das Richtige. Nicht darum, Vorgaben zu erfüllen. Sondern Wirkung zu entfalten – dort, wo sie gebraucht wird.

Das gelingt nur, wenn man sich mit dem Ziel identifizieren kann, auf das das eigene Handeln einzahlt. Wenn man einen Sinn darin sieht. Wenn man spürt: Das, was man tut, bringt etwas in Bewegung – für sich selbst, für andere, für das große Ganze. Nicht nur für die eigene Jobbeschreibung.

Ich habe damals verstanden: Man kann objektiv erfolgreich sein – und sich trotzdem völlig unwirksam fühlen. Wenn das Ziel nicht stimmt. Wenn es nicht das eigene ist. Wenn man gegen die innere Überzeugung arbeitet und spürt, dass man zwar ein Problem löst – aber vielleicht das falsche. Oder eines, das man nicht mal so richtig als solches ansehen würde, weil es sich einem Gesamtkontext unterordnet.

Genau deshalb reicht es nicht, nur auf Effizienz oder Zielerreichung zu schauen. Wirksamkeit beginnt nicht mit dem *Wie*, sondern mit dem *Wofür*. Selbst eine hundertprozentige Zielerreichung fühlt sich falsch an, wenn sie auf einem falschen Zweck beruht. Und genau das ist das Dilemma und zugleich der blinde Fleck in vielen Organisationen: Wir feiern Resultate, ohne zu fragen, ob sie stimmig waren. Ob sie auf Kosten von Sinn oder Überzeugung entstanden sind.

Es wird gefragt: Wurde das Ziel erreicht? Wurde effizient gearbeitet? Gab es messbare Fortschritte? Kaum jemand fragt hingegen: War es überhaupt das richtige Ziel – und konnte die Person es überhaupt mitgestalten? Denn das braucht es, damit sich echte Wirksamkeit einstellt: *Sinn* und *Einfluss*.

Fehlt eines von beiden, entsteht kein Gefühl von Wirksamkeit – sondern Ohnmacht oder Leere. Beides kenne ich. Beides begegnet mir bis heute bei vielen Menschen, die eigentlich motiviert, klug und voller Tatendrang sind – und trotzdem nicht in ihre Kraft kommen. Deshalb möchte ich an dieser Stelle einen Schritt weitergehen und mit dir gemeinsam genauer hinschauen: Was macht echte Wirksamkeit aus? Was passiert, wenn Sinn vorhanden ist, aber kein Einfluss? Und was, wenn Einfluss da ist, aber kein Sinn? Und warum entsteht Wirksamkeit genau dort, wo beides zusammenkommt?

Weil es das ist, was uns wirklich erfüllt: Wenn wir das Gefühl haben, dass das, was wir tun, nicht nur sinnvoll ist – sondern auch Wirkung entfaltet. Wenn wir nicht nur für etwas brennen, sondern auch die Möglichkeit haben, es umzusetzen.

Viele Menschen kennen das Gegenteil: Sie sitzen in Jobs, die auf dem Papier großartig aussehen – viel Verantwortung, viel Einfluss, aber keine echte Verbindung zu dem, was sie täglich vorantreiben. Sie bewegen viel, aber es fühlt sich leer an, weil der Sinn fehlt.

Andere wiederum haben ein starkes Gefühl für Sinn – sie engagieren sich ehrenamtlich, kämpfen für Themen, die ihnen wichtig sind, investieren Zeit, Herzblut, Energie. Aber sie stoßen immer wieder an Grenzen. An Strukturen, die sie ausbremsen. An Systeme, in denen sie keine echte Entscheidungsmacht haben. Ihnen fehlt der Einfluss.

Beide erleben Frust. Beide erleben Ohnmacht – nur aus unterschiedlichen Richtungen. Und beide spüren, dass etwas fehlt.

Wirksamkeit entsteht genau dann, wenn beides zusammenkommt: wenn ich für etwas einstehe, das ich für sinnvoll halte – und zugleich das Werkzeug, den Rahmen oder die Rolle habe, um tatsächlich etwas zu verändern. Dort, wo Sinn und Einfluss sich berühren, entsteht ein ganz anderer Zustand. Nicht einfach Motivation, sondern Antrieb. Nicht nur Leistung, sondern Verantwortung. Nicht Pflicht, sondern Bereitschaft. Das ist der Kern echter Wirksamkeit.

Und vielleicht denkst du jetzt: Klingt gut – aber warum soll das gerade jetzt so wichtig sein? Weil genau diese Art von Wirksamkeit heute an allen Ecken fehlt. Wir leben in einer Zeit, in der viele Menschen zwar aktiv sind, aber kaum etwas bewegt bekommen.

Wir erleben ein Klima, das sich im Aktionismus verliert, aber arm ist an echter Wirkung: Führungskräfte treffen Entscheidungen ohne Rückhalt, Aktivisten sind laut, aber ohne Einfluss, Unternehmen formulieren Strategien und stecken doch in alten Systemen fest. Und viele spüren, dass sie beitragen könnten, finden aber keinen Ort dafür.

Hinzu kommt ein paradoxes Phänomen: In der öffentlichen Wahrnehmung dominieren oft die Lauten. Die, die mit einfachen Antworten glänzen. Die laut protestieren, fordern, bewerten – oft ohne echtes Verantwortungsbewusstsein oder systemisches Verständnis. Das ist der Nährboden für den *Dunning-Kruger-Effekt*: Menschen mit geringer Kompetenz überschätzen oft ihre Fähigkeiten – und sind dabei besonders präsent.

Gleichzeitig gibt es viele, die leise sind. Die wirklich etwas zu sagen hätten, aber sich zurückhalten. Die komplexe Zusammenhänge verstehen, aber keine Parolen rufen. Die Erfahrungen gesammelt haben, aber sich nicht in den Vordergrund drängen. Genau euch möchte ich ansprechen. Euch, die ihr oft zweifelt, während andere schon senden. Euch, die ihr denkt, ihr müsstet noch mehr wissen, bevor ihr euch einmischt. *Albert Einstein* sagte einmal: *„Those who have the privilege to know have the duty to act.“* – auf Deutsch: „Wer das Privileg hat, zu wissen, hat auch die Pflicht zu handeln.“

Wenn du also das Gefühl hast, du wüsstest zu wenig, könntest zu wenig, hättest zu wenig Erfahrung – dann frag dich umgekehrt: Was, wenn genau dieser Zweifel und dieses Verantwortungsgefühl das sind, was gerade fehlt? Gerade Menschen mit viel Wissen und Überblick neigen dazu, zu lange im Verstehen zu bleiben – aus Verantwortung. Doch Verantwortung entfaltet erst dann Wirkung, wenn sie in einen konkreten Handlungsrahmen übersetzt wird, statt im bloßen Diskurs zu verharren. Wenn wir es den Lauten überlassen, werden wir nur mehr Lärm ernten. Was wir brauchen, sind die Klugen. Die Umsichtigen. Die Verantwortungsbereiten. Nicht lauter – aber wirksamer.

Wenn wir ehrlich sind, ist ja genau das der Zustand, in dem sich unser Land gerade befindet: Wir haben das Know-how, das Kapital, die Talente. Wir haben Erfahrung, Ressourcen, Ideen. Aber wir setzen sie nicht mehr in ihrer vollen Wirkung ein – weil der Sinn nicht klar ist oder der Einfluss fehlt. Wir diskutieren, moderieren, vertagen. Aber wir entscheiden nicht. Wir planen, prüfen, beantragen – aber wir verändern nichts. Es fehlt nicht an Kompetenz. Es fehlt an Zielklarheit und Handlungsmut. Und das ist keine Kleinigkeit. Es ist ein Risiko.

Denn wenn zu viele Menschen das Gefühl verlieren, etwas bewirken zu können, dann verlieren sie nicht nur ihre Motivation, sondern auch ihr Verantwortungsgefühl. *Wer Wirksamkeit verlernt, verlernt Fortschritt.* Und wenn wir darauf warten, dass „das System" sich irgendwann von selbst repariert, dann geben wir unsere Gestaltungskraft genau dort ab, wo sie am dringendsten gebraucht wird.

Deshalb zählt Wirksamkeit – gerade jetzt. Nicht als Schlagwort, nicht als Ideal, sondern als Fähigkeit, zu sehen, was notwendig ist, zu spüren, was Sinn ergibt, und Verantwortung zu übernehmen, es möglich zu machen.

Wirksamkeit zählt heute mehr denn je – weil wir an einem Punkt stehen, an dem bloßes Funktionieren nicht mehr reicht. Weil es nicht mehr genügt, dass Menschen „irgendwas" tun. Es zählt, *wofür* wir unsere Energie einsetzen. Und was dabei herauskommt – nicht nur für uns selbst, sondern für das große Ganze. Es zählt die Wirkung, die aus unserem Handeln entsteht.

Dafür braucht es unternehmerisches Denken – nicht im betriebswirtschaftlichen, sondern im ursprünglichen Sinn: Probleme erkennen, Verantwortung übernehmen, Lösungen schaffen. Unternehmerisch handeln heißt, Chancen zu erkennen und den Mut aufzubringen, etwas Neues zu wagen – selbst wenn der Rahmen nicht perfekt ist. Genau das kann ein machtvolles Mittel sein, um wieder handlungsfähig zu werden. Besonders für Menschen, die nicht länger verwalten, sondern gestalten wollen.

Unternehmerisches Denken ist dabei kein exklusives Spielfeld für Gründer. Es ist eine Haltung, die in jedem Lebenskontext Wirkung entfalten kann – ob im Angestelltenverhältnis, im Ehrenamt, als Elternteil oder als Ruheständler. Es geht darum, nicht länger auf perfekte Strukturen zu warten, sondern Verantwortung dort zu übernehmen, wo man steht. Das hier ist ein Appell. Ein ehrlicher. Und er richtet sich an viele. Vielleicht auch an dich.

Wenn du gerade jung bist, am Anfang deines Berufslebens stehst, orientierungslos zwischen Möglichkeiten und Erwartungen: Du musst nicht sofort alles wissen. Aber fang an, dich zu fragen, was du wirklich bewegen willst. Nicht, was gut aussieht im Lebenslauf. Sondern was dich wirklich interessiert. Womit du wachsen kannst – und andere auch.

Wenn du in einer mittleren Karrierephase bist, zwischen Verantwortung, Familie, Projektdruck und dem Gedanken: „War's das schon?" – dann schau genau hin. Wo bist du noch kraftvoll? Wo gestaltest du? Und wo verwaltest du nur noch? Vielleicht ist es Zeit, dich neu zu justieren – und das Steuer wieder bewusster zu übernehmen.

Wenn du viel Erfahrung hast, vielleicht sogar kurz vor dem Ruhestand stehst – dann will ich dir eines sagen: Du bist noch nicht fertig. Vielleicht beginnt jetzt der wichtigste Abschnitt deines beruflichen Lebens. Denn du hast etwas, das andere nicht haben: Überblick, Erfahrung, Weitblick. Hör auf, das zu verstecken. Deine Zeit ist jetzt – wenn du bereit bist, sie sinnvoll zu nutzen.

Wenn du im Management sitzt, in einem Konzern, einer Verwaltung, einer NGO oder einer Stiftung – dann hast du Macht. Und damit auch Verantwortung. Du entscheidest nicht nur über Budgets, sondern über Spielräume. Mach sie auf. Gib Verantwortung weiter. Ermögliche Gestaltungskraft, statt sie zu deckeln.

Wenn du gerade draußen stehst – weil du dich aus dem System zurückgezogen hast, weil du enttäuscht bist, frustriert, müde – dann bitte ich dich: Gib dir eine Chance. Nicht dem System. Dir. Vielleicht kannst du heute wirksam werden auf eine Art und Weise, die du dir früher nie erlaubt hast.

Und wenn du das Gefühl hast, dass dich das alles eigentlich nichts angeht – weil du ja „nur dein Ding machst", nicht politisch bist, nicht verantwortlich für das große Ganze –, dann sei dir bewusst: Auch das ist eine Entscheidung. Eine Entscheidung gegen Einfluss. Gegen Wirkung. Gegen Beteiligung. Und vielleicht ist genau jetzt der Moment, sie zu überdenken. Denn Wirksamkeit ist kein Amt. Kein Titel. Kein Privileg. Es ist eine Haltung. Ein innerer Entschluss: Ich bin nicht hier, um zuzuschauen. Ich bin hier, um beizutragen. Gerade jetzt.

Steht zu viel auf dem Spiel? Ja. Aber auch, weil wir alles hätten, was es braucht: Wissen, Kapital, Erfahrung, Talente, Netzwerke – und dennoch viel zu wenig daraus machen. Weil immer mehr Menschen innerlich abschalten, während die Herausforderungen im Außen zunehmen. Weil kein System besser sein kann als die Menschen, die darin Verantwortung übernehmen. Und weil es irgendwann nicht mehr zählt, was alles dagegengesprochen hat – sondern nur noch, dass wir es versucht haben.

Deshalb: Lass uns gemeinsam hinschauen. Was bedeutet Wirksamkeit heute? Was braucht es, damit sie sich richtig anfühlt – für dich, für andere, für das große Ganze? Und wie kannst du deinen eigenen, stimmigen Weg finden, um deine Kraft wirksam einzusetzen – mit dem, was du mitbringst und wofür du brennst? Genau dazu lädt dich dieses Buch ein.

Bevor wir weitermachen, eine kleine Zwischenfrage – an dich persönlich: **Wie wirksam bist du eigentlich mit dem, was du heute tust?**

Wenn du magst, kannst du die Antwort auf die Frage jetzt direkt herausfinden. Scanne den QR-Code oder besuche **www.zeit-fuer-wirksamkeit.de/wirksamkeitstest** und mach den kurzen Wirksamkeitstest auf meiner Website.

Der Test zeigt dir, wo du gerade stehst – und wie du deine Rolle, deine Ressourcen und deinen Hebel für echte Wirkung besser erkennst.

Vielleicht überrascht dich das Ergebnis. Vielleicht bestätigt es, was du längst spürst: dass da noch mehr möglich ist. Im nächsten Kapitel geht es genau darum – um den Kern deines Handelns und darum, wie du ihn für deine eigene Wirksamkeit nutzen kannst.

TEIL II

Die Grundlagen deiner Wirksamkeit

3

Was unternehmerisches Handeln mit Wirksamkeit zu tun hat

Lass uns noch einmal auf meine Shanghai-Erfahrung zurückkommen. Damals war ich beruflich erfolgreich, gut aufgestellt und auch privat längst in mehreren Rollen angekommen. Und trotzdem war da diese Frage: *Wie wirksam bin ich eigentlich – mit dem, was ich täglich tue?*

Nachträglich weiß ich: Vielen Menschen geht es so. Der Alltag funktioniert, der Kalender ist voll, beruflich ist man angekommen. Man verdient sein Geld, erfüllt seine Rollen – und trotzdem bleibt da ein Gefühl zurück, das sich nicht klar benennen lässt. Vielleicht ein leiser Zweifel. Vielleicht das Gefühl, nur noch zu funktionieren. Vielleicht der Gedanke: Irgendwas fehlt – aber was genau?

Viele Menschen erreichen irgendwann diesen Punkt. Zunehmend schon in jungen Jahren, aber nicht selten sogar dann, wenn sie vermeintlich „angekommen" sind: beruflich erfolgreich, gut vernetzt, mit Erfahrung, vielleicht auch mit einer gewissen Freiheit. Und trotzdem stellt sich diese Frage: *Wofür genau setze ich das alles eigentlich ein?*

Im ersten Teil dieses Buchs haben wir über exakt dieses Gefühl gesprochen. Wir haben den Blick auf das große Ganze gerichtet: auf das, was Deutschland gerade braucht – und auf die Verantwortung, die daraus entsteht. Verantwortung nicht als Last, sondern als Gestaltungskraft.

Genau darum geht es in diesem Teil: um *dein Wirksamkeitsprofil*. Um Klarheit. Und um den Mut, mit dem zu wirken, was längst in dir angelegt ist.

Wir reden viel über Wandel, über Herausforderungen, über die großen Fragen unserer Zeit. Aber wenn wir ehrlich sind, reden wir zu wenig über jene, die wirklich tragen – diejenigen, die sich einbringen. Es gibt einen Menschentypus, der genau dafür steht: für Verantwortung, für Gestaltung, für das mutige Vorangehen. Für Risikobereitschaft – und für Führungswillen.

Ein Wort, das in Deutschland fast schon verdächtig klingt. Führung hat bei uns ein schwieriges Erbe. Das hat Spuren hinterlassen – in der Politik, in der Wirtschaft, im Bildungssystem. Führung wurde weichgespült, entschärft, ersetzt durch Kompromisse und Konsens. Profil ist unerwünscht, Haltung wird schnell als „Kante zeigen" diffamiert.

Zeigt ein Politiker heute Führungsstärke, wird das sofort als Eklat gewertet. Entscheidet ein Lehrer konsequent, beschweren sich Eltern über fehlende Sensibilität. In vielen Organisationen herrscht längst der Schmusekurs – Hauptsache, keiner fühlt sich angegriffen. Aber echte Führung ist unbequem. Sie erfordert Klarheit, Entscheidungskraft – und den Mut, auch mal unpopulär zu sein.

Genau hier berührt sich Führung mit Unternehmertum. Denn wer führt, gestaltet – und wer gestaltet, übernimmt Verantwortung über den eigenen Wirkungsbereich hinaus. Unternehmerisches Denken ist nichts anderes als die konsequente Fortsetzung von Führung: die Bereitschaft, Risiken einzugehen, Chancen zu erkennen und Verantwortung nicht nur zu tragen, sondern aktiv zu suchen. Unternehmerisches Denken ist also keine Frage der Rechtsform, sondern der Haltung.

Es geht um Menschen, die Probleme nicht nur analysieren, sondern lösen wollen. Die bereit sind, Risiko zu tragen. Entscheidungen zu treffen. Ressourcen sinnvoll einzusetzen. Und vor allem: *die nicht darauf warten, dass jemand anderes handelt*. Nicht auf die Politik, nicht auf den nächsten Fördertopf, nicht auf bessere Rahmenbedingungen. Und auch nicht auf die nächste Demo, in der sie oder andere laut gegen etwas protestieren.

Es geht um Menschen, *die leise handeln, während andere laut fordern.* Die lieber Verantwortung übernehmen, als sich über „die da oben" zu beklagen. Die dem System nicht einfach nur entnehmen, was möglich ist, sondern sich fragen: Was kann ich einbringen?

Natürlich gibt es Menschen, die den Mangel beklagen, aber selbst nichts beitragen. Die Veränderung einfordern, aber keinen Finger rühren, um sie mitzugestalten. Die lieber fordern als ermöglichen. Die über Politik, Wirtschaft und Gesellschaft schimpfen – aber keinen konstruktiven Beitrag leisten.

Die entscheidende Frage ist nicht, sie zu verurteilen, sondern zu erkennen, dass jeder von uns die Wahl hat, ob er in dieser Rolle bleibt – oder ob er Verantwortung übernimmt. Unternehmerisches Denken ist genau das Gegenteil: Es richtet den Blick nicht auf das Empfangen, sondern auf den eigenen Beitrag.

Viele Menschen spüren genau diesen Drang nach Gestaltung. Eine Energie, die raus will. Aber wenn die Richtung fehlt, suchen wir uns oft Ersatzventile. Vor einigen Jahren habe ich dieses Gefühl einmal für mich aufgeschrieben – roh, ungeschönt, so wie es war:

Tagebucheintrag (gekürzt)

„Man sagt ja, der erste Schritt sei der wichtigste. Einfach mal loslegen. Ich selbst habe diesen Satz schon so oft gesagt – aber selten wirklich befolgt. Stattdessen zermartere ich mir seit Jahren den Kopf, welche Form die kreative Kraft in mir annehmen soll, die da schon so lange raus möchte. Dieses Bedürfnis, etwas zu schaffen, was bleibt.

Kunst? Schreiben? Etwas Eigenes aufbauen? Alles davon reizt mich – und doch fange ich nicht an. Vielleicht, weil ich es zu perfekt machen will. Perfektion hat mich lange angetrieben – bis ich gemerkt habe, dass sie zwar diszipliniert, aber nicht erfüllt. Perfektion hält in Bewegung, aber sie führt selten ans Ziel."

Wenn ich diesen Text heute wieder lese, erkenne ich, was mir damals gefehlt hat: *Richtung*. Ich hatte Energie, Neugier, Disziplin – aber keinen klaren Sinnbezug und damit kein Ziel, das diese Kraft bündeln konnte. Und genau das geht vielen so. Wir haben Kraft, Ideen, Willen – aber verlaufen uns, weil wir keine Zielklarheit haben.

Manche kanalisieren diese Energie in Kreativität. Sie malen, schreiben, musizieren – und geben damit der Energie ein Ventil. Andere trainieren für einen Marathon, besteigen Berge, lernen Sprachen oder nehmen sich ehrgeizige Hobbys vor. Daran ist nichts falsch – im Gegenteil. *Es sind Ausdrucksformen derselben inneren Antriebskraft*, die in uns wirken will.

Aber oft bleibt sie selbstbezogen – ein Kreisen um die eigene Energie. Wir erschaffen, aber ohne Richtung. Dieselbe Energie könnte mindestens genauso gut in etwas fließen, das auch anderen dient: in ein Projekt, ein Unternehmen, eine Lösung, die Bestand hat. Genau hier beginnt unternehmerisches Denken. Es ist die Fähigkeit, kreative und geistige Energie zu bündeln und sie auf ein Ziel zu richten, das über uns selbst hinausgeht. *Es ist die Kunst, Ideen in Verantwortung zu übersetzen und Schaffensdrang in echte Wirkung*.

Wenn man diesen Gedanken zu Ende denkt, landet man unweigerlich beim Unternehmertum – und bei der Frage, wie Neues eigentlich entsteht. Wie gelingt es Menschen, bestehende Strukturen zu verändern, statt sich in ihnen einzurichten? Wie schafft man etwas, das bleibt, weil es nicht nur kreativ, sondern wirkungsstark ist?

Genau das hat schon vor über hundert Jahren jemand untersucht, der wie kaum ein anderer verstanden hat, was Erneuerung bedeutet: *Joseph Schumpeter*. Dass Schumpeters Denken nichts an Aktualität verloren hat, zeigen auch die Wirtschaftsnobelpreisträger 2025. Ihre Forschung knüpft genau dort an, wo Schumpeter einst ansetzte: bei der Frage, wie Innovation, Unternehmertum und struktureller Wandel ganze Volkswirtschaften prägen – und welche Rolle menschliches Verhalten dabei spielt. Es geht nicht um Effizienz allein, sondern um Dynamik: um die Fähigkeit von Systemen, sich immer wieder neu zu erfinden.

Schumpeter Reloaded: Was Unternehmertum wirklich meint (und warum es heute aktueller ist denn je)

Schumpeter verstand Unternehmertum als „schöpferische Zerstörung“ – die Fähigkeit, Neues hervorzubringen, das Altes ablöst. Kreativität allein reicht dafür nicht. Erst in Verbindung mit Verantwortung, Risiko und Umsetzungskraft entsteht echte unternehmerische Wirkung.

Für Schumpeter war der Unternehmer kein Verwalter, sondern eine gestaltende Kraft. Jemand, der Bestehendes infrage stellt, um mit Mut, Kreativität und Verantwortung Neues zu schaffen – auch wenn Altes dafür weichen muss. Seine Theorie entstand Anfang des 20. Jahrhunderts, in einer Zeit fundamentaler Umbrüche. Echte Innovation, so seine Erkenntnis, entsteht nicht aus Verwaltung und Bewahrung, sondern aus dem Mut zur Veränderung und dem Aufbrechen bestehender Strukturen.

Genau deshalb lohnt es sich, den ursprünglichen Schumpeter'schen Gedanken wieder ins Zentrum zu rücken. Denn das Bild vom Unternehmer hat sich seither stark verschoben. Heute wird Unternehmertum oft gleichgesetzt mit Lifestyle, Label und Storytelling. Wer gründet, soll glänzen – möglichst schnell, möglichst skalierbar, möglichst investierbar. Das nächste Pitchdeck zählt häufig mehr als das nächste tragfähige Produkt. Image schlägt Substanz.

Doch das war nie der Kern unternehmerischen Denkens – und es ist auch nicht das, was Schumpeter meinte. Ihm ging es um den tiefgreifenden Wandel von Strukturen. Um das mutige Infragestellen des Bestehenden. Um das kreative Chaos, aus dem neues Wirtschaften, neues Denken, neue Lösungen entstehen. Um die Freisetzung transformativer Kräfte, die nicht nur einen Markt verändern, sondern ganze Systeme zukunftsfähig machen können – wirtschaftlich wie gesellschaftlich. Schumpeter unterschied fünf Felder, in denen sich unternehmerische Gestaltungskraft zeigt:

- die Einführung neuer Produkte,
- neuer Produktionsmethoden,
- die Erschließung neuer Märkte,
- neuer Bezugsquellen,
- und neuer Organisationsformen.

In den Jahrzehnten nach seiner Prägung entstand in Deutschland eine Unternehmergeneration, die diese Haltung intuitiv verkörperte – ohne Theorie, ohne Gründungsförderung, oft auch ohne Startkapital. Die Aufbaujahre nach dem Krieg waren geprägt von Knappheit, aber auch von enormem Gestaltungswillen. Wer damals ein Unternehmen gründete oder weiterführte, tat das nicht für ein Exit-Szenario oder eine Bühne. Sondern aus Notwendigkeit – und aus Verantwortung.

Viele mittelständische Familienunternehmen, die Deutschland bis heute prägen, sind in dieser Zeit entstanden. Reinhold Würth baute aus einem kleinen Schraubenladen ein globales Unternehmen auf, das sich kontinuierlich neu erfand – mit klarer Kundenorientierung, starker Führung und hoher Veränderungsbereitschaft. Unternehmen wie Festo, Trumpf oder Viessmann nutzten neue Produktionsmethoden, erschlossen internationale Märkte und entwickelten eigenständige Organisationsmodelle. Ohne Schlagworte, aber mit Substanz.

Auch das deutsche Wirtschaftswunder der 1950er- und 60er-Jahre war im Kern ein Beispiel für kollektives Unternehmertum: Millionen von Menschen, die anpackten, Verantwortung übernahmen und nicht darauf warteten, dass jemand anderes die Probleme löst. Der Unternehmerbegriff war damals geerdet. Keine Statusfrage, sondern eine Aufgabe, die viele miteinander verband.

Mit dem Einzug neuer Technologien und der zunehmenden Globalisierung in den 1970er- und 80er-Jahren verschob sich das Bild allmählich. Unternehmer mussten nicht mehr nur bauen und führen, sondern lernen, sich in einem komplexen Umfeld zu bewegen. Es ging nun verstärkt um Effizienz, um Automatisierung, um neue Formen der Organisation. Doch viele Unternehmer dieser Zeit blieben in Schumpeters Sinne gestaltend: Sie entwickelten nicht nur neue Produkte, sondern auch neue Bezugsquellen – internationale Lieferketten, Kooperationen, strategische Allianzen.

Unternehmer wie Klaus Fischer, der den Dübel globalisierte, oder die Gründer von Kärcher, die aus einem Reinigungsgerät ein weltweit bekanntes Systemgeschäft machten, blieben dabei bodenständig – und wandlungsfähig. Sie verstanden Unternehmertum nicht als Status, sondern als Aufgabe – als Verantwortung, Marktveränderungen früh zu erkennen und darauf zu reagieren.

In den 1990er-Jahren kam mit der Digitalisierung ein weiterer Wendepunkt. SAP war ein Paradebeispiel für das, was Schumpeter „neue Organisationsformen" nannte: Software als skalierbares Produkt, digitale Transformation ganzer Wertschöpfungsketten, neue Formen von Arbeit und Zusammenarbeit. Auch wenn damals vieles noch auf Servern und CD-ROMs lief – der Geist war revolutionär.

Doch während Technologie die Welt öffnete, begann sich das Verständnis von Unternehmertum zu verschieben. Mit dem Internet wurden Eintrittsbarrieren gesenkt: eine gute Idee, ein Laptop, ein bisschen Kapital – und man konnte ein Unternehmen starten. Eine Errungenschaft, ja. Aber sie brachte eine neue Ästhetik: Unternehmertum wurde cool, sichtbar, teilweise inszeniert. Der Gedanke, mit minimalem Einsatz maximale Wirkung zu erzielen – und dabei möglichst schnell zu Wohlstand zu kommen –, gewann an Boden.

In den 2000er- und 2010er-Jahren wurde dieser Trend Mainstream. Startups wurden oftmals nicht mehr gegründet, um langfristig Werte zu schaffen, sondern um Investoren zu überzeugen. Der Pitch wurde wichtiger als das Produkt, Wachstum wichtiger als Substanz. Businesspläne orientierten sich mehr an Investorenlogiken als an Kunden- oder Gesellschaftsbedürfnissen. Entrepreneurship wurde zur Bühne – mit eigener Sprache, eigenen Codes, eigenen Helden. Wer gestalten wollte, gründete. Wer ein bestehendes Unternehmen übernahm, galt als weniger ambitioniert.

Dabei war gerade das – das Weiterentwickeln, Modernisieren und Übernehmen bestehender Unternehmen – schon immer ein zentraler Hebel für Erneuerung. Nur sprach kaum jemand darüber.

Heute zeigt sich: Die großen Herausforderungen unserer Zeit – vom Klimawandel bis zum demografischen Wandel – lassen sich nicht allein mit neuen Produkten oder Geschäftsmodellen lösen. Neben den klassischen fünf Feldern unternehmerischer Innovation braucht es etwas, das tiefer greift: einen strukturellen Wandel, der Systeme dauerhaft erneuerungsfähig macht.

Was jedoch geschieht, wenn Systeme ihre Fähigkeit zur Erneuerung verlieren – und welche Rolle unternehmerisches Handeln dabei spielt –, betrachten wir im nächsten Schritt genauer.

Kapitalismus am Kipppunkt

> „Der Kapitalismus wird nicht an seinen Fehlern scheitern, sondern an seinen Erfolgen.“
>
> Joseph A. Schumpeter

Schumpeter hat diesen Satz nicht als Warnung formuliert, sondern als nüchterne Diagnose. Fast wie eine Prophezeiung. Erfolge, die zu lange anhalten, schwächen das System von innen: Der Drang zur Erneuerung lässt nach, das Bewahrende verdrängt das Gestaltende, und was jahrzehntelang funktionierte, wird nicht mehr hinterfragt – sondern nur noch verwaltet.

Doch genau darin liegt die Gefahr: Wenn Erfolg zu Selbstzufriedenheit führt, verlieren wir die Fähigkeit, auf neue Herausforderungen zu reagieren. Was einst Fortschritt bedeutete, wird zur Bremskraft – im System und in uns selbst:

Wohlstand führte zu Bequemlichkeit.
Effizienz zur Entkopplung von Sinn.
Stabilität zu Trägheit. Wachstum und Konsum zu Sättigung.
Verwaltung zum Verlust des Unternehmergeists.

Es ist ein stiller Prozess – kein Einbruch, sondern ein allmähliches Einschlafen. Dieses Muster wiederholt sich in allen Systemen – in Unternehmen ebenso wie in ganzen Gesellschaften. Erfolg führt zu Selbstzufriedenheit, Wohlstand zu Bequemlichkeit, Stabilität zu Trägheit. Wie es in einem vielzitierten Leitsatz heißt:

Hard times create strong men,
strong men create good times,
good times create weak men,
and weak men create hard times.

Wir stehen heute genau an diesem Kipppunkt. Die guten Zeiten haben uns bequem gemacht – und diese Bequemlichkeit hat uns in eine Phase geführt, *in der es unbequem werden muss, um voranzukommen.*

Jetzt braucht es die starken Menschen. Nicht morgen, nicht irgendwann, sondern *jetzt*. Menschen, die bereit sind, Verantwortung zu übernehmen. Menschen, die mit ihrer Zeit, ihrem Mut und ihrem Kapital etwas in Bewegung setzen. Menschen, die den Status quo nicht nur verwalten, sondern bereit sind, ihn zu hinterfragen und neu zu gestalten.

Und genau hier zeigt sich, was unternehmerisches Handeln heute bedeuten muss: nicht nur Produkte oder Dienstleistungen zu entwickeln, sondern *die Spielregeln so zu verändern, dass wieder Bewegung möglich wird*. Hier beginnt der Punkt, an dem Schumpeters ursprüngliche Theorie für unsere Zeit weitergedacht werden muss – um ein sechstes Feld unternehmerischer Innovation.

Schumpeter hat den Kapitalismus nicht verdammt – er hat nüchtern beschrieben, dass er an genau dem zerbrechen kann, was ihn stark gemacht hat. Unsere Gegenwart bestätigt diese Dynamik: Über Jahrzehnte haben uns Wohlstand, Effizienz und Stabilität getragen. Aber dieselben Kräfte, die einst Fortschritt ermöglicht haben, wirken nun wie Bremsklötze. Wir sichern ab, statt zu gestalten. Wir halten Abläufe am Laufen, statt neue Impulse zu setzen. Das eigentliche Risiko liegt nicht in plötzlichen Krisen, sondern im schleichenden Verlust von Erneuerungsfähigkeit.

Mir geht es dabei nicht darum, den Kapitalismus pauschal zu kritisieren oder gar zu verdammen. Im Gegenteil: Er hat enorme Kräfte freigesetzt, Wohlstand geschaffen und Möglichkeiten eröffnet. Aber gerade weil er so erfolgreich war, steht er jetzt an einem Kipppunkt. Systeme verlieren ihre Dynamik, wenn sie sich zu lange auf dem Erreichten ausruhen. Die eigentliche Frage lautet also: *Wie bringen wir diesen Motor wieder in Bewegung – und welchen Beitrag kann jeder Einzelne dazu leisten?* Genau dort beginnt unternehmerische Wirkungskraft.

Und genau hier setze ich an – nicht als Theoretikerin, sondern als Praktikerin. Denn ich sehe täglich, wo Potenzial liegen bleibt, weil Rollen, Ressourcen und Verantwortung nicht zusammenfinden. Wenn Schumpeters „schöpferische Zerstörung" die treibende Kraft war, braucht es heute eine „schöpferische Erneuerung" – den bewussten Umbau von Strukturen, bevor sie kollabieren. Das heißt: nicht nur Produkte und Märkte verändern, sondern die Spielregeln, nach denen wir wirtschaften, so anpassen, dass Unternehmergeist wieder Wirkung entfaltet.

Genau hier setzt meine Erweiterung von Schumpeters Modell an. Neben seinen fünf klassischen Feldern unternehmerischer Innovation braucht es heute ein sechstes: den gezielten *Systemwandel*. Eine Erneuerung, die auf zwei Grundprinzipien baut – Menschen in die Rolle bringen, in der sie den größten Unterschied machen, und Ressourcen so einsetzen, dass sie nicht verpuffen, sondern Wirkung verstärken. Das ist mehr als Theorie – es ist eine praktische Antwort darauf, wie wir den Kapitalismus von innen heraus widerstandsfähiger machen können. Und wie wir verhindern, dass er an seiner eigenen Bequemlichkeit zerbricht.

Das sechste Feld: Systemwandel

Ich habe bereits die fünf Felder nach Schumpeter beschrieben, die über Jahrzehnte Branchen geprägt und ganze Märkte verändert haben. Doch wenn wir seine Diagnose ernst nehmen – dass Systeme an ihrer eigenen Erfolgsstarre scheitern können –, reicht dieser Rahmen heute nicht mehr aus. Die Herausforderungen unserer Zeit sind so komplex und vernetzt, dass einzelne Innovationen – sei es ein neues Produkt oder eine effizientere Methode – nicht mehr genügen, um nachhaltige Erneuerung auszulösen.

Was es heute braucht, ist ein *sechstes Feld*: den gezielten *Systemwandel*. Eine unternehmerische Disziplin, die das Spielfeld selbst verändert – die Spielregeln, Strukturen und Rollen so gestaltet, dass unternehmerische Wirkung dauerhaft möglich bleibt.

Dafür braucht es die Fähigkeit, ganze Systeme neu zu denken – nicht nur einzelne Produkte oder Prozesse. Geschäftsmodelle, Marktlogiken, Wertschöpfungsketten und Organisationsformen müssen so aufgebaut sein, dass sie langfristig tragen. Dieses sechste Feld verändert nicht nur das *Was*, sondern auch das *Wie* und *Warum* unseres Wirtschaftens.

Damit dieses Zusammenspiel gelingt, reicht es nicht, dass Akteure einfach nur zusammenkommen. Entscheidend ist, dass sie in der richtigen Rolle wirken – und dass diese Rolle zu den Ressourcen passt, die sie mitbringen. Genau hier liegt ein blinder Fleck vieler Ökosysteme: In Unternehmensnetzwerken, Hochschulen, Gründerzentren oder Brancheninitiativen werden Rollen und Ressourcen selten bewusst aufeinander abgestimmt. Menschen werden nicht dorthin gelenkt, wo sie die größte Wirkung entfalten können.

Gerade das Bildungssystem könnte hier ein viel stärkerer Treiber sein: Hochschulen und Weiterbildungseinrichtungen könnten Menschen – egal ob am Anfang oder in der Mitte ihrer Karriere – gezielt in die für sie wirksamste Rolle bringen. Noch passiert das viel zu selten.

Dieses Zusammenspiel aus Rolle und Ressource ist einer der stärksten Treiber für echten Systemwandel. Es gilt in Ökosystemen und Organisationen genauso wie bei Einzelpersonen – und wird im unternehmerischen Umfeld bisher viel zu selten bewusst angewandt.

Was genau ich unter Rolle und Ressource verstehe – und wie du beides für deine eigene Wirksamkeit nutzen kannst –, schauen wir uns später im Buch ausführlich an. Hier sollst du nur mitnehmen: Systemwandel ist kein Zufallsprodukt einzelner Ideen, sondern das Ergebnis gezielter Abstimmung von Menschen, Aufgaben und Mitteln.

Er entsteht selten durch einen einzelnen Gründer oder ein einzelnes Produkt. Wirklicher Wandel braucht das *orchestrierte Zusammenspiel vieler Akteure* mit unterschiedlichen, sich ergänzenden Rollen – und den gemeinsamen Willen, Strukturen so zu verändern, dass neue Dynamik möglich wird.

Ein Blick auf das heutige Gründungsumfeld zeigt, wie groß der Handlungsbedarf ist. Das, was wir „Startup-Ökosystem" nennen, ist in Wahrheit ein einseitiges Spielfeld. Im Zentrum steht fast immer der Gründer – und zwar der Gründer mit einer investorentauglichen, skalierungsfokussierten Idee, die auf maximale Wachstumskurve ausgelegt ist. Rundherum gruppieren sich Institutionen, Programme, Berater und Investoren – doch die Aufmerksamkeit gilt nahezu ausschließlich dieser Gründerrolle. So entsteht ein fragiles System, das viele potenzielle Mitgestalter außen vor lässt.

Allein die Vorstellung, dass es nicht nur um die Jagd nach dem nächsten Unicorn gehen muss, sondern dass wir auch die Mittelständler von morgen fördern könnten, würde das Bild sofort ändern. Denn genau dieser Mittelstand trägt heute noch immer den Großteil unserer Wirtschaft – und er wird auch morgen entscheidend sein.

Wenn wir Unternehmertum wirklich auf die nächste Stufe heben wollen, brauchen wir ein neues Verständnis: ein Entrepreneurs-Ökosystem. Ein Spielfeld, das nicht nur Gründer adressiert, sondern auch Nachfolger, Investoren, erfahrene Unternehmer, Mentoren oder Beiräte. Unternehmerische Wirkung entsteht erst dann, wenn unterschiedliche Rollen zusammenwirken – nicht, wenn wir alles auf die Figur des einzelnen Gründers zuschneiden.

Systemwandel heißt also: Wir müssen unser Bild von Unternehmertum erweitern. Weg von der Fixierung auf die einzelne Gründerfigur – hin zu einem Ökosystem, in dem mehr Menschen ihre jeweiligen Ressourcen einbringen und Verantwortung übernehmen können. Nur so schaffen wir eine Kultur, die dauerhaft tragfähig ist und echte Erneuerung ermöglicht.

Der Auftrag unserer Zeit geht damit weit über die nächste Produktidee oder den zusätzlichen Markt hinaus. Wenn wir die großen Herausforderungen wirksam angehen wollen, müssen wir an die Spielregeln selbst heran. Denn oft sind es nicht fehlende Ideen, die Fortschritt verhindern, sondern Strukturen, die diesen blockieren. Oder gar nicht erst entstehen lassen.

Bevor wir jedoch darüber sprechen können, wie du selbst in solchen Veränderungen wirksam werden kannst, müssen wir klären, was „wirksam sein“ überhaupt bedeutet – und wie diese Wirksamkeit entsteht. Genau dort setzt das nächste Kapitel an.

4

Der Wirkungskern: Dein innerer Kompass

Wirksamkeit klingt nach etwas Großem: nach Einfluss, Veränderung, Gestaltungskraft. Doch im Kern ist sie etwas sehr Persönliches. Sie beginnt nicht auf der Bühne oder in den Schlagzeilen – sondern dort, wo deine Werte auf deinen tatsächlichen Handlungsspielraum treffen.

Bevor wir ins Handeln kommen, müssen wir verstehen, was uns antreibt – und wo unser Hebel liegt. Denn nur dort, wo Sinn und Einfluss zusammenfallen, entsteht echte Wirkung.

Man kann sich diesen Kern auch wie einen Samen vorstellen. In ihm steckt alles, was du brauchst: Richtung, Energie, ein klares *Wofür*. Ob daraus etwas Kräftiges wächst, entscheidet der Boden. Und damit meine ich nicht künstlichen Dünger – sondern echte, lebendige Erde.

Nachdem ich den Konzern verlassen hatte, habe ich selbst gegründet – und bin seither tief in der Gründungs- und Startup-Welt verankert. Dort habe ich eine neue Logik kennengelernt: schneller, mutiger, experimenteller. Aber auch dort fiel mir auf, dass viele Systeme auf kurzfristige Förderung ausgelegt sind – nicht auf nachhaltige Entwicklung. Es wird viel angeschoben, aber wenig verwurzelt. Diese Erfahrung hat meinen Blick auf Wirksamkeit verändert. Denn Wirkung braucht mehr als Anschubfinanzierung – sie braucht Tiefe, Kultur und Substanz.

In der Landwirtschaft weiß jeder: Dünger kann kurzfristig Wachstum fördern. Er ersetzt aber keinen Boden. Im Gegenteil: Zu viel, zu einseitig, zur falschen Zeit – und der Boden verarmt. Die Pflanze schießt zwar, wird aber weich, flachwurzelig, anfällig. Genau so funktionieren viele Förderlogiken: Sie kippen Nährstoffe von außen ins System – Geld, Sichtbarkeit, Programme –, oft nach dem Motto: Hauptsache schnell hochziehen. Mehr Mittel, mehr Tempo, mehr Output. Das bringt kurzfristig Volumen, aber selten Tiefe. Es macht abhängig. Und es überspielt die eigentliche Frage: Wie lebendig ist der Boden?

Diese Logik begegnet uns nicht nur in Förderprogrammen, sondern auch in unserem eigenen Denken. Auch wir neigen dazu, Unsicherheit mit mehr Input zu beantworten: mehr Informationen, mehr Modelle, mehr Perspektiven. Doch wie beim Dünger gilt auch hier: Mehr von außen ersetzt keine innere Klarheit. Es beruhigt kurzfristig – und hält uns zugleich davon ab, Verantwortung für den eigenen Wirkungsraum zu übernehmen.

Ein lebendiger Nährboden entsteht nicht top-down. Er wächst dort, wo viele Menschen selbst in ihrer Wirksamkeit sind – wo Sinn und Einfluss nicht nur behauptet, sondern gelebt werden. Übertragen heißt das: Die beste Erde für deinen Wirkungskern ist das Umfeld, in dem andere bereits wirksam handeln. Nicht, weil sie „gedüngt" werden, sondern weil Kultur, Struktur und Zusammenarbeit tragen.

Und genau deshalb ist es so entscheidend, dass jeder seine *wirksamste Position* in diesem Spiel kennt. Wer seine Rolle klar hat, trägt nicht nur zum eigenen Wachstum bei, sondern stärkt zugleich den Boden für andere. Das ist keine rein individuelle Aufgabe, sondern eine kulturelle: Wir gestalten ein Umfeld, in dem Wirkung sich gegenseitig verstärkt – nicht, weil jemand ständig von außen nachhilft, sondern weil sich das System selbst nährt.

Wenn du diesen Boden für dich und andere mitgestaltest, stellt sich automatisch eine Frage: *Woran würdest du eigentlich messen, ob du wirksam warst?* War es ein erfolgreiches Projekt? Eine Umsatzsteigerung? Oder eher das Gefühl, etwas ins Rollen gebracht zu haben, das auch ohne dich weiterläuft? Vielleicht ein Team, das durch deine Führung wächst. Ein Kunde, dessen Problem du nachhaltig gelöst hast. Ein Unternehmen, das durch deine Entscheidung einen neuen Weg eingeschlagen hat.

Viele Menschen antworten spontan mit klassischen Erfolgskennzahlen: Umsatz, Reichweite, Karrierelevel. Doch wenn man tiefer geht, tauchen andere Antworten auf: „Wenn ich etwas verändert habe." – „Wenn Menschen durch mich eine Chance bekommen haben." – „Wenn ich etwas hinterlasse, das bleibt."

Diese Antworten sind selten eine Zahl oder ein Ziel. Sie beschreiben eine Wirkung – etwas, das über den eigenen Einsatz hinausgeht und Substanz hat. Solche Wirkung entsteht nicht zufällig. Sie entsteht, wenn zwei Faktoren zusammentreffen: *Sinn und Einfluss.*

Sinn ist dein innerer Antrieb – der Grund, warum du etwas verändern willst. *Einfluss* ist dein äußerer Gestaltungsspielraum, der Rahmen, der es dir ermöglicht, diesen Sinn in Handlung zu übersetzen. In den nächsten Abschnitten schauen wir uns beide Faktoren genauer an. Denn nur wer seinen Sinn kennt und weiß, wo er Einfluss hat, kann seinen Wirkungskern finden – und ihn bewusst einsetzen.

Die folgende Darstellung zeigt, wie Sinn und Einfluss zusammen deinen Wirkungskern bilden – *deinen inneren Kompass, der dir Richtung gibt, wenn du wirksam handeln willst.*

Abb. 4.1: Der Wirkungskern
Sinn und Einfluss bilden das Zentrum jeder unternehmerischen Wirksamkeit – erst ihr Zusammenspiel ermöglicht echte Gestaltungskraft.

Sinn: Der innere Antrieb

Sinn ist der innere Motor deiner Wirksamkeit. Er beantwortet die Frage, *warum* du überhaupt etwas verändern willst. Es geht dabei nicht um ein vages Wohlfühlgefühl, sondern um die Werte, Überzeugungen und Ziele, die dich so sehr bewegen, dass du bereit bist, Zeit, Energie oder Geld dafür einzusetzen. Sinn ist dein persönlicher Resonanzraum – das, was dich antreibt, lange bevor du dich in Bewegung setzt.

Vielleicht ist es der Wunsch, etwas zu verbessern, das dir wichtig ist – oder etwas anders zu machen. Vielleicht willst du eine Lücke schließen, Menschen befähigen oder ein Problem lösen, das dich schon lange umtreibt. Manchmal steckt dahinter auch eine persönliche Erfahrung – oder eine Kränkung, die du in *Antrieb* verwandelt hast.

Die Psychologie zeigt, dass Menschen langfristig zufriedener sind, wenn ihr Handeln mit ihren Werten übereinstimmt. Abraham Maslow hat das in seiner Bedürfnispyramide beschrieben: Wenn Grundbedürfnisse wie Sicherheit und Zugehörigkeit erfüllt sind, richtet sich unser Blick nach oben – auf Selbstverwirklichung. Genau dort liegt auch das Feld, in dem Sinn und Wirksamkeit entstehen.

Der Managementdenker Simon Sinek bringt es mit seinem „Golden Circle" auf den Punkt: Erfolgreiche Unternehmen und Persönlichkeiten starten immer mit dem *Warum*. Nicht das Produkt, nicht der Markt, sondern der Sinn steht am Anfang. Dieses *Warum* zieht sich wie ein roter Faden durch ihre Entscheidungen – und gibt besonders in schwierigen Phasen Halt.

Sinn ist kein Luxus, den man sich irgendwann leisten kann. Er ist eine strategische Ressource. Wenn du weißt, warum du etwas tust, kannst du Prioritäten klarer setzen, Rückschläge besser einordnen und dich auch dann bewegen, wenn der Weg unbequem wird.

Ohne Sinn fehlt dieser innere Kompass. Du kannst dann zwar handeln – aber deine Entscheidungen werden beliebig, und deine Energie verpufft. Sinn gibt nicht nur Richtung, sondern auch Tiefe. Er macht aus Bewegung Wirkung.

Doch Sinn allein reicht nicht. Damit aus innerem Antrieb echte Wirkung entsteht, braucht es Einfluss – den Raum, in dem du handeln kannst.

Einfluss:
Der Spielraum, in dem wir wirklich handeln können

Einfluss zu haben bedeutet, gestalten zu können. Entscheidungen zu treffen. Dinge zu bewegen. Das klingt selbstverständlich – ist es aber nicht. Denn Einfluss entsteht nur dort, wo Strukturen, Rahmenbedingungen und Vertrauen den nötigen Spielraum lassen. Wo dieser fehlt, bleibt Sinn allein *wirkungslos*.

Vielleicht erinnerst du dich an meine Erfahrung nach der Shanghai-Dienstreise? Genau dieses Gefühl, eine klare, sinnvolle Entscheidung nicht treffen zu dürfen, obwohl ich Verantwortung trug, hat mir gezeigt: Selbst der stärkste Sinn verpufft, wenn er nicht von Handlungsspielraum begleitet wird. Wenn Strukturen nicht erlauben, im Sinne des Ziels zu handeln, kann man in dieser Rolle nicht wirksam sein. Für mich war das damals der Auslöser, den Job zu verlassen und Strukturen zu suchen, in denen Sinn und Einfluss zusammenkommen.

Wer wirksam sein will, muss wissen, wo sein Einfluss tatsächlich beginnt – und wo er endet. Oft überschätzen wir, wie viel wir verändern können. Wir reden über große Themen, an denen wir emotional hängen, prüfen aber zu selten, ob wir überhaupt den Hebel dafür in der Hand haben. Deshalb lohnt es sich, bewusst hinzuschauen: Was kann ich direkt steuern? Wo kann ich mittelbar wirken? Und wo bewege ich mich in Bereichen, die *außerhalb* meines tatsächlichen Einflusses liegen?

Der Circle of Concern, Influence und Control:
Wo Wirksamkeit tatsächlich beginnt

Wie groß oder klein unser Handlungsspielraum ist, hängt davon ab, in welchem Wirkungskreis wir uns bewegen. Der Managementexperte Stephen R. Covey hat dieses Zusammenspiel in einem einfachen, aber eindrücklichen Modell beschrieben – den drei Kreisen der Wirksamkeit.

Der äußerste Kreis, der *Circle of Concern*, umfasst alles, was uns beschäftigt, worüber wir sprechen, wovon wir betroffen sind – aber worauf wir keinen direkten Einfluss haben.

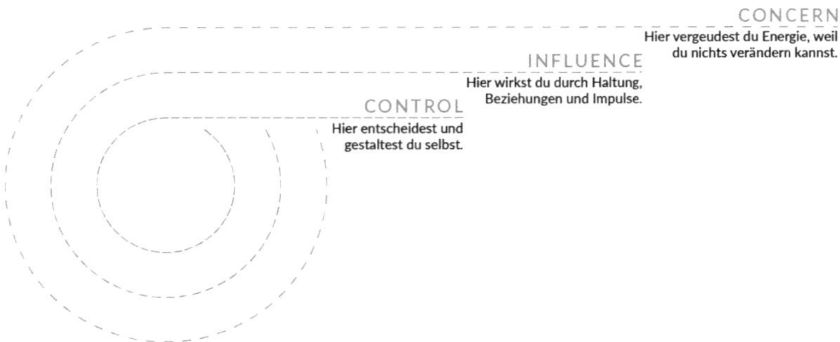

Abb. 4.2: Die Einflusskreise nach Stephen R. Covey
Die drei konzentrischen Kreise zeigen, wo du wirksam handeln kannst – vom Bereich persönlicher Kontrolle über deinen Einfluss bis hin zum Concern-Kreis, in dem du Energie vergeudest, weil du nichts verändern kannst.

Genau hier steckt Deutschland kollektiv fest. Wir sind beschäftigt, besorgt, informiert – aber immer seltener wirklich handlungsfähig. Unsere Debattenkultur lebt von diesem Kreis: Wir diskutieren stundenlang in Talkshows, protestieren gegen Missstände, teilen Artikel, empören uns auf Social Media. Wir reden über Klimakrise, Weltpolitik, Inflation, Kriege – Themen, die uns zweifellos betreffen, aber auf die wir persönlich kaum unmittelbaren Einfluss haben. Diese Dauerfixierung auf das, was wir nicht kontrollieren können, *lähmt*. Sie vermittelt ein trügerisches Gefühl von Aktivität („Ich bin informiert, also tue ich etwas"), während sie uns von echter Gestaltung abhält. Sie verführt dazu, Verantwortung abzugeben – an „die Politik", „die Wirtschaft", „das System". Alles Instanzen, die weit weg erscheinen und in denen wir uns selbst nicht wiederfinden. Das Ergebnis: *Empörung statt Umsetzung. Lärm statt Wirkung*.

Im mittleren Kreis, dem *Circle of Influence*, bewegen wir uns dort, wo wir zumindest mittelbar wirken können. Hier geht es um Hebelwirkung: Kontakte nutzen, Wissen teilen, Ressourcen einbringen, Debatten in eine konstruktive Richtung lenken. Einfluss heißt hier nicht, alles selbst zu tun, sondern *Weichen zu stellen, Türen zu öffnen, Netzwerke zu knüpfen*. Wer hier agiert, bewegt Dinge indirekt – aber spürbar.

Und im innersten Kreis, dem *Circle of Control*, liegt das, was wir unmittelbar selbst gestalten, entscheiden oder verändern können. Hier wird gehandelt, umgesetzt, entschieden. Wer hier wirkt, wartet nicht auf Erlaubnis, sondern nutzt seinen direkten Handlungsspielraum – klar, fokussiert, selbstbestimmt.

Die Corona-Zeit war ein eindrückliches Schaufenster dafür, wie unterschiedlich Menschen ihre Wirkungskreise nutzen – bei aller Unterschiedlichkeit der äußeren Rahmenbedingungen. Manche zogen mit Transparenten durch die Straßen, schrien ihre Empörung heraus oder verloren sich in endlosen Social-Media-Diskussionen – Concern-Kreis in Reinform. Andere nutzten ihre Kontakte, Ressourcen oder Plattformen, um Menschen zu verbinden, Lösungen zu suchen oder ihre Stimme für konstruktive Ideen einzusetzen – das war der Influence-Kreis.

Und dann gab es die, die direkt handelten: Gastronomen, die innerhalb weniger Tage auf Liefer- und Abholservice umstellten. Eventagenturen, die virtuelle Veranstaltungen organisierten. Fitnessstudios, die Online-Kurse ins Leben riefen. Kleine Manufakturen, die Produkte für den Homeoffice-Bedarf entwickelten. Das war der Circle of Control – Menschen, die nicht darauf warteten, dass „jemand etwas tut", sondern ihre eigenen Strukturen in Bewegung setzten.

Was uns das zeigt: Wir können nicht jede äußere Bedingung steuern – aber wir können immer steuern, wie wir damit umgehen. Die Krise hat uns nicht die Wahl gelassen, was wir wollen. Aber sie hat sehr deutlich gemacht, wie unterschiedlich Menschen ihre verbleibenden Spielräume nutzen.

Und diese Wirksamkeit muss nicht groß oder öffentlich sein, um bedeutsam zu werden. Sie kann im Kleinen beginnen – und trotzdem tiefe Spuren hinterlassen.

Ich denke dabei an die Schulweghelferin meiner Töchter. Jeden Morgen stand sie an derselben Straßenecke. Regen, Schnee, klirrende Kälte – egal. Mit einer hellgelben Warnweste, einer Kelle und einem Lächeln. Aber nicht irgendeinem Lächeln – einem echten, das Kinderaugen zum Leuchten brachte. Jedes Kind bekam einen High Five. Nicht flüchtig, sondern bewusst. Wer das miterlebt hat, weiß: Diese Frau hat ihren Job nicht als Pflicht verstanden, sondern als Möglichkeit, den Tag von Hunderten Kindern ein Stück heller zu machen. Für sie war das Circle of Control in Reinform – sie hatte keine Bühne, kein Mikrofon, keine

Budgets. Aber sie hatte eine Straße, zwei Hände und den Willen, einen Unterschied zu machen.

Oder der Kassierer bei IKEA, den ich an einem vollen Samstag erlebte. Meine Tochter hatte einen Gutschein für ein Heißgetränk, ich wollte meinen Kaffee bezahlen. Er sah uns an, lächelte und sagte: „Nimm dir ruhig auch einen Kaffee. Kaffee trinken mit Mama ist unbezahlbar." Kein Zögern, keine Rücksprache, keine Angst vor Regeln. Er hatte entweder offiziell diesen Spielraum – oder er hat ihn sich einfach genommen. Er erkannte den Sinn (einen Moment zwischen Mutter und Tochter zu ermöglichen) und nutzte seinen Einfluss (die Entscheidung, einen Kaffee rauszugeben). Eine kleine Geste, die nichts kostete – und doch einen bleibenden Eindruck hinterließ.

Beide Beispiele zeigen: Wirksamkeit entsteht nicht automatisch aus Position oder Ressourcen, sondern aus der Kombination von Sinn, Einfluss und dem Willen zu handeln. Wer das nicht tut, landet schnell wieder im Concern-Kreis. Und dort passiert nichts.

Sinn und Einfluss – und was passiert, wenn nur eins davon da ist

Sinn und Einfluss sind wie zwei Zahnräder: Erst wenn beide ineinandergreifen, entsteht Bewegung. Fehlt eines, dreht sich das andere ins Leere. Wirksamkeit braucht beides – die Überzeugung, dass das, was wir tun, zu etwas Gutem beiträgt, und die Möglichkeit, daran aktiv mitzuwirken.

Was man jedoch bei vielen Menschen sieht: Entweder sie brennen für etwas, kommen aber nicht ins Handeln. Oder sie haben Macht und Mittel, aber keinen inneren Kompass. Beides führt langfristig in eine Sackgasse.

Sinn + Einfluss = Wirksamkeit

In den letzten Jahren ist „Purpose" zum Zauberwort geworden. Eine ganze Generation betritt den Arbeitsmarkt mit dem Anspruch, nur noch Dinge zu tun, hinter denen sie auch wirklich stehen kann. Das ist grundsätzlich gut – Sinn ist eine starke Triebfeder. Doch hier lauert ein Denkfehler: Sinn allein erzeugt noch keine Wirksamkeit. Wer zwar einer sinnvollen Aufgabe nachgeht, aber keinen realen Handlungsspielraum hat, wird am Ende frustriert statt erfüllt. Umgekehrt gilt: Wer viel Einfluss hat, aber keinen Sinn in seiner Tätigkeit sieht, verliert schnell Energie und Orientierung.

Echte Wirksamkeit entsteht erst dann, wenn Sinn und Einfluss zusammenkommen. Um das greifbarer zu machen, lohnt sich ein Blick auf die folgende Darstellung – die *Sinn-Einfluss-Matrix*. Sie zeigt, warum Sinn allein keine Wirksamkeit schafft – und warum nur ihre Verbindung zu echter Erfüllung führt. Wenn wir die beiden Faktoren in eine einfache Matrix eintragen, ergeben sich vier Zonen, die unterschiedlicher kaum sein könnten:

Abb. 4.3: Die Sinn-Einfluss-Matrix

Die Matrix ordnet vier Zustände ein – von Leere, Frust oder reiner Machtausübung bis hin zur Gestaltungszone –, abhängig davon, wie viel Sinn und Einfluss in deiner aktuellen Situation zusammenkommen.

Hoher Sinn, hoher Einfluss – die Gestaltungszone

Das ist der Idealzustand: Du weißt, warum du tust, was du tust, und du hast die Freiheit, es umzusetzen. Entscheidungen liegen bei dir, und die Wirkung deines Handelns ist unmittelbar spürbar. Hier entsteht unternehmerische Energie – egal, ob du gründest, ein Team führst oder ein Projekt verantwortest. In dieser Zone entstehen Fortschritt, Ideen und Lösungen statt Erschöpfung. Menschen brennen hier nicht aus, sie brennen vor Klarheit und Gestaltungslust. Und genau diesen Zustand sollten wir alle anstreben. Er ist kein Idealbild – *er ist der Anspruch, den wir an uns selbst, an unser Tun und an unsere Lebenszeit haben sollten.*

Hoher Sinn, niedriger Einfluss – die Frustzone

Du bist überzeugt, etwas Wertvolles beitragen zu können, aber die Strukturen lassen es nicht zu. Entscheidungen werden in Gremien vertagt, Verantwortung in Hierarchien verdünnt, und jeder gute Gedanke braucht erst drei Freigaben, bevor er überhaupt diskutiert wird. Viele, die hier stecken, sind hochmotiviert, gut ausgebildet – und dennoch blockiert. *Das Ergebnis: innere Kündigung oder der Schritt nach draußen.* Manche arrangieren sich, schalten auf Autopilot und zählen die Jahre bis zur Rente. Wer zu lange in dieser Zone bleibt, verliert irgendwann die Überzeugung, dass sein Beitrag einen Unterschied macht – und damit den Sinn. Oder er zieht sich komplett aus der aktiven Gestaltung zurück – und verliert den Einfluss. Oft passiert beides.

Niedriger Sinn, hoher Einfluss – die Machtzone

Hier wird viel entschieden – aber nicht unbedingt zum Besseren. Menschen in dieser Zone verfügen über Budgets, Personal und Handlungsspielräume, doch ihnen fehlt der innere Kompass. Entscheidungen folgen Status, Ego oder Quartalszielen – nicht dem langfristigen Nutzen.

Besonders in großen Organisationen zeigt sich dieses Muster: Führungskräfte, die täglich Millionen bewegen, aber kaum noch spüren, wofür. Sie geben Ziele weiter, verwalten Prozesse, liefern Kennzahlen – nach außen mächtig, innerlich oft getrieben. Diese Zone kann kurzfristig glänzen, hinterlässt aber selten nachhaltige Wirkung. Sie ist zugleich ein Hochrisikobereich für Burnout: Wer gestalten kann, aber keinen Sinn mehr sieht, verbrennt sich schnell – innerlich und äußerlich. Für unternehmerisch denkende Menschen ist sie deshalb ein gefährlicher Ort: viel Einfluss, wenig Sinn, kaum Wirksamkeit.

Niedriger Sinn, niedriger Einfluss – die Leere

Das ist der Stillstand. Du weißt weder, warum du tust, was du tust, noch kannst du es beeinflussen. Hier herrscht Dienst nach Vorschrift, Desinteresse und oft auch Zynismus. Es ist die Zone, in der jede Idee mit „Das haben wir schon immer so gemacht" erstickt wird. Menschen zählen hier nicht nur die Tage bis zur Rente – sie zählen die Stunden bis Feierabend. Unternehmerische Energie kann hier nicht entstehen, weil weder Motivation noch Hebel vorhanden sind.

Das Entscheidende: *Wir landen nicht zufällig in einem dieser Felder – und wir müssen auch nicht dort bleiben.* Jeder kann bewusst daran arbeiten, sich langfristig in die Zone zu bewegen, in der Sinn und Einfluss zusammenkommen. Die gute Nachricht: *Wir haben mehr Einfluss auf unsere Position in dieser Matrix, als wir oft glauben.*

Wenn wir verstanden haben, in welcher Zone wir uns bewegen, taucht automatisch eine andere Frage auf: Was passiert, wenn wir zwar handeln, aber keine Resonanz spüren – wenn wir geben, aber nichts zurückkommt?

„Das dankt dir keiner"

In meinem Umfeld beobachte ich immer wieder, dass viele sagen: „Das dankt dir keiner" – und verraten damit ungewollt, dass sie ihren Maßstab für Wirksamkeit außerhalb von sich selbst suchen. Wer so spricht, empfindet sein Tun als unwirksam – ohne Resonanz, ohne sichtbaren Unterschied. Aber warum sollte jemand dankbar sein müssen? Warum braucht es überhaupt ein Dankeschön, damit sich etwas richtig anfühlt? *Dieser Gedanke entsteht nur, wenn die eigene Wirksamkeit nicht aus einem inneren Kompass kommt, sondern aus der Erwartung einer Bestätigung von außen.* Wer sein Handeln hingegen im Einklang mit seiner eigenen Wirkung sieht, braucht keinen Applaus. Man weiß, warum man etwas tut – und das genügt.

Dazu kommt ein zweiter Mechanismus, der Wirksamkeit systematisch ausbremst: *Viele Menschen wollen unbewusst gar nicht, dass etwas wirklich wirksam wird*. Warum? Weil echte Wirksamkeit Strukturen schafft, die auch *ohne* sie funktionieren. Das kratzt am Selbstbild der Unentbehrlichkeit. Also schafft man lieber Komplexität, hortet Wissen oder pflegt Sonderlösungen – *kleine Versicherungen gegen die eigene Ersetzbarkeit*. Das Ergebnis: Beschäftigung statt Gestaltung. Einfluss simuliert, Wirkung verhindert.

Der Gegenentwurf ist unbequem – und genau deshalb richtig: *Maximale Wirksamkeit bedeutet, sich verzichtbar zu machen*. Wenn ein Prozess stabil läuft, wenn ein Team ohne dich gute Entscheidungen trifft, wenn eine Lösung auch dann trägt, wenn du nicht mehr eingreifen musst – dann warst du wirksam. Nicht, weil du unentbehrlich warst, sondern weil dein Beitrag trägt.

„Das dankt dir keiner" beschreibt also kein Moralproblem, sondern ein Wirkungsdefizit. Die Lösung liegt nicht in noch mehr Einsatz, sondern in besserer Architektur: Arbeit so gestalten, dass sie Spuren hinterlässt – auch ohne dich.

Sinn und Einfluss sind kein Geschenk, das man bekommt – sie sind das Ergebnis klarer Entscheidungen. Hier liegt der Kern: *Wirksamkeit entsteht, wenn Sinn und Einfluss zusammenkommen. Das ist die Basis*. Doch es gibt eine noch höhere Stufe der Wirksamkeit – sie zeigt sich dann, wenn wir Strukturen schaffen, die uns selbst überflüssig machen. Der höchste Grad an Wirksamkeit ist erreicht, wenn das, was wir angestoßen haben, auch ohne uns weiterläuft. Das ist echte Legacy, nach der sich viele Menschen sehnen. Denn das ist der Moment, an dem wir wissen: Wir waren wirksam, weil wir unsere Lebens-KPIs erreicht haben. Und genau dort setzen wir jetzt an: mit deinen eigenen Lebens-KPIs.

Was bleibt, wenn man alles erreicht hat: Über Erfolgsleere und neue Wirksamkeit

Viele Menschen berichten mir von einem merkwürdigen Moment des Ankommens. Das gewünschte Ziel ist erreicht – Titel, Exit, Beförderung, Haus, Meilensteine abgehakt. Von außen sieht alles rund aus, und innen macht sich eine große Leere breit. Kein Drama, keine Krise, eher ein sehr leises: „War's das?" Ich nenne das *Post-Success-Depression* – ein Muster, das ich immer wieder in meinen Gesprächen mit Unternehmern, Führungskräften und Gründern beobachte. Sie trifft nicht nur nach einem Exit, sondern auch Manager Mitte vierzig, erfolgreiche Berater, Ärzte oder Sportler nach der Saison ihres Lebens – Menschen, die vermeintlich *oben* sind und dennoch das Gefühl verlieren, etwas zu bewegen.

Warum passiert das? Weil wir unbewusst zwei Dinge verwechseln: Erfolg und Wirksamkeit. Erfolg ist eine statische Größe. Er materialisiert sich in einem Status, einer Zahl, einem Bild: Urkunde, Kontostand, Jobtitel, Presseclip. Einmal erreicht, bleibt er, was er ist – eine Momentaufnahme. Wirksamkeit ist das Gegenteil: eine dynamische Qualität. Sie entsteht im Tun. Sie fragt nach dem *Wofür*, prüft den eigenen Beitrag, passt sich bei Änderungen an. *Wirksamkeit lebt von Bewegung, nicht vom Endpunkt.*

Wer viele Jahre auf ein Ziel zusteuert, baut seine Identität um dieses Ziel herum. Der Weg selbst stiftet Sinn: Entscheidungen zählen, Rückmeldungen kommen täglich, man spürt Reibung – und Wirkung. Mit dem Moment des Erfolgs bricht diese Dynamik abrupt ab. Das Projekt ist abgeschlossen, das Unternehmen verkauft, die Grundgesamtheit, in der man täglich gewirkt hat, existiert so nicht mehr. Der Erfolg bleibt – das Gefühl von Wirksamkeit jedoch fällt weg. *Nicht, weil der Erfolg falsch wäre. Sondern weil er nicht von selbst neue Bewegung erzeugt.*

Dazu kommt ein zweiter Effekt: Systeme um uns herum sind oft darauf ausgelegt, Erfolg zu feiern – nicht, ihn in neue Wirkung zu überführen. Man bekommt Glückwünsche, Einladungen, vielleicht einen Aufsichtsratsposten „für später". Was selten passiert: eine klare Frage nach der nächsten Aufgabe, die wirklich gebraucht wird und zum eigenen Wirkungskern passt. Also rutschen Menschen in Beschäftigung statt Gestaltung – und wundern sich, warum das innere Echo ausbleibt.

Und so entsteht ein Kreislauf, der sich selbst verstärkt: *Erfolg führt zu Stillstand, Stillstand zu Sinnverlust.* Wie löst man diese Klammer? Indem man sie als das erkennt, was sie ist: kein persönlicher Defekt, sondern ein Mechanismus. Der Weg aus der Erfolgsleere führt nicht zurück zu „mehr vom Gleichen", sondern nach vorne zu neuer Wirksamkeit. Das beginnt mit drei nüchternen Schritten.

Erstens: Bilanz ohne Mythos. Was genau hat mich am „Weg zum Erfolg" genährt – und was davon war nur Treibstoff für die Ziellinie? War es die Nähe zum Problem, das ich gelöst habe? Die Verantwortung für ein Team? Die unmittelbare Rückkopplung vom Kunden? Oder schlicht das Tempo und die Klarheit der Entscheidungen? Diese Elemente sind keine Nebensachen – sie sind dein Rohstoff für neue Wirkung.

Zweitens: Den Unterschied benennen. *Erfolg ist statisch, Wirksamkeit dynamisch.* Das heißt: Wir dürfen – und müssen – unsere Form der Wirkung verändern, sobald sich Kontext, Rolle oder Lebensphase ändern. Wer mit 32 als Gründer wirksam war, ist es mit 47 vielleicht als Nachfolger, als Investor, als Beirat oder als Initiator eines unternehmerischen Vorhabens in einem anderen Feld. Nicht „weniger", sondern „anders" – mit anderer Hebelwirkung.

Drittens: Den eigenen Wirkungskern reaktivieren – Sinn und Einfluss wieder zusammenbringen. *Sinn ohne Einfluss erzeugt Frust. Einfluss ohne Sinn erzeugt Zynismus.* Nach großen Erfolgen kippen viele unbemerkt in eines der beiden Felder. Der Ausweg ist nicht ein neues Etikett („Ich bin jetzt Investor"), sondern die bewusste Kopplung: Wofür stehe ich – und an welcher Stelle kann ich tatsächlich Einfluss nehmen?

Für Gründer nach einem Exit heißt das oft: weg von der Frage „Was investiere ich?", hin zu „Wo bin ich mit Zeit, Erfahrung und Netzwerk der bestmögliche Möglichmacher – und für wen?" Für erfahrene Manager 45+ heißt es: „In welchem Umfeld werde ich wieder Umsetzer – nicht im Sinne von achtzig-Stunden-Wochen, sondern als jemand, der Verantwortung trägt und Entscheidungen durchzieht?" Es geht nicht um Beschäftigung, sondern um Verantwortung an einer Stelle, an der sie Wirkung entfaltet.

Vielleicht hilft ein ehrlicher Blick auf typische Sackgassen: Manche flüchten in Sichtbarkeit – Podien, Posts, Preise. Das fühlt sich kurz wie Bewegung an, bleibt aber statisch: Erfolgssignale ohne neue Substanz. Andere klammern sich an die alte Rolle – und sind enttäuscht, wenn die traditionelle Bühne in der neuen Phase keine Wirkung mehr hat. Wieder andere delegieren ihr ganzes zukünftiges Wirken an „später" – wenn die Kinder größer sind, der Markt ruhiger ist, der Kalender leerer. *Später ist ein Ort ohne Wirksamkeit.*

Der Gegenentwurf ist unspektakulär und stark: eine abgesteckte, echte Aufgabe, nah am Problem, mit klarer Verantwortung. Ein Mittelstandsunternehmen, das du als MBI erneuerst. Ein Team, das du als Beirat wirklich führst – nicht nur beaufsichtigst. Ein Suchender, den du als erfahrener Unternehmer begleitest, bis er „landet". Eine Branche, in der du Regeln änderst, statt nur Produkte zu drehen. In all diesen Fällen gilt dieselbe Logik: *Du suchst dir bewusst einen Ort, an dem Sinn und Einfluss wieder zusammenfallen – und damit Wirksamkeit entsteht.*

Es hilft, sich selbst eine einfache Frage zu stellen: Wenn ich in zwölf Monaten zurückblicke – woran würde ich erkennen, dass ich wieder wirksam war? Nicht: Wie viel Sichtbarkeit hatte ich? Nicht: Wie groß ist mein Portfolio? Sondern: *Welche Probleme haben dank mir eine andere Richtung genommen? Welche Menschen handeln heute anders, weil ich Verantwortung übernommen habe? Welche Entscheidung habe ich möglich gemacht, die ohne mich nicht gefallen wäre?*

Wer so schaut, kommt schneller in Bewegung als mit der Suche nach dem „nächsten großen Ding". Denn Wirksamkeit ist selten spektakulär am Anfang. Sie fühlt sich oft kleiner an als der alte Erfolg – und ist genau deshalb tragfähig. Aus der kleinen, echten Aufgabe wächst neue Substanz. Und aus Substanz darf wieder Erfolg werden – als Nebenwirkung, nicht als Ziel. Damit wird das Bild vollständig: Erfolg darf bleiben, wo er hingehört – als Momentaufnahme, als Trophäe am Wegesrand. Wirksamkeit ist das, was dich weiterträgt – dynamisch, anpassungsfähig, wachsend. Wer diesen Unterschied versteht, erlebt den „Moment danach" nicht als Leere, sondern als Öffnung: Es beginnt ein neues Kapitel, nicht ein Abspann. Und genau dort setzen wir jetzt an: mit deinen eigenen Lebens-KPIs.

Lebens-KPIs: Woran du deine Wirksamkeit misst

Am Ende des letzten Kapitels haben wir gesehen: Wirklich wirksam bist du dort, wo sich das, was dir zutiefst wichtig ist, mit dem Bereich überschneidet, in dem du tatsächlich etwas bewegen kannst. Dieser Punkt – diese Schnittmenge – ist wie ein innerer Resonanzraum. Wenn du in ihm handelst, spürst du: *Das bin ich. Das ist mein Platz. Hier lohnt sich jede Minute, jede Entscheidung, jeder Einsatz.*

Aber wie bleibst du in diesem Bereich? Wie stellst du sicher, dass du nicht wieder in den Circle of Concern rutschst, wo alles zwar wichtig klingt, aber außerhalb deines direkten Einflusses liegt? Und wie verhinderst du, dass du zwar aktiv bist, aber deine Energie in Nebenschauplätzen verschenkst, die dich deinem eigentlichen Sinn nicht näherbringen?

Genau hier kommen *Lebens-KPIs* ins Spiel. Oder anders gesagt: Wenn Sinn und Einfluss der Kompass deiner Wirksamkeit sind, dann sind Lebens-KPIs die Skala, auf der du ablesen kannst, ob du auf Kurs bist.

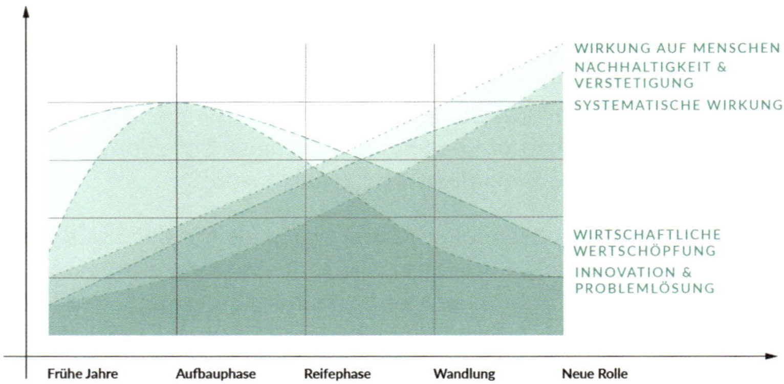

Abb. 4.4: Die Lebens-KPIs im Wandel

Die Grafik zeigt idealtypisch, wie sich persönliche Lebens-KPIs im Verlauf verschiedener Lebensphasen verschieben; tatsächliche individuelle Verläufe können davon deutlich abweichen. Für dein eigenes Leben – und vor allem für deine persönliche Wirksamkeit – gilt dasselbe. Nur sind deine KPIs hier keine Controlling-Matrix, sondern etwas viel Lebendigeres: *Orientierungspunkte*, die dir helfen, zu erkennen, ob du in der Zone von Sinn und Einfluss unterwegs bist. *Sie geben dir Marschrichtung, ohne dir jeden Schritt vorzuschreiben.*

Ich betone das so deutlich, weil es einen großen Unterschied macht: Lebens-KPIs sind *kein Selbstoptimierungswahn*, bei dem du jede Woche prüfst, ob du „deine Zahlen" erreicht hast. Sie sind auch keine Disziplinübung, bei der du dir künstlich Druck machst. Der KPI-Begriff ist bewusst gewählt, weil er unternehmerisch klingt, Klarheit schafft und dazu zwingt, konkret zu werden. Aber wir nehmen ihm das, was ihn im Business oft lähmt – den Zwang, alles zu 100 Prozent messbar zu machen.

Hier gilt: *hinreichend überprüfbar statt pedantisch messbar.* Es reicht, wenn du erkennst, ob du dich in die richtige Richtung bewegst – und wenn du merkst, wenn du davon abkommst.

Warum Lebens-KPIs unverzichtbar sind

Ohne diese Art von Kompass passiert leicht eines von zwei Dingen:

1. Du bist dauerbeschäftigt, aber nicht wirksam.
   Du machst viel – Meetings, Projekte, Kontakte –, aber am Ende des Monats fragst du dich: Was davon hat wirklich etwas verändert?

2. Du verfolgst Ziele, die gar nicht deine sind.
   Sie klingen gut, sind in deinem Umfeld anerkannt – vielleicht sogar prestigeträchtig. Aber tief drin merkst du: Das ist nicht meins. Du erfüllst Erwartungen, aber nicht deinen eigenen Anspruch an Wirksamkeit.

Lebens-KPIs schützen dich davor und sie bringen dich immer in deine Spur zurück. Sie sind wie eine Landkarte, die nur deine entscheidenden Orte enthält – und die weißen Flecken, wo du gar nicht erst hinmusst. Und sie geben dir die Freiheit, dich auch mal bewusst gegen einen Weg zu entscheiden, weil er zwar verlockend wirkt, aber nichts mit deiner Richtung zu tun hat.

Ich weiß aus eigener Erfahrung, wie wertvoll Lebens-KPIs als Kompass sein können – und wie sehr sie davor schützen, in Umgebungen zu landen, die nicht zu einem passen. Rückblickend zieht sich dieses Thema wie ein roter Faden durch mein Berufsleben. Ganz am Anfang, im Großkonzern, habe ich schnell gemerkt: Wirksamkeit war dort für mich kaum möglich. Nicht, weil ich meine Arbeit nicht mochte, sondern weil mir die Einflussmöglichkeiten fehlten. Ich konnte weder die Richtung bestimmen noch die Strukturen so anpassen, dass sie Sinn ergaben.

Später war ich in einem Umfeld, in dem die Zielsetzung richtig war, meine Rolle aber nicht zu meinen KPIs passte. Statt echter Wirksamkeit ging es um reine Messgrößen: Wie viele Unternehmen haben wir begleitet? Wie oft war unser Logo zu sehen? Das war für mich zutiefst unbefriedigend, weil es nichts mit meinem eigentlichen Wirkungsziel zu tun hatte. Heute bin ich in einem Umfeld angekommen, in dem ich mich wirksam fühle, Einfluss habe – und diesen Einfluss Schritt für Schritt erweitern kann. Und genau das ist es, was ich mit dir teilen möchte: Wenn du deine Lebens-KPIs klar hast, erkennst du schneller, ob eine Rolle dich wirklich in deine Richtung bringt – oder nur so aussieht, als könnte sie es tun.

Du erinnerst dich an die Kurve, die wir vorhin betrachtet haben: Sie zeigt typische Muster, wie sich Lebens-KPIs im Lauf der Jahre verschieben. In frühen Phasen stehen oft Innovation und wirtschaftliche Wertschöpfung im Vordergrund, später rücken häufig Wirkung auf Menschen, systemische Veränderungen und schließlich Nachhaltigkeit stärker in den Fokus.

Wichtig: Das ist kein starres Gesetz. Dein persönlicher Verlauf kann ganz anders aussehen – entscheidend ist, dass du deine KPIs regelmäßig hinterfragst und erkennst, ob du noch im Einklang mit deinem Kompass unterwegs bist.

Die fünf Oberkategorien deiner Lebens-KPIs

Rückblickend klingt das einfach: „Arbeite in einem Umfeld, das mit deinen Lebens-KPIs im Einklang ist – und verlasse es, wenn es das nicht (mehr) ist." So lautet die Empfehlung. Und auch wenn ich das am Ende immer so gemacht habe: Die Entscheidung war für mich nie leicht. Nicht, weil mir Mut oder Risikobereitschaft fehlten, sondern weil mir *Klarheit* fehlte. Ich spürte, dass etwas nicht passte, konnte es aber nicht benennen. Genau deshalb lade ich dich ein, für dich selbst *grundlegende Klarheit über deine Lebens-KPIs* zu gewinnen.

Wir werden uns jetzt die fünf Oberkategorien der Lebens-KPIs anschauen. Frag dich: Bin ich der Typ dafür? Fühle ich mich in solchen Situationen wohl? Geben sie mir Energie? Denn deine Antworten werden oft klarer, wenn du dich selbst in einer Szene siehst, statt nur einen Begriff zu lesen.

1. Wirkung auf Menschen
Worum es geht:
Du bewirkst, dass andere ins Handeln kommen – klarer denken, sicherer entscheiden, Verantwortung übernehmen.

Du musst nicht derjenige sein, der alles selbst macht – du schaffst die Bedingungen, damit andere selbst etwas auf die Beine stellen können.

Du könntest so ein Typ sein, wenn …

- … du dich in der Gesellschaft von Menschen wohlfühlst, die etwas vorhaben, und du ihnen hilfst, ihre Ideen zu strukturieren.
- … du lieber Sparringspartner als Dauerausführer bist.
- … du es genießt, wenn andere dank dir schneller starten, als sie es allein getan hätten.

Wie sich das anfühlt:
Manchmal reicht ein Gespräch, in dem du den entscheidenden Gedanken anstößt.
Oder du gibst jemandem einen Rahmen, in dem er mutiger wird, als er sich selbst zugetraut hätte.

KPI-Formulierung:
„Ich will Menschen so stärken, dass sie ihre Vorhaben eigenständig tragen – ohne Umweg über mich."

Frühindikatoren:
Weniger Rückfragen, mehr eigene Entscheidungen im Umfeld; Menschen berichten, dass sie wegen dir gestartet sind.

2. Wirtschaftliche & materielle Wertschöpfung
Worum es geht:
Du sorgst dafür, dass Vorhaben finanziell tragfähig sind. Du schaffst Substanz, die bleibt: stabile Einnahmen, faire Bezahlung, Mittel für gute Arbeit. Ohne diesen Boden kann Wirkung nicht langfristig bestehen.

Du könntest so ein Typ sein, wenn …

- … du klare Verhältnisse magst und verstehst, wie Zahlen Stabilität schaffen.
- … du dich wohl unter Menschen fühlst, die Verantwortung für Budgets übernehmen – nicht um Status zu pflegen, sondern um Spielräume zu sichern.
- … du willst, dass gute Absichten nicht am Geld scheitern.

Wie sich das anfühlt:
Du schläfst ruhig, wenn du weißt, dass dein Projekt auch in einem schwachen Monat nicht wankt. Du freust dich, wenn du jemanden fair bezahlen kannst, weil die Struktur es hergibt.

KPI-Formulierung:
„Ich will Vorhaben so gestalten, dass sie sich selbst tragen und andere fair davon leben können."

Frühindikatoren:
Planbarkeit steigt, Stressspitzen sinken, Beteiligte haben „Luft zum Arbeiten" statt Dauerknappheit.

3. Gesellschaftliche & systemische Wirkung
Worum es geht:
Du verbesserst Rahmenbedingungen – Prozesse, Standards, Netzwerke –, die weit über dein aktuelles Projekt hinaus Nutzen stiften.

Du könntest so ein Typ sein, wenn …

- … dich Reibung im System mehr nervt als der einzelne Fehler.
- … du dich wohlfühlst unter Menschen, die Brücken bauen und Branchen zusammenbringen.
- … du das Gefühl hast, dass du dich beim „Wie" viel besser einbringen kannst als beim „Was".

Wie sich das anfühlt:
Du siehst, wie sich eine Struktur, die du geschaffen hast, verselbstständigt – andere übernehmen sie, passen sie an, und sie funktioniert, ohne dass du eingreifen musst.

KPI-Formulierung:
„Ich will Strukturen schaffen, die Zusammenarbeit erleichtern und Reibung verringern."

Frühindikatoren:
Klare Abläufe, weniger Abstimmungsschleifen, schnellere Übergaben, andere adaptieren deine Methode.

4. Innovations- & Problemlösungsbeitrag
Worum es geht:
Du beseitigst Engpässe, für die es bisher keine überzeugende Lösung gibt – oder du verbesserst Bestehendes so, dass es endlich funktioniert.

Du könntest so ein Typ sein, wenn …

- … du bei einem lösbaren Problem, das keiner anfasst, unruhig wirst.
- … du dich wohl unter Praktikern fühlst, die lieber ausprobieren als endlos debattieren.
- … du es magst, wenn man den Unterschied vor und nach deiner Lösung unmittelbar sieht.

Wie sich das anfühlt:
Du spürst den Moment, in dem aus „Das geht nicht“ ein „Warum haben wir das nicht früher gemacht?“ wird.

KPI-Formulierung:
„Ich will Lösungen einführen, die ein reales Problem spürbar kleiner machen.“

Frühindikatoren:
Betroffene sprechen vom „neuen Weg“ als selbstverständlich; Hindernisse verschwinden aus der täglichen Diskussion.

5. Nachhaltigkeit & Verstetigung der Wirkung
Worum es geht:
Deine Wirkung bleibt – auch ohne deine tägliche Präsenz. Du schaffst Strukturen, die unabhängig von dir funktionieren.

Du könntest so ein Typ sein, wenn …

- … dich der Gedanke beruhigt, dass etwas auch ohne dich stabil läuft.
- … du dich unter Menschen wohlfühlst, die dokumentieren, standardisieren, weitergeben.
- … du dich freust, wenn andere dein Prinzip übernehmen.

Wie sich das anfühlt:
Du kannst in den Urlaub gehen – und alles läuft weiter. Nicht, weil es dir egal ist, sondern weil du weißt: Die Wirkung hängt nicht an deiner Person, sondern an der Struktur.

KPI-Formulierung:
„Ich will Strukturen hinterlassen, die ohne mich verlässlich funktionieren."

Frühindikatoren:
Vertretungen funktionieren in der Realität; dein Prinzip lebt weiter, auch wenn du nicht im Raum bist.

Diese KPI steht oft nicht allein, sondern verbindet sich mit allen anderen. Sie ist gewissermaßen die Reifeform jeder Wirkung: Wenn du Menschen stärkst, Strukturen stabilisierst, Probleme löst oder wirtschaftliche Tragfähigkeit schaffst – und all das so, dass es dauerhaft weiterlebt, auch ohne dich. Sich selbst überflüssig zu machen, ist kein Verlust an Einfluss, sondern der Moment maximaler Wirksamkeit.

Selbstverständlich gibt es diese Rollen nicht nur in Reinform, und sie bleiben auch nicht lebenslang gleich. Wirksamkeit ist kein Zustand, sondern eine Bewegung. Mit der Zeit verändern sich unsere Prioritäten, Ressourcen und Lebensumstände – manchmal schleichend, manchmal abrupt. Was sich heute stimmig anfühlt, kann in ein paar Jahren nicht mehr passen, weil sich der eigene Fokus verschoben hat: beruflich, familiär oder einfach durch neue Erfahrungen.

Darum lohnt es sich, immer wieder innezuhalten und zu prüfen, ob du noch auf Kurs bist. Ob deine aktuelle Rolle, deine Projekte und dein Engagement noch zu dem passen, was du wirklich bewirken willst. Manche Menschen machen das intuitiv, andere ganz bewusst – etwa alle paar Jahre, wenn sich Lebensphasen oder berufliche Konstellationen verändern.

Diese regelmäßige Standortbestimmung ist kein Zeichen von Unsicherheit, sondern von Bewusstsein. *Denn Wirksamkeit entsteht nicht dadurch, dass man einmal die richtige Entscheidung trifft, sondern dass man sie immer wieder überprüft – im Abgleich mit dem, was einem wirklich wichtig ist.*

Genau hier setzen die *Lebens-KPIs* an: Sie helfen dir, deine Wirksamkeit zu messen – nicht in Zahlen, sondern in Resonanz. Sie machen sichtbar, woran du erkennen kannst, ob du mit dem, was du tust, noch auf deinem eigenen Kurs bist.

Die fünf Schritte zur Entwicklung deiner Lebens-KPIs

Deine fünf Oberkategorien sind jetzt klar – aber das ist erst der Rahmen. Jetzt füllen wir ihn mit Inhalt. Dafür gehen wir Schritt für Schritt vor. Nimm dir Zeit. Viele, die diesen Prozess zum ersten Mal durchlaufen, brauchen mehr als einen Nachmittag. Manche schreiben über Wochen hinweg Sätze um, bis sie genau die Sprache gefunden haben, die sich stimmig anfühlt.

Schritt 1: Richtung klären – „Wo fühle ich mich am wirksamsten?“

Es klingt banal, aber die meisten Menschen überspringen genau diesen Schritt. Sie formulieren sofort Ziele – und wundern sich später, warum sie nicht wirklich dahinterstehen. Statt mit einer Zieldefinition zu beginnen, beginne mit Szenen: Momente, in denen du spürbar gewirkt hast.

Frag dich: In welchen Situationen hatte ich das Gefühl, *wirklich etwas in Bewegung gesetzt zu haben*? Wann hatte ich das Empfinden, dass mein Einsatz Teil von etwas Größerem war? Das können sehr unterschiedliche Momente gewesen sein:

- Du hast jemanden so begleitet, dass er sich etwas zugetraut hat, was er vorher nicht für möglich gehalten hätte.
- Du hast ein Problem gelöst, das alle schon lange genervt hat – und plötzlich lief es.
- Du hast eine Entscheidung getroffen, vor der alle anderen zurückgeschreckt sind – und sie war im Rückblick der entscheidende Wendepunkt.
- Du hast eine Struktur gebaut (ein Reporting, einen Prozess, ein Ritual, ein Board), die danach ohne dein Zutun funktioniert hat.
- Du hast Geld, Kontakte oder Zugang möglich gemacht, ohne die etwas nie gestartet wäre.

- Du hast ein Team durch eine schwierige Phase getragen, weil du Ruhe reingebracht hast, während alle anderen im Feuer standen.
- Du hast eine Idee nicht nur präsentiert, sondern sie „vom Papier in die Realität" gebracht.
- Du hast zwei Menschen, zwei Firmen oder zwei Welten miteinander verbunden – und ab da lief es ohne dich weiter.
- Du hast jemanden fair bezahlt, den vorher alle als austauschbar gesehen haben – und genau das hat Loyalität und Leistung freigesetzt.

Erinnern wir uns: Wirksamkeit entsteht genau dort, wo *Sinn* und *Einfluss* zusammenkommen – wo du verstehst, *warum* du etwas tust, und zugleich spürst, *dass* dein Tun etwas bewirkt. Wenn beides zusammenfällt, entsteht Resonanz. Du erlebst, dass dein Einsatz Bedeutung hat – und dass dein Beitrag Teil von etwas Größerem ist.

Wenn dir spontan keine beruflichen Beispiele einfallen, denk an dein privates Umfeld. Wann hattest du das Gefühl, dass dein Einsatz wirklich etwas bewirkt hat – für jemanden, für etwas, vielleicht auch für dich selbst? Das kann in der Familie gewesen sein, im Freundeskreis oder in einem Ehrenamt. Oft spüren wir dort zuerst, was Wirksamkeit eigentlich bedeutet.

Du hast dich mit Sicherheit schon mehrfach in deinem Leben wirksam gefühlt. Vielleicht nicht immer im beruflichen Kontext – damit wärst du kein Einzelfall –, aber du kennst dieses Gefühl. Es ist das Gefühl, dem wir oft hinterherlaufen, ohne genau zu wissen, was es eigentlich auslöst.

An dieser Stelle geht es nicht darum, Erfolge zu messen, sondern das *Gefühl* wiederzufinden, das dich in solchen Momenten begleitet hat – die Gewissheit, dass dein Handeln einen Unterschied gemacht hat. Genau dieses Gefühl wollen wir jetzt greifbar machen. Jetzt beginnt die eigentliche Arbeit.

So gehst du vor:

- Nimm dir Stift und Papier – analog zu schreiben hilft, klarer zu denken.

- Für jede deiner fünf Oberkategorien notierst du bis zu drei konkrete Situationen aus deinem Leben, in denen du dich zutiefst wirksam gefühlt hast.
- Wenn du nicht zu allen Kategorien Beispiele findest, ist das völlig in Ordnung. Fokussiere dich auf die Bereiche, zu denen dir spontan etwas einfällt – sie zeigen, wo deine Wirksamkeit derzeit am stärksten ausgeprägt ist.
- Keine langen Erzählungen. Ein Satz pro Szene reicht.
- Wichtig: Es müssen reale Erlebnisse sein, keine Wunschvorstellungen.

Beispielsätze könnten so klingen:

- „Als ich ein Projekt wieder auf Kurs gebracht habe, das vorher feststeckte."
- „Als ich eine Entscheidung getroffen habe, die Klarheit geschaffen hat – auch wenn sie unbequem war."
- „Als ich durch meine Struktur Ordnung in ein Chaos gebracht habe."
- „Als ich jemanden motiviert habe, eine Idee wirklich umzusetzen."
- „Als ich in meiner Familie etwas angestoßen habe, das uns allen das Leben leichter gemacht hat."
- „Als ich mit einer einzigen Verbindung zwei Parteien zusammengebracht habe – und daraus etwas Neues entstanden ist."
- „Als ich gemerkt habe: Das System funktioniert jetzt ohne mich weiter."

Fallstrick:
Viele schreiben an dieser Stelle, was „gut klingt" – also Sätze, die eher wie ein Purpose-Statement wirken („Ich möchte die Welt gerechter machen") als wie eine Situation. Das hilft dir nicht. Deine Wirksamkeit beginnt dort, wo du tatsächlich einen Hebel in der Hand hattest. Ehrlich hinschauen ist der erste Filter.

Schritt 2: Engpass benennen – „Was hindert mich aktuell?"

Wirksamkeit wächst oft dort am schnellsten, wo ein Engpass verschwindet. Deshalb: Für jede Kategorie definierst du genau **einen** größten Bremsklotz. Nur einen – nicht drei, nicht fünf.

So gehst du vor:

- Frag dich: *Was hält mich heute am meisten davon ab, in diesem Bereich so zu wirken, wie ich will?*
- Schreib die Antwort so konkret wie möglich, ohne Schuldzuweisung. Es geht um den Mechanismus, nicht um Personen.

Beispiele:

- „Zu wenig Zugriff auf Entscheidungsträger, um den Prozess zu ändern."
- „Fehlende Routine in der Übergabe – alles läuft über mich."

Fallstrick:
Den Engpass schönreden („Eigentlich passt alles"). Wenn alles passen würde, würdest du schon in deinem Ideal wirken.

Schritt 3: KPI-Satz formulieren – „unternehmerisch klar, menschlich echt"

Jetzt bringst du deine Richtung in einem Satz auf den Punkt. Dieser Satz soll zwei Dinge leisten:

1. Er klingt wie ein unternehmerisches Ziel – klar, aktiv, fokussiert.
2. Er ist so persönlich, dass du dich darin wiedererkennst.

Echte Wirksamkeit trägt auch ohne dich

Der vielleicht wichtigste Prüfstein jeder Lebens-KPI ist ihre Unabhängigkeit von deiner persönlichen Anwesenheit. Denn wahre Wirksamkeit zeigt sich nicht daran, wie viele Stunden du selbst investierst, sondern daran, ob dein Beitrag Bestand hat, wenn du einmal nicht da bist. Wenn deine Wirkung nur so lange hält, wie du sie aktiv stützt, bist du nicht frei – und das Ergebnis ist nicht stabil.

Unabhängigkeit bedeutet, Strukturen, Prozesse oder Menschen so zu befähigen, dass sie ohne dich weitermachen können. Das schenkt dir nicht nur Freiraum für neue Aufgaben, sondern sorgt auch dafür, dass dein Wirken langfristig trägt und nicht mit dir verschwindet.

Gleichzeitig schützt dich diese Unabhängigkeit vor einer Falle, in die viele unbewusst tappen: Wenn deine Wirksamkeit nur dann besteht, wenn du selbst präsent bist, wird sie leicht zum Spiegel für das eigene Ego – eine Bühne, auf der du im Mittelpunkt stehst, statt ein Fundament, das auch ohne dich trägt. *Wahre Wirksamkeit dagegen ist freigiebig*. Sie zielt nicht darauf ab, dich unentbehrlich zu machen, sondern darauf, etwas zu schaffen, *das unabhängig von dir weiterlebt*. Das ist der Unterschied zwischen der Suche nach Anerkennung und dem echten Willen, etwas zu verändern.

Beispiele:

- Menschen: „Ich will Menschen so stärken, dass sie ihre Vorhaben eigenständig tragen – ohne Umweg über mich."
- Wirtschaft: „Ich will Vorhaben so gestalten, dass sie sich selbst tragen und fair bezahlen."
- System: „Ich will Wege bauen, die Zusammenarbeit erleichtern und von anderen genutzt werden."

Fallstrick:
Schlagworte statt Substanz. Wenn du Schlagworte wie „transformieren" oder „empowern" nutzt, aber nicht genau sagen kannst, was das in deinem Kontext bedeutet, lohnt sich noch ein zweiter Blick. Ehrlichkeit vor Eleganz.

Schritt 4: Frühindikatoren definieren – „erkennbare Signale, keine Excel-Hölle"

Frühindikatoren sind kleine, oft unscheinbare Signale, die dir zeigen, dass du in die richtige Richtung gehst – oder dass du vom Kurs abkommst.

Sie sind nicht so präzise wie eine Umsatzkurve, aber sie sind zuverlässig, wenn du sie bewusst beobachtest.

So gehst du vor:

- Wähle pro Kategorie zwei bis drei Anzeichen.
- Mix aus qualitativ (Feedback, Verhalten) und grob-quantitativ (Häufigkeit, Dauer) ist ideal.

Beispiele:

- Mehr Entscheidungen im Umfeld werden ohne Rücksprache mit dir getroffen.
- Übergaben laufen reibungslos und werden selten zurückgeholt.
- Menschen fragen nach „deiner Methode" statt nach deiner Person.

Fallstrick:
Ein häufiger Irrtum besteht darin, Wirkung mit dem zu verwechseln, was ich „Eitelkeits-Signale" nenne. Das sind äußere Anerkennungen, die auf den ersten Blick wie ein Beweis für Relevanz wirken – zum Beispiel „Likes" in sozialen Medien, Erwähnungen in Artikeln, Preisverleihungen oder Einladungen zu Podiumsdiskussionen. Sie sind nicht wertlos; sie können motivieren, Türen öffnen und Reichweite schaffen. Aber sie sind kein Ersatz für substanzielle, nachhaltige Veränderung.

Der Unterschied: Ein Eitelkeits-Signal ist oft nur eine Momentaufnahme. Es sagt wenig darüber aus, ob dein Beitrag langfristig etwas bewegt oder ob sich durch dein Handeln tatsächlich Strukturen, Denkweisen oder Ergebnisse verändern. Es ist ein Hebel – und Hebel können nützlich sein, wenn man weiß, *wofür* man sie einsetzt. Doch ein Hebel ohne angeschlossene Wirkung ist wie ein Zahnrad im Leerlauf: Er bewegt sich, treibt aber nichts an.

Gerade in einer Zeit, in der Sichtbarkeit leicht zu erzeugen ist, besteht die Gefahr, Entscheidungen unbewusst auf äußere Anerkennung auszurichten. Das fühlt sich kurzfristig belohnend an, bindet aber langfristig Energie, die an anderer Stelle einen echten Unterschied machen könnte.

Über den Unterschied zwischen Sichtbarkeit und Wirksamkeit sprechen wir später noch ausführlicher – denn Sichtbarkeit ist kein Ersatz für Wirksamkeit, sondern sollte ein Mittel zu diesem Zweck sein.

Schritt 5: Realitätscheck – „Passt meine Bühne zu meinem Kompass?"

Jetzt kommt der Teil, den viele vermeiden: Prüfen, ob das aktuelle Umfeld überhaupt zu deinen Lebens-KPIs passt. Das kann unbequem werden. Denn manchmal zeigt sich: Dein Ziel lässt sich in der aktuellen Struktur gar nicht verwirklichen.

So gehst du vor:

- Lies deine fünf Sätze laut vor. Frag dich: *Kann ich hier – in dieser Rolle, in diesem Kontext – so wirken, wie ich es beschrieben habe?*
- Falls nein: *Welche Veränderung würde die größte Wirkung freisetzen?*

Beispiele:

- Mehr Zeit für die Arbeit an strategischen Themen blocken.
- Einen Verantwortungsbereich neu aufteilen.
- Den Wechsel in einen anderen Kontext vorbereiten, der die KPIs unterstützt.

Fallstrick:
Noch ein Tool, noch ein Meeting, noch ein Versuch – statt eine echte strukturelle Entscheidung zu treffen.

Mit deinen Lebens-KPIs arbeiten

Lebens-KPIs sind kein starres Konstrukt, das du einmal festlegst und dann unverändert beibehältst. Sie sind ein lebendiger Orientierungsrahmen – so etwas wie dein persönlicher Nordstern, der dir anzeigt, ob du auf dem richtigen Kurs bist.

Dieser Kurs verändert sich – so wie dein Leben, deine Rolle und dein Umfeld. Manchmal passt ein KPI jahrelang, manchmal merkst du nach ein paar Monaten, dass er nicht mehr das ausdrückt, was dir wirklich wichtig ist. Das ist kein Rückschritt, sondern Teil des Prozesses: Klarheit entsteht nicht durch ein einmaliges Aufschreiben, sondern durch wiederholtes Hinschauen und Nachjustieren.

Lebens-KPIs sind deshalb so wertvoll, weil sie dir helfen, den Sinn hinter deinem Handeln im Blick zu behalten – und *Sinn ist die Grundlage von Wirksamkeit*. Ohne Sinn entsteht vielleicht Aktivität, aber keine nachhaltige Wirkung. Und Sinn allein reicht auch nicht: Erst in Verbindung mit Einflussmöglichkeiten wird daraus echte Wirksamkeit.

Ausblick: Was jetzt kommt

Mit deinen Lebens-KPIs hast du jetzt den innersten Kreis deines Wirkungskreises definiert: das, was dir wirklich wichtig ist, und die Richtung, in die du gehen willst. Der nächste Schritt ist, diesen inneren Kompass in Handlung zu übersetzen. Dafür müssen wir genauer verstehen:

- *Rollenverständnis*: Welche Form des Wirkens passt zu dir – bist du derjenige, der Dinge selbst umsetzt, oder eher derjenige, der den Rahmen schafft, damit andere wirken können?
- *Ressourcenlogik*: Welche Mittel – Zeit, Kapital, Erfahrung, Netzwerk, Zugang – hast du zur Verfügung, und wie setzt du sie so ein, dass sie deine Ziele stützen, statt dich zu überlasten?

Mit diesen beiden Bausteinen – Rolle und Ressourcen – wirst du das Wirksamkeitsmodell verstehen, das im nächsten Teil zum ersten Mal in seiner ganzen Systematik sichtbar wird. Es ist das Werkzeug, das dir hilft, aus klarer Absicht konkrete Wirkung zu machen – und zwar auf eine Weise, die nicht nur heute funktioniert, sondern auch dann trägt, wenn du selbst nicht mehr täglich eingreifen musst.

Klarheit über deine Lebens-KPIs zu haben, ist wie der innere Kompass eines Navigationsgeräts: Du weißt, wohin dich dein Weg führen soll. Aber ein Kompass allein bringt dich nicht ans Ziel – du brauchst auch eine Karte und ein Terrain, auf dem du dich bewegst.

Wirksamkeit entsteht nicht im luftleeren Raum. Sie braucht ein Umfeld, in dem deine Stärken zur Geltung kommen, und Spielregeln, die dir Einfluss ermöglichen. Genau hier kommt das Zusammenspiel aus *Rolle* und *Ressourcen* ins Bild. Wenn du weißt, welche Rolle dir liegt – ob du selbst an der Front umsetzt oder den Rahmen für andere schaffst – und wenn du deine verfügbaren Ressourcen kennst, kannst du bewusst entscheiden, wo du den größten Unterschied machst.

Das Wirksamkeitsmodell, das wir im nächsten Teil erarbeiten, bringt all das zusammen. Es zeigt dir nicht nur, wo du heute stehst, sondern auch, welche Wechselwirkungen zwischen deiner Rolle, deinen Ressourcen und deiner Ausrichtung entstehen können. Es hilft dir zu verstehen, wo dein Hebel am größten ist – und wie du ihn so ansetzt, dass Wirkung bleibt, selbst wenn du einmal nicht mehr am Steuer sitzt. Wir verlassen jetzt also die Innenperspektive und betreten das Feld, auf dem du deine Wirkung tatsächlich entfalten kannst.

TEIL III

Das Wirksamkeitsmodell: Schritt für Schritt wirksam werden

5

Der Wirksamkeitskreis: Rolle und Ressourcen in Einklang bringen

In den bisherigen Kapiteln hast du deinen inneren Kompass entwickelt – das, was dir wirklich wichtig ist, und die Bereiche, in denen du tatsächlich etwas bewegen kannst. Du hast deine Lebens-KPIs formuliert und damit die Richtung festgelegt, in die du wirken willst. Doch ein Kompass allein bringt dich nicht ans Ziel. Er zeigt die Richtung – aber er bewegt dich nicht. Damit dein Wirkungskern in der Realität Gestalt annimmt, braucht es zwei Dinge: Ressourcen und eine Rolle, in der diese Ressourcen den größten Unterschied machen.

Hier fügen wir alles zusammen: deinen Wirkungskern, deine Ressourcen und deine Rolle. Daraus entsteht dein Wirksamkeitsmodell – ein klarer Rahmen, der dir hilft, deine individuelle Stimmigkeit zu finden: zwischen dem, was dich antreibt, dem, was du einbringen kannst, und der Art, wie du es einbringst. Wenn viele Menschen ihr Wirken auf diese Weise klären und leben, kann daraus etwas noch Größeres entstehen: eine neue Kultur des Handelns. Und genau dort beginnt Wirksamkeit – bei *jedem Einzelnen*, mit Klarheit über den eigenen Wirksamkeitskreis.

Es geht um dein Fundament: deine Ressourcen und die Rolle, die wirklich zu dir passt. Alles, was du an Erfahrung, Wissen, Netzwerk, Kapital oder Zeit mitbringst, ist bereits da. Die Frage ist nicht, ob du genug hast, sondern wie du es einsetzt – und in welcher Rolle du damit den größten Hebel hast.

Der Wirksamkeitskreis: Dein persönliches Wirksamkeitsmodell

In der nachfolgenden Abbildung siehst du, wie dein Wirkungskern (Sinn und Einfluss) den inneren Mittelpunkt bildet. Darum gruppieren sich die beiden äußeren Ebenen: deine Rolle – also wie du wirkst – und deine Ressourcen – also womit du wirkst. Gemeinsam ergeben sie deinen Wirksamkeitskreis: das Modell, mit dem du dein persönliches Wirken verstehen, strukturieren und gezielt erweitern kannst.

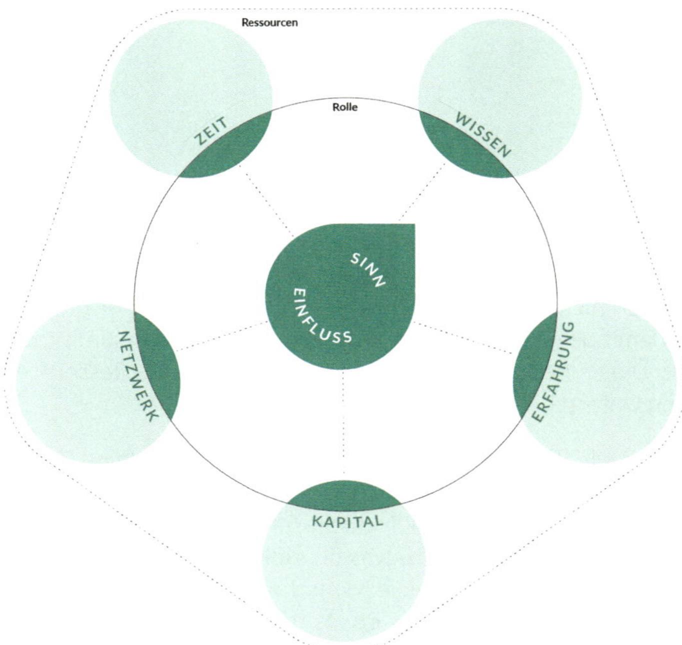

Abb. 5.1: Der Wirksamkeitskreis
Dein persönliches Wirksamkeitsmodell: Dort, wo Sinn, Rolle und Ressourcen zusammenfallen, entsteht unternehmerische Wirksamkeit.

Der Wirksamkeitskreis zeigt, wie dein innerster Antrieb – dein Wirkungskern aus Sinn und Einfluss – mit deiner Rolle und deinen Ressourcen zusammenspielt. Im Zentrum steht, warum du handelst und worauf du wirklich Einfluss hast. Darum gruppieren sich deine Rolle, in der du wirkst, und deine Ressourcen – womit du wirkst: Zeit, Kapital, Erfahrung, Netzwerk, Wissen. Erst wenn diese drei Ebenen miteinander verbunden sind, entsteht eine Richtung – wie die Spitze eines Kompasses, die zeigt, wohin du wirken willst.

Der Wirksamkeitskreis ist damit kein statisches Modell, sondern ein lebendiger Rahmen: Er hilft dir, dein Wirken zu verstehen, zu strukturieren und gezielt zu erweitern. Wenn du verstanden hast, wie Ressourcen wirken – und wie sie mit deiner Rolle zusammenspielen –, triffst du keine zufälligen Entscheidungen mehr. Du kannst bewusst wählen, wo dein Platz im unternehmerischen Wirken ist. Das ist der erste Schritt zu einer Wirkung, die bleibt.

Nach meiner Zeit im Konzern wollte ich endlich gestalten – nicht mehr nur umsetzen, was andere beschlossen hatten. Also habe ich mir einen lange gehegten Traum erfüllt und mich selbstständig gemacht. Ich wollte spüren, was es heißt, wirklich Verantwortung zu tragen – für Ergebnisse, für Menschen, für Entscheidungen, die man nicht mehr nach oben delegieren kann.

Rückblickend war das, was ich damals tat, nicht besonders sinnstiftend im großen gesellschaftlichen Sinne. Aber es war mein Anfang. Ein Aufbruch in die Eigenverantwortung – und der Moment, in dem ich begriff, dass Wirksamkeit dort beginnt, wo man den eigenen Kurs bestimmt.

Seitdem bewege ich mich fast ausschließlich im unternehmerischen Umfeld. Erst als Gründerin, später zunehmend auf der anderen Seite: begleitend, beratend, befähigend – als Sparringspartnerin für Menschen, die gestalten wollen. Diese Perspektivwechsel haben mir eines deutlich gemacht: Wirksamkeit ist kein Zufallsprodukt. Sie entsteht, wenn zwei Dinge zueinanderfinden – die Ressourcen, die man mitbringt, und die Rolle, in der sie zur Geltung kommen. Genau das habe ich in diesen Jahren im unternehmerischen Umfeld begriffen.

Ich habe beide Welten erlebt: das starre System, in dem Strukturen jede Bewegung bremsen, und das dynamische, in dem man ständig Neues ausprobiert, jedoch selten Tiefe erreicht. Beide Extreme haben mich gelehrt: Wirkung entsteht nicht aus Aktionismus – sondern aus Klarheit über die eigene Rolle und den bewussten Einsatz der vorhandenen Ressourcen.

Genau hier setzt dein persönlicher *Wirksamkeitskreis* an: Er verbindet Sinn, Rolle und Ressourcen zu einem Ganzen – und macht sichtbar, wo dein größter Hebel liegt.

Warum wir mit dem beginnen, was schon da ist

Viele beginnen ihre Pläne mit der Frage: Was fehlt mir noch, um mein Ziel zu erreichen? Das klingt logisch – ist es aber nicht. Der schnellste Weg zu Wirkung beginnt nicht beim Mangel, sondern beim Vorhandenen.

In vielen Lebensbereichen ist das selbstverständlich: Ein Trainer schaut zuerst, welche Stärken ein Sportler schon mitbringt, bevor er den Trainingsplan schreibt. Ein Arzt prüft, welche Funktionen im Körper gesund sind, bevor er eine Therapie ansetzt. In der Pädagogik gilt seit Jahrzehnten der ressourcenorientierte Ansatz: nicht bei den Defiziten ansetzen, sondern bei den Fähigkeiten, Erfahrungen und Stärken, die schon vorhanden sind – und sie gezielt ausbauen.

Wenn es jedoch um unsere eigene Wirksamkeit geht, verlieren wir diesen Fokus erstaunlich oft aus den Augen. Statt von den vorhandenen Ressourcen auszugehen, starren wir auf die Lücken – zu wenig Kapital, zu wenig Zeit, zu wenig Erfahrung –, und übersehen dabei, was wir schon jetzt auf den Tisch legen könnten.

Hier schließt sich der Kreis zum Wirksamkeitsprinzip, das auch im psychologischen Sinn beginnt: bei der *Selbstwirksamkeitserwartung* – dem Glauben daran, durch das eigene Handeln etwas bewirken zu können. Sie wächst, wenn wir unsere vorhandenen Ressourcen kennen und erleben, dass sie Wirkung entfalten. *Wer seine Ressourcen klar vor Augen hat, traut sich mehr zu. Wer sich mehr zutraut, handelt entschlossener.*

Deshalb beginnen wir beim Fundament. Bevor wir über Projekte, Gründungen oder Investitionen sprechen, schauen wir auf das, was schon da ist. Deine Fähigkeiten, Erfahrungen, Netzwerke und Mittel sind nicht nur eine nette Beigabe – sie sind das Material, aus dem deine Wirkung entsteht.

Doch Ressourcen allein sind noch kein Garant für Wirksamkeit. Sie brauchen eine Bühne – eine Rolle, die zu dir passt und in der deine Ressourcen nicht verpuffen, sondern zur Geltung kommen. Genau dorthin führt uns der nächste Abschnitt.

Wenn die vielen Puzzleteile kein Bild ergeben

Kennst du dieses quälende Gefühl? Es ist kein Mangelgefühl – im Gegenteil. Du weißt längst, dass du vieles mitbringst. Auch ich wusste das. Nach meiner Konzernzeit und der eigenen Gründung habe ich viele Jahre in einer beratenden und begleitenden Rolle verbracht. In dieser Rolle wirke ich bis heute – im Coaching, in Gesprächen, an Schnittstellen zwischen Unternehmern, Investoren und Gründern. Ich habe gesehen, wie Wirkung entsteht – und gleichzeitig gespürt, dass ich selbst eine Leerstelle in mir trug.

Denn auch ich wusste um meine Ressourcen: dass ich über die Jahre einen guten Draht zu Menschen entwickelt hatte, die mir vertrauten, auf meine Meinung hörten und sich an meinen Worten festhielten, weil sie ihnen Stärke und Motivation gaben. Dass ich ein großes Netzwerk aufgebaut hatte – nicht nur oberflächliche Kontakte, sondern Verbindungen zu Menschen, die ähnlich empfanden wie ich: Da geht noch mehr. Menschen, die nach vorne denken und nicht stehen bleiben wollten.

All das hatte ich. Und trotzdem war da dieses Gefühl, dass etwas nicht zusammenpasst. Es war, als würde ich vor einem großen Tisch sitzen, auf dem unzählige Puzzleteile verstreut lagen. Jedes Teil für sich wertvoll, bunt, verheißungsvoll. Aber das Bild dahinter blieb verschwommen. Ich bekam die Enden nicht zusammen. Ich wusste nicht, wie diese Teile ein Ganzes ergeben sollten. Das machte es so quälend: Es fühlte sich gleichzeitig reich und richtungslos an. Einerseits war es ein Geschenk – so viele Ressourcen und Möglichkeiten. Andererseits eine Last – mir fehlte die Klarheit, wie daraus etwas Ganzes, Wirksames werden könnte.

Dazu kamen Erwartungen, von außen wie von innen: „Du musst doch noch mal gründen." „Mit deinem Wissen und deiner Erfahrung wäre es doch Verschwendung, nicht wieder umzusetzen." „Du bist doch Umsetzerin, das liegt dir im Blut." Die Stimmen waren so laut, dass ich sie lange für meine eigenen hielt. Doch tief in mir regte sich ein Widerstand.

Erst viel später habe ich verstanden: Mein Problem war nicht, dass ich nicht genug hatte. Es war auch nicht so, dass ich nicht wusste, was ich konnte. Mein eigentliches Problem war, dass ich nicht benennen konnte, *wer* ich in diesem Spiel sein will. Nicht die Frage „Was bringe ich mit?“, sondern die viel tiefere: „Welche Rolle passt wirklich zu mir? In welcher Rolle fühle ich mich wirksam, ohne dass es sich wie ein Zwang anfühlt?“ Und hier kommt der entscheidende Gedanke: Wenn du nicht weißt, was du bist – dann fang damit an, ehrlich zu benennen, wer du ganz sicher *nicht* bist. Genau diese Klarheit kann der erste Schritt sein, um den eigenen Platz zu finden.

Diese Erkenntnis war für mich wie ein Offenbarungseid. Schmerzhaft, weil es hieß, Abschied zu nehmen von einem Bild, das ich lange von mir selbst hatte. Aber auch befreiend, weil endlich das Gewicht von meinen Schultern verschwunden war. Ich konnte akzeptieren: Wirksamkeit heißt nicht, alles sein zu müssen. Sondern die Rolle zu finden, die wirklich zu einem passt. Als ich das erkannt hatte, wurde mir klar: Es fehlte mir nicht an Ressourcen, Kontakten oder Ideen – es fehlte mir an *Rollenklarheit*. Ich hatte zwar das Material, aber keine Form. Ich wusste, wofür ich stehe, aber nicht, in welcher Funktion ich am besten wirke. Genau dort beginnt der zweite Kreis deines Wirksamkeitsmodells: bei der Rolle. *Denn erst wenn du weißt, wie du wirken willst, können deine Ressourcen ihr volles Potenzial entfalten.*

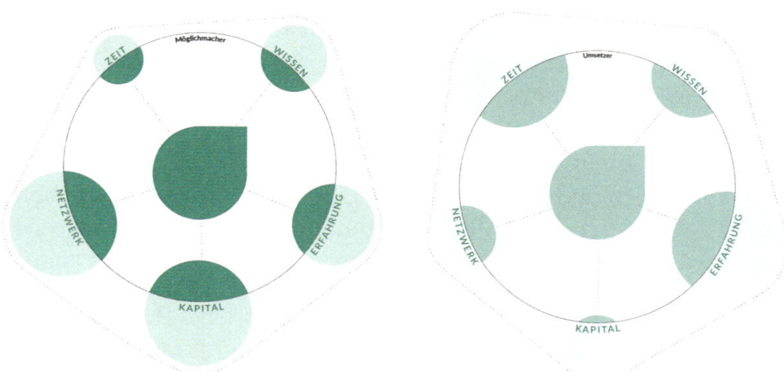

Abb. 5.2: Unterschiedliche Wirksamkeitskreise
Die beiden Wirksamkeitskreise zeigen dieselbe Grundstruktur, aber unterschiedliche Ausprägungen. Rollen und Ressourcen variieren je nach Person in Gewichtung und Kombination.

Der innere Kern – Sinn und Einfluss – bildet bei allen den Ausgangspunkt. Doch die äußeren Ebenen können sehr unterschiedlich ausgeprägt sein: Bei manchen Menschen ist etwa die Ressource Zeit besonders stark ausgeprägt, bei anderen die Erfahrung, Netzwerk, Kapital oder der Zugang zu bestimmten Themenfeldern. Die Blasen, die du in der Darstellung siehst, symbolisieren genau das – die unterschiedlichen Ressourcen, die jeder mitbringt.

Diese Vielfalt ist kein Widerspruch, sondern die Voraussetzung für echte Wirksamkeit. Denn Wirkung entsteht nicht dadurch, dass alle das Gleiche tun oder die gleichen Mittel haben, sondern dadurch, dass sich individuelle Profile ergänzen. Jeder Mensch bringt ein eigenes Set an Ressourcen in seinen Wirksamkeitskreis ein – und genau an diesen Unterschieden kann gemeinsame Wirkung wachsen.

Betrachtest du diese unterschiedlichen Wirksamkeitskreise, erkennst du zwei Grundrichtungen unternehmerischer Wirkung: die des *Umsetzers* und die des *Möglichmachers*. Sie unterscheiden sich nicht im Wert oder in der Intensität, sondern in der Art, wie sie ihre Ressourcen einsetzen. Beide handeln aus demselben Kern heraus und bringen ihre individuellen Stärken dort ein, wo sie den größten Unterschied machen.

Schauen wir uns an, was diese Unterschiede konkret bedeuten – und welche zwei Grundrollen daraus im unternehmerischen Wirken entstehen.

Die zwei Grundrollen und die befreiende Kraft der Rollenklarheit

Ich habe irgendwann akzeptiert: Ich bin keine Umsetzerin mehr. Nicht diejenige, die sich durch Prozesse wühlt und im operativen Tagesgeschäft versinkt. Das war einmal – und es war eine wichtige Phase. Aber es ist nicht mehr meine Rolle.

Meine Rolle ist eine andere. Ich bin diejenige, die Menschen in Bewegung bringt. Die sie aufweckt, begleitet, Türen öffnet und ihnen die Sicherheit gibt, dass sie es schaffen können. Das ist eine andere Art der Wirksamkeit – nicht weniger wertvoll, sondern grundlegend anders. Damit lässt sich das Spektrum unternehmerischer Wirksamkeit auf zwei Grundrollen verdichten – Rollen, die unterschiedlicher kaum sein könnten und doch gleichwertig sind:

Die Umsetzer
Sie stürzen sich mitten ins Geschehen. Sie gründen, übernehmen, steuern operativ. Sie tragen das volle Risiko, treffen Entscheidungen im Alltag, sind nah dran am Puls des Geschäfts. Ohne sie gibt es kein Vorankommen, keine Umsetzung, keine konkrete Wirkung. Wichtig ist mir dabei, dass diese Rolle nicht nur das Gründen umfasst. Auch wer ein Unternehmen in der Nachfolge übernimmt, ist ein Umsetzer. Beides verdient denselben Stellenwert – und genau deshalb weite ich den Begriff bewusst über die gängige Startup-Perspektive hinaus.

Die Möglichmacher
Sie schaffen den Rahmen. Sie investieren Kapital, bringen Erfahrung ein, begleiten als Coach oder Beirat, öffnen Netzwerke, schaffen Strukturen. Sie sind nicht mitten im Operativen, aber ohne sie könnten Umsetzer ihre Arbeit gar nicht tun. Möglichmacher sind die unsichtbaren Architekten, die den Raum erschaffen, in dem Wirkung überhaupt erst entstehen kann. Für diesen Begriff habe ich mich ganz bewusst entschieden. Das modische Wort „Enablement“ habe ich verworfen, es betont, wie so viele Anglizismen, das Werden statt des Seins.

Aber es geht nicht um Befähigung im Sinne von „jemanden erst möglich machen“. Möglichmacher gibt es bereits, sie sind selbst Teil der Wirkung. Ihr Sein schafft Räume, ihr Sein verstärkt andere. Es ist ein Sein, kein Werden – und genau deshalb trägt dieser Begriff meine Haltung.

Viele Menschen verwechseln diese beiden Rollen – oder fühlen sich unter Druck gesetzt, in der „falschen“ Rolle erfolgreich sein zu müssen. Genau das war mein Dilemma. Jahrelang dachte ich, ich müsste noch einmal gründen, noch einmal umsetzen – weil ich so viel gelernt hatte, weil es fast eine Verschwendung gewesen wäre, das nicht auszuschöpfen. Doch tief in mir spürte ich: Genau dieser Gedanke blockierte mich.

Die eigentliche Befreiung kam, als ich mir eingestand: *Ich muss nicht mehr umsetzen, um wirksam zu sein.* Meine Rolle ist die der Möglichmacherin. Meine Identität liegt nicht darin, alles selbst zu machen – sondern darin, andere stark zu machen.

Neulich sprach ich mit einem Gründer, der ein sehr erfolgreiches Unternehmen aufgebaut hatte. Gerade einmal dreißig Jahre alt, hatte er nach dem Exit vermeintlich alles erreicht. Doch was er empfand, war keine Freude, sondern eine große Last. „Ich habe das Gefühl, ich müsste jetzt noch eins draufsetzen", sagte er mir. „Noch größer, noch schneller, noch erfolgreicher." Als ich ihm spiegelte, dass seine Rolle vielleicht gar nicht mehr in der Umsetzung liegt – dass er heute viel wirksamer sein könnte, wenn er seine Erfahrung als Möglichmacher einbringt –, da war das für ihn wie ein Befreiungsschlag. Er sah plötzlich eine Alternative zu dem Hamsterrad, das ihn innerlich erdrückte. Diese Reaktion hat mich tief bewegt – weil sie mir zeigte, wie sehr Rollenklarheit entlastet. Nicht nur mich, sondern viele, die zwischen den Erwartungen im Außen und ihrem eigenen Empfinden hin- und hergerissen sind.

Genau hier liegt auch meine größte Kritik an der Startup-Szene und den Unterstützungsstrukturen. Unzählige Formate – Inkubatoren, Acceleratoren, Startup-Programme – suggerieren, dass man erst durch sie „jemand werden" muss, bevor man wirksam sein kann. Dass man sie erst durchlaufen, trainiert, geprüft und geformt werden muss, um überhaupt eine Rolle spielen zu können, ja zu dürfen.

Das ist nicht nur falsch, es ist gefährlich. Denn Wirkung entsteht nicht erst nach einem Zertifikat oder einem Enablement-Programm. Sie entsteht da, wo ein Mensch seine Rolle findet und die vorhandenen Ressourcen einsetzt. Der Systemfehler ist offensichtlich: Wir drängen fast alle in die Umsetzungsrolle. Gründer sollen sichtbar sein, pitchen, umsetzen, pushen. Wer da nicht mithalten kann oder will, gilt schnell als schwach oder ungeeignet. Aber das stimmt nicht. Viele gehören schlicht nicht in diese Rolle.

Das ist der Grund, warum so viele Gründungsteams zerfallen. Warum große Visionen im Alltag auseinanderbrechen. Warum aus den vielen Ideen, die in Workshops entstehen, so selten nachhaltige Unternehmen werden. Nicht, weil die Ideen schlecht wären. Sondern weil Menschen sich in Rollen begeben oder drängen lassen, die nicht zu ihnen passen. Weil wir viel zu wenige Möglichmacher an die Seite der Umsetzer stellen – und denen, die diese Rolle übernehmen könnten, zu selten den Raum geben, sie wirklich auszufüllen.

Wirksamkeit entsteht nicht, wenn alle die gleiche Rolle spielen. Sie entsteht dort, wo jeder die Rolle einnimmt, die seiner Identität entspricht. Wo du nicht nur deine Ressourcen kennst, sondern auch sagen kannst: „Das bin ich – und das bin ich nicht."

Diese Klarheit befreit von dem Druck, irgendetwas „werden" zu müssen – Gründer, Investor, Manager, Innovator. Sie führt zurück zu der einfachen, aber entscheidenden Frage: Wer bist du? Nicht: Wer sollst du sein? Nicht: Wer musst du noch werden? Sondern: Wer bist du heute – mit dem, was dich ausmacht, mit dem, was dir entspricht?

Rollenklarheit bedeutet, dein Wirken als Sein zu begreifen – nicht als ewiges Werden. Oder, wie es so treffend heißt: *We are human beings, not human becomings.*

Dein Ressourcenkompass: Wie du erkennst, was du schon hast

In vielen Disziplinen ist Ressourcenorientierung längst selbstverständlich. Ein Physiotherapeut arbeitet nicht nur daran, eine Schwachstelle zu beheben – er nutzt auch gezielt die Muskeln, die schon stark sind, um den Heilungsprozess zu beschleunigen. Auch im Leistungssport oder im Coaching richtet sich der Blick nicht zuerst auf die Defizite, sondern auf die vorhandenen Stärken: Was funktioniert bereits stabil? Worauf lässt sich aufbauen? Was kann verstärkt werden?

Doch wenn es darum geht, ins Handeln zu kommen und persönlich wirksam zu werden, rutschen wir erstaunlich schnell zurück in den Defizitmodus. Wir zählen, was uns fehlt: Kapital, Erfahrung, Kontakte, Wissen. Statt das Vorhandene zu aktivieren, starten wir mental bei null.

Das wäre schon für den Einzelnen problematisch genug. Im unternehmerischen Bildungs- und Unterstützungsbereich wird dieses Denken jedoch häufig noch verstärkt. Wir haben ein System geschaffen, das potenzielle Gründer, Nachfolger oder Innovatoren wie durch eine Fertigungsstraße schiebt: Inkubatoren, Accelerator-Programme, Workshops, Pitch-Trainings – alle mit dem Ziel, sie zu einem Idealbild zu formen. Ob sie bereits Ressourcen mitbringen, die in einer anderen Rolle viel wirksamer wären, spielt dabei kaum eine Rolle.

Selten wird gefragt: „Was hat diese Person bereits im Gepäck – und mit wem müsste ich sie zusammenbringen, damit sich ergänzende Ressourcen bündeln und gegenseitig verstärken?“ Stattdessen läuft das Programm wie am Fließband, als wäre das Durchlaufen des Systems schon der Selbstzweck. So entsteht ein paradoxes Muster: Während wir in anderen Disziplinen längst gelernt haben, mit dem zu starten, was da ist, zementieren wir im Entrepreneurship-Bereich ein Denken, das vom Mangel ausgeht – und verschenken damit Wirkung, die sofort entstehen könnte.

Noch gravierender ist, dass Menschen mit wertvollen Ressourcen oft in Rollen landen, in denen diese kaum zur Geltung kommen. Viele Programme erzeugen so den Eindruck, man müsse sie erst durchlaufen, um überhaupt berechtigt zu sein, unternehmerisch zu handeln. *Doch echte unternehmerische Wirksamkeit entsteht nicht durch Zertifikate, sondern durch ein Zusammenspiel von Ressourcen.*

Genau hier liegt der blinde Fleck des Systems: Statt darauf zu hoffen, dass sich die richtigen Menschen irgendwann zufällig finden, bräuchte es Orte, an denen Rollen und Ressourcen bewusst kuratiert werden. Orte, an denen nicht alle gleichgemacht, sondern gezielt zusammengebracht werden – Umsetzer mit Möglichmachern, operative Energie mit Kapital, strategische Erfahrung mit Gestaltungslust. Das wäre die eigentliche Aufgabe eines reifen Innovationsökosystems: nicht Menschen zu formen, sondern Wirkung zu orchestrieren.

Wir haben gesehen, dass jede wirksame Handlung nicht beim Mangel beginnt, sondern beim Vorhandenen. Dieser Gedanke mag einfach klingen – und doch vergessen ihn viele genau dann, wenn es um die entscheidende Frage geht: Wie bringe ich mich unternehmerisch ein?

Deinen Wirkungskern hast du bereits geklärt. Du weißt, wofür du antrittst und wo du Einfluss nehmen willst. Das ist wie die Nadel eines Kompasses – er gibt die Richtung vor. Aber ein Kompass allein bewegt dich nicht. Er bleibt stumm in deiner Hand liegen, solange du nicht losgehst. Um den ersten Schritt zu setzen, brauchst du etwas anderes: Klarheit darüber, mit welchen Mitteln du überhaupt ins Spiel gehst.

Viele Menschen unterschätzen diesen Moment. Sie warten, bis sie „fertig“ sind – bis das nächste Zertifikat im Regal steht, bis mehr Geld auf dem Konto ist, bis sich eine perfekte Gelegenheit von selbst auftut. Manche warten ihr Leben lang. In dieser Zeit passiert etwas Merkwürdiges: Während sie auf das „Irgendwann" hinarbeiten, übersehen sie, dass sie längst Ressourcen in der Hand halten, die heute schon etwas bewegen könnten.

Der Begriff „Ressourcen" klingt für viele zunächst nach nüchternen Bilanzzahlen oder Lagerbeständen. In Wahrheit ist es viel mehr: alles, was dir hilft, ein Ziel zu erreichen – dein Wissen, deine Fähigkeiten, deine Kontakte, deine Erfahrung, deine Ideen, deine Zeit, deine Energie. Manches davon ist offensichtlich – etwa ein Netzwerk, auf das du jederzeit zugreifen kannst. Anderes ist unsichtbarer: die Geduld, mit der du in chaotischen Situationen Ruhe bewahrst, und die Fähigkeit, Muster zu erkennen, wo andere nur Einzelteile sehen.

Ich habe Menschen getroffen, die jahrzehntelang in einer Branche gearbeitet haben und dadurch ein feines Gespür für wiederkehrende Probleme entwickelt haben – ein Wissen, das man sich nicht anlesen kann. Dieses Problembewusstsein ist eine unschätzbare Ressource, gerade im Startup-Umfeld, wo junge Gründer oft gar nicht wissen, an welcher Stelle die echten Hürden liegen.

Ich habe auch mit jungen Unternehmern gesprochen, die zwar keine tiefe Branchenerfahrung hatten, dafür aber eine technische Lösungskompetenz, mit der sie in wenigen Wochen Probleme lösten, an denen andere jahrelang gescheitert waren.

Das Entscheidende ist: Ressourcen entfalten ihre Kraft erst, wenn sie erkannt werden. Solange du nicht benennst, was du hast, fährst du mit angezogener Handbremse. Sobald du es klar vor Augen hast, ändert sich alles. Du siehst nicht mehr nur Hindernisse, sondern Hebel. Du beginnst, aus Vorhandenem Stärke zu machen – und das ist die Basis, auf der unternehmerische Wirkung entsteht.

Doch genau das ist oft schwerer, als es klingt. Was man selbst besitzt, erscheint einem meist selbstverständlich – weil man es schon immer hatte. Eigene Stärken, Netzwerke oder Erfahrungen erscheinen einem oft selbstverständlich – fast banal –, solange sie nicht gespiegelt werden. Erst ein neutraler Blick von außen – ein Gespräch, eine strukturierte Reflexion oder ein gezieltes Coaching – hilft, diese Ressourcen wirklich zu sehen. *Genau hier beginnt Wirksamkeit: im bewussten Erkennen des eigenen Potenzials.*

In diesem Kapitel wirst du lernen, deinen *Ressourcenkompass* zu entwickeln. Er zeigt dir nicht nur, was du bereits mitbringst, sondern auch, wie du es so ordnest, dass du im entscheidenden Moment genau weißt, welchen Hebel du ziehen kannst. Es ist wie das Öffnen einer Werkzeugkiste: Du entdeckst plötzlich Werkzeuge, von denen du gar nicht wusstest, dass du sie besitzt – und die genau jetzt gebraucht werden.

Die fünf Ressourcenkategorien

Um deine Ressourcen präzise zu erfassen, hilft es, sie in klare Kategorien zu ordnen. So stellst du sicher, dass dir nichts durchrutscht – vor allem nicht die Dinge, die dir selbst vielleicht gar nicht mehr besonders erscheinen, weil sie längst selbstverständlich geworden sind.

Zeit
Die wohl gerechteste Ressource überhaupt – jeder von uns hat nur 24 Stunden am Tag. Entscheidend ist nicht nur, wie viel Zeit du für ein Vorhaben aufbringen kannst, sondern auch, wann und in welcher Form. Manchmal ist es der regelmäßige kleine Einsatz, der wirkt, manchmal der große, konzentrierte Block. Zwei Stunden hochfokussierter Arbeit können mehr bewirken als ein ganzer Tag im Leerlauf. Wichtig ist an dieser Stelle nur eines: Fang an, klar zu benennen, wie viel Zeit du wirklich investieren kannst – realistisch, nicht idealistisch. Schau dir deinen Alltag ehrlich an: Wie viel davon ist tatsächlich frei? Wann bist du am leistungsfähigsten? Was kannst du weglassen, um Raum für Wirkung zu schaffen? Es geht nicht um mehr Zeit, sondern um bewusste Prioritäten. Nur wer seinen Zeiteinsatz klar benennt, kann wirksam handeln.

Kapital
Das kann Geld sein – muss es aber nicht. Auch Maschinen, Räume, Fahrzeuge oder digitale Tools zählen dazu. Entscheidend ist, was du direkt einsetzen oder aktivieren kannst, um Wirkung zu erzielen. Mach dir bewusst, welche Mittel du kontrollierst, welche dir über dein Umfeld zugänglich sind und wo du gegebenenfalls Partner brauchst. Eine klare Einschätzung verhindert, dass du dich kleiner machst, als du bist –

oft steckt mehr Kapital in Reichweite, als man denkt. Und mindestens genauso oft ist der Kapitalbedarf kleiner als man glaubt. Kapital ist die Ressource, die – gleich nach Zeit – am häufigsten als Vorwand dient, nicht ins Handeln zu kommen.

Erfahrung

Hier zählt sowohl formelle als auch informelle Erfahrung. Ein Studienabschluss oder ein Zertifikat ist wertvoll – aber ebenso die über Jahre gesammelte Praxis in Projekten, Unternehmen oder Organisationen. Besonders wichtig im unternehmerischen Kontext ist, wenn Erfahrung zu Problembewusstsein führt: Menschen, die lange in einer Branche tätig waren, wissen oft sehr genau, welche Herausforderungen sich immer wieder häufen. Dieses Wissen ist im Startup-Umfeld Gold wert, weil es den Blick dafür schärft, wo sich eine Lösung wirklich lohnt. Ebenso entscheidend ist Erfahrung im Umgang mit Menschen – im Gespräch mit Kunden, in Verhandlungen, in der Zusammenarbeit mit Teams oder Partnern. Wer gelernt hat, zuzuhören, zu überzeugen und andere einzubinden, bringt eine Ressource mit, die sich durch keine Methode ersetzen lässt.

Netzwerk

Das sind Menschen, zu denen du Zugang hast – und die ans Telefon gehen würden, wenn du anrufst. Es geht nicht um Visitenkarten, sondern um tragfähige Beziehungen. Ein gutes Netzwerk kann Türen öffnen, die sonst verschlossen bleiben. Schau genau hin: Wer hat Zugang zu Kunden, Multiplikatoren oder Entscheidungsträgern, die du selbst nicht erreichst? Wer verfügt über Wissen, Kapital oder Marktzugang, den bzw. das du brauchst – und wen kannst du im Gegenzug stärken? Diese Ressource baut sich, ebenso wie Erfahrung, über Zeit auf. Denk also nicht nur an das Netzwerk, das du heute hast, sondern auch an Menschen und Verbindungen, die dich auf deinem bisherigen Weg begleitet haben – oft liegen dort die wertvollsten Kontakte.

(Spezial-)Wissen

Darunter fällt alles, was du systematisch verstanden und verinnerlicht hast – Theorien, Methoden, Modelle, Branchenkenntnisse oder technisches Know-how. Wissen ist strukturierte Substanz, die du einsetzen, weitergeben oder kombinieren kannst. Besonders wertvoll ist Spezialwissen, das nur wenige haben: Es öffnet Nischen, in denen du mit wenig Konkurrenz echte Probleme lösen kannst. Überlege, wo du ein Thema nicht nur erlebt, sondern wirklich durchdrungen hast – dort liegt dein Wissensvorsprung, oft auch dein unternehmerisches Alleinstellungsmerkmal. Es ist oft die Ressource, die dich für Kooperationen unersetzlich macht.

Diese fünf Kategorien bilden den Ausgangspunkt deiner Arbeit mit dem Ressourcenkompass. Erstelle für jede von ihnen eine Liste – ohne zu bewerten, ob sie gerade „gebraucht" wird. Manche Ressourcen entfalten ihre volle Kraft erst in Kombination mit anderen, manche erst in einem bestimmten Kontext. Aber um sie gezielt einsetzen zu können, musst du sie zuerst benennen – sonst bleibt ihr Potenzial ungenutzt.

Der Ressourcen-Check

Sich der eigenen Ressourcen bewusst zu werden, klingt banal – ist es aber nicht. Viele von uns sehen sehr klar, was ihnen fehlt – aber kaum, was schon da ist. Wir tauschen Sicherheit gern gegen Nachweise: Titel, Zertifikate, Jobbezeichnungen. Das zählt. Das andere – das, was wir uns über Jahre aufgebaut haben, ohne Stempel – halten wir für selbstverständlich.

Ich hätte mir früher oft gewünscht, dass mir jemand genau das einmal sauber auseinanderzieht: Nicht, was mir noch fehlt. Sondern was ich schon mitbringe. Weil sich der Blick auf die eigene Ausgangslage komplett verändert, wenn du nicht mehr vom Mangel aus denkst, sondern von der Substanz.

Deshalb lohnt es sich, diesen Schritt strukturiert anzugehen – nicht nur im Kopf, nicht „ich hab da schon ein Gefühl", sondern schriftlich. Nimm dir Zeit. Sei ehrlich. Und wenn du bei einzelnen Ressourcen unsicher bist, hol dir ruhig den Blick von außen: Frag Menschen, die mit dir gearbeitet haben, wie sie dich einschätzen. Oft sehen andere sehr klar, was du selbst gar nicht mehr wahrnimmst, weil es sich für dich normal anfühlt.

Ein guter Ressourcen-Check besteht aus zwei Teilen: einem schriftlichen und einem visuellen.

1. **Schriftlich erfassen**
   Nimm dir für jede der fünf Kategorien aus dem vorherigen Ab-

schnitt ein leeres Blatt oder ein Textdokument. Notiere stichpunktartig, was dir einfällt – ohne zu filtern. Ziel ist eine Inventur, keine perfekte Formulierung. Schreib lieber zu viel als zu wenig auf. Wenn dir bei „Netzwerk" nur drei Namen einfallen – gut, dann sind es eben drei.

2. **Visuell darstellen**
   Manche Menschen denken besser, wenn sie Dinge sehen können. Dafür eignet sich eine Mindmap oder eine Tabelle. Bei einer Mindmap schreibst du die Ressourcenkategorie in die Mitte und lässt davon Äste abgehen – jeder Ast steht für eine konkrete Ressource. Eine Tabelle hilft, wenn du lieber in Spalten denkst: links die Kategorie, daneben deine Auflistung.

Reflexionsfragen
Um tiefer zu graben, helfen gezielte Fragen:

- Welche Projekte habe ich in den letzten Jahren erfolgreich abgeschlossen – und welche Ressourcen waren dafür entscheidend?
- Wo haben andere Menschen bereits von meinen Fähigkeiten, Kontakten oder Erfahrungen profitiert?
- Welche Probleme kann ich lösen, ohne lange darüber nachzudenken?
- Welche Ressourcen habe ich bisher vernachlässigt, weil sie mir zu selbstverständlich erscheinen?

Erinnerungsanker
Nutze bei deiner Bestandsaufnahme folgenden Trick: Geh gedanklich deine Lebensstationen durch. Welche Erfahrungen hast du wo gesammelt, welche Fähigkeiten erworben, welche Kompetenzen vertieft? Oft liegen genau dort die stillen Ressourcen, die du heute wieder aktivieren kannst.

Wichtig ist: Dein Ressourcen-Check ist keine Selbstbeweihräucherung – er ist ein Arbeitsinstrument. Er zeigt dir schwarz auf weiß, was du bereits mitbringst – und bildet die Grundlage, um strategisch zu entscheiden, wo und wie du dich unternehmerisch einbringen kannst.

Der Wert entsteht im Zusammenspiel

Eine Ressource für sich allein ist wertvoll – ihre volle Kraft entfaltet sie jedoch erst im Zusammenspiel. Kapital wird mächtiger, wenn es auf gute Ideen und Netzwerke trifft. Technologische Lösungskompetenz gewinnt an Schlagkraft, wenn sie mit tiefem Problembewusstsein verbunden ist. Branchenkenntnis wird wertvoller, wenn sie mit frischem Blick und unkonventionellen Ansätzen kombiniert wird.

Ein Aspekt wird dabei oft unterschätzt: Ressourcenpakete verändern sich mit der Lebenssituation. Mit 25 Jahren bringst du vielleicht mehr Energie, technisches Wissen und Experimentierfreude ein, während dir mit 55 Jahren ein geschärftes Problembewusstsein, langjährige Branchenerfahrung oder ein gewachsenes Netzwerk zur Verfügung steht. Beides ist wertvoll – und keines davon ist „besser". Wirklich kraftvoll wird es, wenn diese unterschiedlichen Ressourcen aufeinandertreffen.

Wirksamkeit beginnt nicht damit, dass man erst etwas werden muss, sondern mit dem, was schon da ist – und sie verstärkt sich dort, wo Lebensphasen, Erfahrung und Ressourcen sich verbinden.

Zur Veranschaulichung habe ich eine Kurve skizziert.

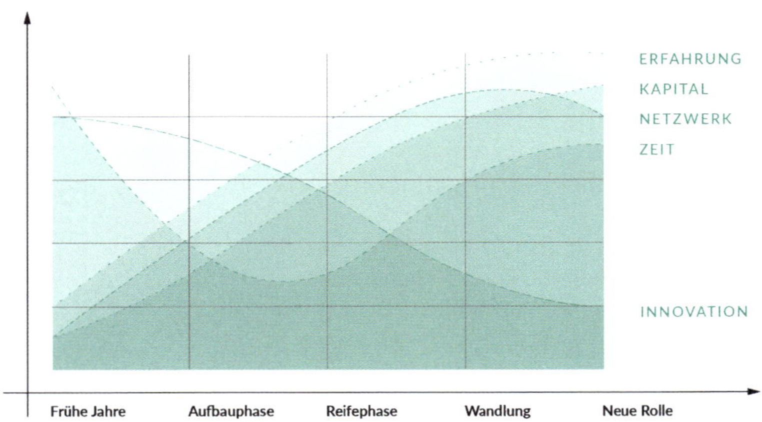

Abb. 5.3: Ressourcen im Lebensverlauf

Sie zeigt modellhaft, wie sich typische Ressourcenpakete im Lauf der Lebensphasen verändern können: Zeit ist in jungen Jahren meist reichlich vorhanden, Kapital dagegen kaum. Mit wachsender Erfahrung wächst auch das Netzwerk, Kapital wird verfügbarer – während sich die Innovationskraft und der Drang, Neues auszuprobieren, allmählich verlagern.

Wichtig ist: *Diese Darstellung ist ein Schema, kein Maßstab.* Sie beschreibt Tendenzen, keine Regeln. Beim Einzelnen kann das Bild völlig anders aussehen – je nach Lebenssituation, Persönlichkeit und Umfeld.

Die Grafik zeigt idealtypisch, wie sich zentrale Ressourcen – Zeit, Kapital, Netzwerk, Wissen und Erfahrung – über die Lebensphasen verschieben. Jeder Ressourcenmix ist individuell und folgt der eigenen Entwicklung.

Stell dir vor, viele Menschen würden diese Klarheit für sich gewinnen: Sie wüssten, was sie einbringen können und wo ihre Ressourcen am besten wirken. Genau an diesem Punkt öffnet sich der Blick – weg vom Einzelnen, hin zum größeren Ganzen. Und dann beginnt etwas zu entstehen: Energie, Bewegung, Dynamik. Wenn Menschen mit echter Wirksamkeit aufeinandertreffen, kann das ganze Systeme in Schwingung versetzen – Veränderung im besten Sinne.

Damit dieser Gedanke nicht theoretisch bleibt, braucht es deinen eigenen ersten Schritt: Du hast nun verstanden, warum es so wichtig ist, Klarheit über den eigenen Wirksamkeitskreis zu gewinnen – jetzt nimm dir einen Moment Zeit, um deinen ganz persönlichen Kreis herauszuarbeiten.

Dein persönlicher Wirksamkeitskreis

Scanne den QR-Code oder besuche **www.zeit-fuer-wirksamkeit.de/wirksamkeitscanvas**. Dort findest du das **Wirksamkeits-Canvas** mit einer kurzen Anleitung.

Es hilft dir, deine persönlichen Ressourcen sichtbar zu machen und deine aktuelle Rolle klar zu verorten – in deinem persönlichen Wirksamkeitskreis.

Wirksamkeit im Zusammenspiel

Wirkung entsteht aus dem, was bereits da ist – und sie wächst, wenn Ressourcen sich gegenseitig ergänzen. Sie entfaltet sich dort, wo sie eine Bühne findet, die zu ihr passt – eine Rolle, in der du dich einbringen kannst, ohne dich zu verbiegen. Wenn viele Menschen diese Klarheit für sich gewinnen, entsteht etwas, das weit über den Einzelnen hinausgeht: ein Netz von Menschen, die aus ihrem Wirkungskern heraus handeln – mit unterschiedlichen Rollen, Ressourcen und Perspektiven, aber einem gemeinsamen Verständnis davon, was Wirksamkeit bedeutet.

Doch genau dort hört Wirksamkeit nicht auf – sie beginnt sich zu vervielfachen. Denn echte Veränderung entsteht nicht, wenn Einzelne nebeneinander agieren, sondern wenn ihre Wirksamkeitskreise sich verbinden: dort, wo sich Rollen ergänzen, Ressourcen verstärken und gemeinsame Ziele Resonanz erzeugen. Ich allein bin wirksam – so wie ich bin. Doch wenn ich meine Wirksamkeit potenzieren möchte, sollte ich verstehen, wie sie sich im Zusammenspiel mit anderen entfalten kann.

Immer mehr Unternehmen stellen sich genau diese Frage. Sie erkennen, dass sie nicht nur wirtschaftliche Akteure sind, sondern auch Ressourcen-Provider – mit Wissen, Strukturen, Kapital, Netzwerken und Menschen, die etwas bewegen. Sie fragen sich: Wie können wir diese Ressourcen gezielt einbringen, um einen Beitrag zu leisten, der über die eigenen Geschäftsziele hinausgeht? Wie können wir Räume schaffen, in denen unsere Mitarbeiter nicht nur funktionieren, sondern gestalten?

Das ist ein neues Verständnis von unternehmerischer Verantwortung. Es geht nicht mehr nur um Wachstum oder Marktanteile, sondern um Wirksamkeit – darum, Strukturen zu schaffen, in denen Sinn, Leistung und Beitrag zusammenfinden.

Unternehmen, die so denken, übernehmen Verantwortung auf einer neuen Ebene: Sie zeigen, dass Wirksamkeit durch das bewusste Bündeln von Ressourcen und Rollen entsteht – und sie geben ihren Menschen Raum, das zu erleben.

An diesem Punkt entsteht gerade ein neues Instrument: der *Wirksamkeitsradar*. Er richtet sich an Unternehmen und Führungskräfte, die ihren Mitarbeitern mehr Raum für Wirksamkeit geben wollen – und besser verstehen möchten, wie sich Potenzial, Verantwortung und Gestaltungsspielräume in ihren Teams entfalten können. Das Programm befindet sich derzeit im Aufbau und wird mit ersten Partnern erprobt.

Der unternehmerische Wirksamkeitsradar

Wenn du Interesse hast, über die Entwicklung informiert zu werden, scanne den QR-Code oder geh direkt auf **www.zeit-fuer-wirksamkeit.de/wirksamkeitsradar**. Dort kannst du dich unverbindlich vormerken lassen.

6

Vom Wirksamkeitskreis zum Wirksamkeitskosmos: Wie individuelle Wirksamkeit wächst

Im letzten Kapitel hast du deinen *Wirksamkeitskreis* kennengelernt – die Verbindung aus deinem Sinn- und Einflusskern, deiner Rolle und deinen Ressourcen. Dieser Kreis bildet dein Fundament. Er zeigt, wo du heute schon wirksam bist, und bildet die Grundlage für alles, was du künftig gestalten kannst.

Doch Wirksamkeit endet nicht an deinem eigenen Kreis. Sie vervielfacht sich, sobald dein Kreis auf andere trifft. Dort, wo sich individuelle Wirksamkeitskreise überlappen, entstehen Verbindungen, gemeinsame Projekte und unternehmerische Dynamik. Aus Einzelwirkung wird *Mitwirkung*.

Wenn Wirksamkeitskreise aufeinandertreffen

Wenn zwei oder mehr Wirksamkeitskreise in Kontakt kommen, kann daraus etwas Größeres entstehen – ein *Wirksamkeitsnetz*. Es ist, als würden bisher lose Fäden miteinander verwoben. Durch die Verbindung entsteht ein Gewebe, das stärker ist als jeder einzelne Faden.

Doch dieses Zusammenwirken ist kein Automatismus. Viele Teams, die ich erlebt habe, sind nicht an fehlenden Ressourcen gescheitert, sondern an mangelnder Klarheit. Rollen, Stärken, Zuständigkeiten – alles lag unbenannt auf dem Tisch. Ich erinnere mich an ein Gründerteam kurz vor dem Auseinanderbrechen – die Mitglieder stritten über Anteile, Aufgaben, Richtung. Erst als wir alle Ressourcen sichtbar machten – wer bringt was mit, wer fühlt sich in welcher Rolle zu Hause –, entstand Ordnung. Erst dadurch wurde das Potenzial greifbar – und neu kombinierbar.

Das Gegenteil habe ich ebenso erlebt: Menschen, die sich an einer Ressource festklammern, nicht aus strategischen Gründen, sondern aus Ego. Ein Gründer, der den Zugriff auf den Code verweigert, um sich später Optionen offenzuhalten. Solche Haltungen lähmen ganze Systeme. Denn blockierte Ressourcen sind die größte Bremse für Wirksamkeit.

Manchmal ist der wirksamste Schritt, sich selbst zurückzuziehen. Wenn du spürst, dass es nicht stimmig ist, wenn du in einem Netz nicht deinen Platz findest – dann gib deine Ressourcen frei. Stell dich mit deinem Wirksamkeitskreis wieder der Allgemeinheit zur Verfügung. Wirklich groß wird Wirksamkeit dort, wo Energie fließt, nicht wo sie festgehalten wird.

Erst wenn du deinen Wirksamkeitskreis sichtbar machst, wirst du überhaupt *anschlussfähig*. Ich nenne das deine *Wirkungssignatur*: ein klares Bild davon, wer du bist, welche Rolle du einnimmst und welche Ressourcen du einbringst. Solange das unsichtbar bleibt, bleibst du für andere eine Blackbox.

Doch sobald du deine Signatur zeigst, wird Begegnung gezielt – und Kooperation möglich. Andere erkennen sofort: *Das bist du. Das bringst du mit. Dort können wir uns ergänzen.* Erst dadurch entstehen echte Wirksamkeitsnetze – nicht durch Zufall, sondern durch Klarheit.

Wirksamkeitsnetze: Wenn viele Kreise Teil eines größeren Ganzen werden

Ein Wirksamkeitsnetz entsteht, wenn sich mehrere individuelle Kreise bewusst verbinden, um gemeinsam etwas zu bewegen. Es ist mehr als ein Team – es ist eine strukturierte Ergänzung aus Rollen, Ressourcen und Haltung.

Netze, die nur aus Umsetzern bestehen, sind fragil. Es fehlt der Blick von außen, die Stabilität, das Gegengewicht. Ebenso gilt: Möglichmacher, die ausschließlich Kapital geben, ohne Erfahrung, Wissen oder Netzwerk einzubringen, schöpfen ihr Potenzial nicht aus.

Ein stabiles Wirksamkeitsnetz lebt von der bewussten Unterschiedlichkeit. Es funktioniert, wenn Menschen nicht die gleichen Ressourcen haben, sondern sich komplementär ergänzen: Der junge Gründer mit technischer Lösungskompetenz trifft auf den erfahrenen Branchenkenner. Der Investor bringt Kapital und strategisches Denken ein, der operative Geschäftsführer sorgt dafür, dass Ideen in Prozesse übersetzt werden.

Doch Netze entstehen nicht nur durch Ressourcen, sondern auch durch Haltung. Wenn jemand Wissen hortet, Zugänge blockiert oder Einfluss absichert, entsteht kein Netz, sondern ein Machtgefüge. Wirksamkeitsnetze brauchen das Gegenteil: Freigiebigkeit, Vertrauen und den Mut, Ressourcen loszulassen, wenn sie an anderer Stelle besser wirken können.

Es zeugt von Größe, zu sagen: Hier kann ich nicht wirksam sein – also mache ich Platz. Solche Entscheidungen schaffen Raum für neues Wachstum. Denn Netze gedeihen nur dort, wo Rollen und Ressourcen in Bewegung bleiben.

Wenn du dir diese Dynamik vorstellst – wie sich einzelne Wirksamkeitskreise berühren, überlappen und miteinander verweben –, entsteht ein anschauliches Bild kollektiver Wirkung. Jeder Kreis steht für eine Person mit eigenem Sinn- und Einflusskern, eigener Rolle und individuellen Ressourcen. In den Schnittmengen dieser Kreise verbinden sich diese Ressourcen – Erfahrung trifft auf Kapital, Wissen auf Zeit, Netzwerk auf Umsetzungskraft. Dadurch entstehen gemeinsame Wirkfelder, die weit größer sind als die Summe ihrer Teile.

Im Unterschied zu zufälligen Begegnungen folgen die Kreise im Wirksamkeitsnetz einer ähnlichen Richtung. Ihre Wirkungskerne sind auf ein gemeinsames Ziel ausgerichtet – das verbindet sie und macht das Netz stabil. Jeder bleibt individuell, doch die Stoßrichtung ist geteilt: Es geht um das gleiche *Warum*, auch wenn das *Wie* unterschiedlich bleibt.

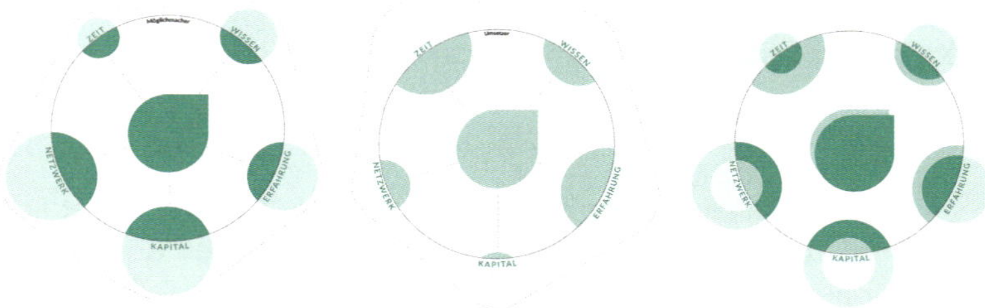

Abb. 6.1: Das Wirksamkeitsnetz

Die Grafiken zeigen das Zusammenspiel überlappender Wirksamkeitskreise: In den Schnittmengen entstehen gemeinsame Wirkfelder, in denen sich Ressourcen verbinden und auf ein Ziel ausrichten.

Vom Netz zum Kosmos: Wenn Systeme sich verbinden

Ein Wirksamkeitsnetz ist ein Projekt. Es hat ein Ziel, eine Laufzeit, eine innere Logik. Es entsteht, wenn Menschen sich zusammentun, um etwas Konkretes zu bewegen: ein Startup gründen, eine Nachfolge gestalten, ein Angel-Syndikat aufbauen. Solch ein Netz ist fokussiert: Es bündelt Energie, Wissen, Kapital und Leidenschaft – auf ein gemeinsames Ziel hin. Wenn dieses Ziel erreicht ist, löst sich das Netz meist wieder auf oder verändert seine Gestalt.

Ein Wirksamkeitskosmos funktioniert anders. Er ist kein Projekt, sondern ein System. Ein Raum, in dem viele Netze gleichzeitig existieren, sich überlappen, gegenseitig verstärken – und dabei etwas Größeres entstehen lassen, als jede einzelne Initiative es je könnte. Ein Kosmos braucht keine gemeinsame Zielvereinbarung, wohl aber eine Architektur, die das Andocken ermöglicht. Das ist sein Prinzip: Er bleibt offen für Bewegung, aber stabil in seiner Struktur.

Während ein Netz mit dem Projektziel endet, bleibt ein Kosmos bestehen. Er kann jahrelang tragen, weil er flexibel ist – für neue Rollen, Ressourcen, Themen und Konstellationen. Manche Kreise schließen sich, andere entstehen neu. Manche Menschen wechseln die Rolle: vom Umsetzer zum Möglichmacher, vom Gründer zum Mentor, vom Investor zum Sparringspartner. So entsteht ein lebendiges System, das sich ständig erneuert, ohne den Kern seiner Idee zu verlieren – Wirkung zu entfalten, indem man sich verbindet.

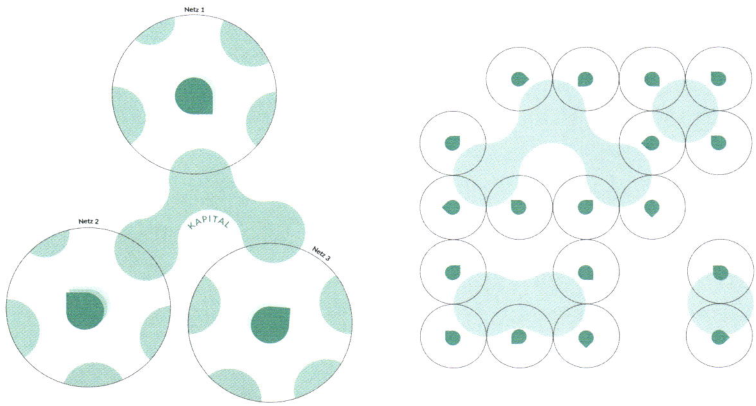

Abb. 6.2: Der Wirksamkeitskosmos

Die Grafiken zeigen, wie einzelne Wirksamkeitsnetze sich zu größeren ökosystemischen Strukturen verbinden: Durch ihre Überlappungen entstehen gemeinsame Räume, in denen Ressourcen und Beiträge verschiedener Menschen zusammenwirken.

In klassischen Ökosystemen stehen Akteure oft nebeneinander – jede Organisation mit eigenen Zielen, Prozessen und Grenzen. Erst wenn sich ihre Wirkungskreise überlappen, wenn Ressourcen geteilt und Verantwortlichkeiten neu gedacht werden, entsteht etwas Größeres: ein lebendiges System, das aus sich heraus neue Dynamik entfalten kann.

Ein Beispiel dafür sind die Venture Studios by Pixida. Sie stehen für eine neue Art, unternehmerisches Denken mit gesellschaftlicher Wirkung zu verbinden. Hier geht es nicht allein um Investitionen oder Mentoring, sondern um inhaltliche Mitgestaltung: das gemeinsame Entwickeln, Testen und Realisieren von Innovationen, die in der echten Welt bestehen.

Die Venture Studios by Pixida sind eine Initiative, die Startups gezielt dort unterstützt, wo sie es am meisten brauchen – im Kern ihrer Wertschöpfung. Ob Hardware, Software oder Mechanik: Pixida bringt das Know-how, die Strukturen und das Netzwerk ein, um Ideen marktreif zu machen. Dabei entsteht ein Raum für Co-Creation, in dem Innovation nicht zufällig geschieht, sondern systematisch – ausgerichtet auf reale Bedarfe, Prozesse und Menschen.

So werden die Venture Studios by Pixida zu einem Ort, an dem Technologie und Sinn, Unternehmergeist und Verantwortung, Kreativität und Umsetzungskraft aufeinandertreffen – und gemeinsam die Zukunft des Mittelstands langfristig gestalten.

Stimme der Wirtschaft:
Johann Monteiro

Gründer
Venture Studios by Pixida

Unternehmerische Wirksamkeit bedeutet für uns, Verantwortung über den eigenen Tellerrand hinaus zu übernehmen. In unseren Venture Studios schaffen wir Räume, in denen neue Ideen nicht nur gedacht, sondern umgesetzt werden – gemeinsam mit Mitarbeitern, Partnern und Gründern. Jeder, der etwas beitragen will, findet hier eine Rolle: ob als Impulsgeber, Umsetzer oder Möglichmacher.

Wir glauben daran, dass Innovation dann entsteht, wenn Menschen aus unterschiedlichen Disziplinen ihre Perspektiven teilen – nicht in Konkurrenz, sondern im Zusammenspiel. Darum verstehen wir uns als Plattform für gemeinsames Gestalten. Wir bringen Zeit, Erfahrung und technologische Kompetenz ein, um Neues zu ermöglichen, das auch gesellschaftlich relevant ist. Wirkung entsteht für uns nicht durch Zielvorgaben, sondern durch Haltung: die Bereitschaft, Verantwortung zu übernehmen und Räume zu öffnen, in denen andere wirksam werden können.

Pixida steht für eine neue Generation von Unternehmen, die Wirksamkeit nicht als Zufallsprodukt sehen, sondern als bewusst gestalteten Raum für Verantwortung und Umsetzung.

Manfred Tropper, Gründer und CEO von mantro, betrachtet das Thema aus einer anderen Perspektive: Er denkt nicht vom einzelnen Unternehmen her, sondern vom Gesamtsystem. Für ihn ist unternehmerische Wirksamkeit eine Frage von Architektur – welche Strukturen braucht es, damit ganze Ökosysteme wirken können? In seinem Beitrag zeigt er, warum klassische „Ökosystem“-Logiken zu kurz greifen – und wie Wirksamkeitskosmen gestaltet werden können, damit Rollen, Ressourcen und Regeln so zusammenspielen, dass echte, dauerhafte Wirkung entsteht.

Gastbeitrag

Manfred Tropper

Gründer und Geschäftsführer
mantro GmbH

Wie wir Wirkungskosmen neu bauen müssen

Vorstellung des Autors: ***Manfred Tropper*** *ist Unternehmer, Technologe, Investor und Company Builder mit der Mission, Gründertum und digitale Innovationsökosysteme in Europa nachhaltig zu stärken. Als Gründer und CEO der* ***mantro GmbH*** *hat er über 35 Unternehmen aufgebaut, mehrere erfolgreich verkauft und zugleich tiefgreifende Erfahrung in der Skalierung technologiegetriebener Geschäftsmodelle gesammelt. Mit starkem technischem Fundament, u. a. als Softwarearchitekt in Enterprise-Projekten, und Expertise in Datenanalyse und KI, verbindet er Technologieverständnis mit strategischem Unternehmertum. Sein Ziel: aus Ideen Unternehmen machen – und damit den Innovationsstandort Europa voranbringen.*

Deutschland sitzt auf einer Goldgrube. Wir haben Kapital, Wissen, Talente, Technologien – alles, was man braucht, um Neues zu schaffen. Und trotzdem treten wir auf der Stelle. Wir reden uns klein, wir schichten Programme auf Programme, wir erfinden Regulierungen, die keiner mehr versteht. Unsere Innovationssysteme sind in Wahrheit zu oft geschlossene Aquarien: hübsch anzusehen, aber steril.

Was wir brauchen, sind offene Wirkungskosmen. Systeme, die lebendig sind, die Strömung zulassen, in die ständig neue Energie hineinfließt. Systeme, die so gebaut sind, dass jeder, der sich einbringen will, einen Andockpunkt findet. Wirkungskosmen sind keine Schaufenster, sondern funktionierende Infrastrukturen.

1. Offene statt geschlossene Systeme

Das ist der Kern. Geschlossene Systeme entstehen überall dort, wo Organisationen glauben, sie müssten alles selbst machen – sie wüssten alles besser! Konzerne bauen Inkubatoren, die nur für interne Projekte zugänglich sind. Förderprogramme setzen so enge Kriterien, dass die meisten Gründer von vornherein aussortiert sind. Universitäten schließen sich in Exzellenzclustern ein, die mehr mit Selbstverwaltung zu tun haben als mit Transfer.

Ein offenes System sieht anders aus. Es öffnet Türen, statt sie zuzuschlagen. Es erlaubt Gründern, Mittelständlern und Konzernen, gemeinsam an einem Thema zu arbeiten – und zwar so, dass alle profitieren. Fördergelder werden nicht an starre Cluster verteilt, sondern sie erzwingen sogar Kooperation: „Wenn du Geld willst, musst du Partner von außen einbinden." Universitäten teilen ihr Wissen auf Plattformen, die für alle zugänglich sind, anstatt es in kleinen Zirkeln zu horten. Und Daten, die durch öffentliche Mittel entstehen, gehören nicht einzelnen Projekten, sondern allen, die darauf aufbauen wollen. Offene Systeme sind wie Flüsse: chaotisch, manchmal unberechenbar, aber voller Leben. Geschlossene Systeme sind Aquarien: geordnet, steril, am Ende tot.

2. Systeme des Ergebnis wegen, nicht zum Nutzen des Systems

Wer hat nicht das Gefühl, dass sich die verschiedenen Systeme primär an sich selbst erfreuen. Im Mittelpunkt steht nicht das Ergebnis. Wir verlieren uns in der Theorie, wie es gehen sollte, und versuchen dabei, das Neue zu standardisieren – das geht schon per Definition nicht! Wie soll man etwas standardisieren, das dazu geschaffen ist, das Bestehende zu verändern? Es greift ja gerade den Standard an! Und genau so kann kein System hier versuchen, per Standardisierung und Verallgemeinerung Erfolg zu schaffen. Im Mittelpunkt eines jeden Systems muss das Ergebnis stehen – und nicht die Prozesstreue.

3. Komplexität reduzieren

Wir haben uns in Europa ein Monster aus Komplexität gebaut. Hunderte von Fördertöpfen, Programmen, Akzeleratoren – jeder mit eigenen Formularen, eigenen Fristen, eigenen Definitionen von Erfolg. Diese Definitionen von Erfolg sind aber viel zu oft nicht im Ansatz verbunden mit dem Erfolg auf dem Markt.

Wir brauchen eine radikale Vereinfachung und eine Synchronisation mit der Realität des Marktes. Statt hundert kleiner Fördertöpfe, die eine Vielzahl von Initiativen und Wünschen der unterschiedlichsten Instanzen bedienen. Das hilft keinem. Komplexität lässt sich nicht mit noch mehr Komplexität bekämpfen. Sie muss reduziert werden und einer klaren Maßgabe folgen: bessere und erfolgreichere Unternehmen entstehen zu lassen.

4. Infrastruktur als Kernaufgabe

Der Staat versteht sich in Deutschland als ordnendes Organ – und ist deshalb oft gefühlt eine Gängel-Institution. In Wahrheit müsste er das Gegenteil sein: ein Infrastruktur-Provider. Das geht auch über Glasfaser, Cloud, Datenräume hinaus – das sind keine Sonderprojekte, das ist die Grundlage. Ohne das geht nichts. Unternehmer brauchen schnelle Verfahren, klare Regeln, Rechtssicherheit. Und sie brauchen einen Staat, der sie nicht belehrt, sondern fragt: „Was brauchst du, damit du wirken kannst?" Die Antwort ist fast immer dieselbe: weniger Komplexität, mehr Infrastruktur.

5. Dogmatismus überwinden

Wir blockieren uns mit Dogmen. Entweder Impact oder Profit. Entweder Elektro oder Wasserstoff. Entweder ESG-konform oder draußen. Dieses Schwarz-Weiß-Denken führt dazu, dass wir Chancen nicht nutzen und uns in Klein-Klein-Diskussionen verlieren. Wirkungskosmen brauchen Technologieoffenheit. Sie brauchen das Denken in „und", nicht in „oder". Ein Geschäftsmodell, das ökonomisch trägt, kann gleichzeitig großen gesellschaftlichen Nutzen stiften. Impact ist nicht das Gegenteil von Profit – Impact ist die größte Chance für Profit, wenn er langfristig gedacht wird. Wir müssen aufhören, uns selbst zu beschränken.

6. Menschen entlasten

Die wertvollste Ressource von Gründern und Innovatoren ist ihre intrinsische Energie. Die ist nicht immer einfach zu messen oder klar zu beschreiben. Sie ist der Antrieb, auch die letzten Schritte zu gehen, um Erfolg zu haben. Diese Ressource muss im Zentrum unseres Handelns stehen. Wir müssen sie identifizieren und fördern. Nicht mit Distanz und Abneigung betrachten. Wir können uns nicht leisten, 30 Prozent der Zeit unserer wichtigsten Ressource in Administration zu verschwenden.

Wir brauchen echte Supportstrukturen, die entlasten: Shared Services, zentrale Plattformen, die Administration übernehmen. Wirkungskosmen müssen Räume sein, in denen Menschen ihre Energie auf Produkt, Markt und Kunden richten – und nicht auf Rahmenbedingungen.

7. Die richtigen Menschen zusammenbringen
Die erfolgreichsten Innovationssysteme leben davon, dass sich diejenigen Teilnehmer, die innerhalb oder dank des Systems Erfolg hatten, wieder in das System einbringen und es so größer machen. Als Investor, als Mentor, als Innovator. Ein Wirkungskosmos ist so gut, wie die Menschen, die ihn ausmachen. Und er wächst, wenn seine erfolgreichsten Teilnehmer ihn größer machen, indem sie ihre Erfahrung und ihr Kapital wieder einbringen. So potenziert sich Erfolg. Ein erfolgreicher Wirkungskosmos braucht keine Egos und Helden. Er braucht das Bewusstsein, dass jeder Erfolg nur die Basis des nächsten ist – nur ein Schritt zum maximalen Output.

8. Anschlussfähigkeit schaffen
Ein Wirkungskosmos ist nie abgeschlossen, denn er ist kein Projekt. Ein Projekt hat einen festen Rahmen und ein Ende. Ein Wirkungskosmos mit Ende hat ein Problem. Er lebt davon, dass immer neue Akteure andocken können. Das Entscheidende ist: Jeder, der sich einbringen will, muss eine Schnittstelle finden. Nicht jeder gründet ein Unternehmen, nicht jeder investiert Kapital, nicht jeder übernimmt einen Beiratsposten. Aber jeder, der Zeit, Wissen, Erfahrung oder Netzwerke hat, braucht einen klaren Zugangspunkt.

Das ist der eigentliche Unterschied zwischen offenen und geschlossenen Systemen: Offene Systeme ermöglichen nicht nur Kollaboration, sie schaffen echte Partizipation. Sie bauen Räume, in denen Menschen ihre Ressourcen sinnvoll einbringen können – unabhängig von Größe oder Form. Ein geschlossenes System bleibt steril. Ein offener Wirkungskosmos dagegen wächst mit jedem neuen Beitrag.

Fazit: Wirkungskosmen als Infrastruktur der Zukunft
Wenn wir Wirkungskosmen neu denken, dann nicht als Schaufensterprojekte, sondern als echte Infrastrukturen. Offene Systeme, die Zugang ermöglichen. Schlanke Systeme, die Komplexität reduzieren. Systeme, die Impact ökonomisch sichtbar machen. Systeme, die Partizipation

erlauben und Ergebnisse über Egos stellen. Wirkungskosmen sind die Antwort auf die Frage, wie wir aus unseren „Gold Nuggets“ echte Werte machen. Sie sind Räume, in denen Nutzen, Sinn und ökonomischer Wert zusammenspielen – und in denen das Ergebnis größer ist als die Summe der Einzelnen.

In einem solchen offenen System überlappen sich zahlreiche Wirksamkeitskreise und -netze. Neue Verbindungen entstehen dort, wo Rollen, Ressourcen und Ziele Resonanz finden. Die Architektur des Kosmos hält diese Vielfalt zusammen – offen genug für neue Kombinationen, stabil genug, um sie zu tragen.

So entsteht aus vielen individuellen Wirksamkeiten ein größeres Ganzes: ein lebendiges, sich selbst erneuerndes System unternehmerischer Energie. Der eigentliche Wert eines Wirksamkeitskosmos liegt darin, dass hier unterschiedliche Rollen und Ressourcen aufeinandertreffen – Umsetzer, die gestalten; Möglichmacher, die öffnen; Menschen mit Zeit, Kapital, Erfahrung, Netzwerk oder Spezialwissen.

Einzeln betrachtet, wären diese Kreise schnell erschöpft. Doch im Kosmos entstehen Konstellationen, die niemand allein zustande brächte. Es ist dieses Zusammenspiel, das die Wirksamkeit trägt – weil sie sich gegenseitig speist, erweitert und vertieft.

Ein Wirksamkeitskosmos ist deshalb nicht einfach „mehr Netz". Er ist eine andere Qualität. Er verbindet Struktur mit Offenheit, Planung mit Zufall, Fokus mit Freiheit. Wer Wirksamkeit ernst meint, muss beides zulassen: Ohne Struktur zerfällt Energie. Ohne Offenheit bleibt Wirkung kleiner, als sie sein könnte.

Und genau hier beginnt die nächste Frage: Wenn all diese Kräfte zusammenwirken – wie machen wir sie sichtbar? Wie wird aus der inneren Wirkung eine Strahlkraft nach außen?

Denn Wirksamkeit braucht Sichtbarkeit – nicht als Selbstzweck, sondern als Verstärker: damit andere andocken können, damit Wirkung Kreise zieht, und damit aus einzelnen Impulsen Bewegung entsteht.

Wirksamkeit ist die neue Sichtbarkeit

Wir leben in einer Zeit, in der viele zuerst sichtbar werden wollen – und erst danach überlegen, wofür eigentlich. Reichweite ist das neue Gold. Auf Plattformen wie LinkedIn wird täglich gepostet, was gerade Aufmerksamkeit bringt: ein Selfie mit inspirierendem Zitat, ein vermeintlicher Erfolg oder die Information, dass man sein Kind zum Kinderturnen gebracht hat – als Beweis für Empathie, Führungsstärke oder Work-Life-Balance. Alles hat eine Bühne, alles wird erzählt, alles ist potenzieller Content.

Doch Sichtbarkeit allein schafft keine Relevanz. Manchmal würde man sich wünschen, Menschen würden erst dann etwas beitragen, wenn sie wirklich etwas Substanzielles zu sagen haben – oder einfach schweigen. Sichtbarkeit ohne Substanz mag Aufmerksamkeit schaffen, aber keine Wirkung.

Echte Wirksamkeit funktioniert anders. Sie entsteht nicht durch ständige Selbstinszenierung, sondern im echten Leben – durch Menschen, die Verantwortung übernehmen, Probleme lösen, Strukturen verändern. Menschen, die ihre Energie nicht darauf verwenden, Reichweite zu erzeugen, sondern etwas zu bewirken. Sichtbarkeit ist dabei kein Selbstzweck, sondern ein Mittel, um Wirksamkeit zu teilen – damit andere sie erkennen, verstehen und an ihr anknüpfen können.

Wirksamkeit entfaltet ihre Kraft erst dann vollständig, wenn sie sichtbar wird. Sichtbarkeit öffnet Türen, schafft Vertrauen und zieht Menschen an, die mitgestalten wollen. Ohne sie bleiben selbst starke Impulse im Verborgenen – und versanden dort, wo sie eigentlich Bewegung auslösen könnten.

Ich weiß, wie schwer das sein kann. Mich hat die Angst vor Sichtbarkeit lange davon abgehalten, wirklich wirksam zu werden: die Sorge, was andere denken würden, ob etwas schon „fertig genug“ ist, ob es reicht. Es war bequemer, im Hintergrund zu bleiben – gründlich, überlegt, aber unsichtbar. Erst als ich verstanden habe, dass Sichtbarkeit in meinem Verständnis kein Ego-Projekt ist, sondern eine Form von Verantwortung, hat sich etwas verändert.

Um mit anderen gemeinsam wirksam zu werden, braucht es Sichtbarkeit – nicht, um im Mittelpunkt zu stehen, sondern um Wirkung erst möglich zu machen. Sichtbarkeit ist kein Selbstzweck, sondern ein Werkzeug, um andere in Bewegung zu bringen.

Vielleicht ist genau das die Haltung, die wir heute brauchen: weniger Selbstdarstellung, mehr Beitrag. Weniger Reichweite, mehr Relevanz. Wirksamkeit ist das, was bleibt, wenn das Sichtbare längst verblasst ist. Lasst uns konkret wirksam werden. Wie genau – das erfährst du in Teil IV. Vielleicht spürst du an diesem Punkt, dass du deine Wirksamkeit nicht nur für dich entfalten, sondern mit anderen teilen möchtest – mit Menschen, die ebenfalls Verantwortung übernehmen und gestalten wollen. Genau dafür habe ich das *Wirksamkeitsnetzwerk* ins Leben gerufen – eine Community für Menschen, die ins Handeln kommen und etwas bewegen wollen.

Das Wirksamkeitsnetzwerk

Wenn du dich einbringen, dein Wirksamkeitsprofil schärfen oder dich mit anderen vernetzen möchtest, die ähnlich denken wie du – starte dort. Scanne den QR-Code oder geh direkt auf **www.wirksamkeitsnetzwerk.de**.

Dort entsteht gerade eine Community, in der du Gleichgesinnte, Ressourcen und Impulse findest, um deine Wirkung im Zusammenspiel mit anderen zu entfalten.

TEIL IV

Die Felder unternehmerischer Wirksamkeit

7
Dein Spielfeld im Überblick

Im bisherigen Verlauf hast du darüber gelesen, wie Wirksamkeit entsteht – aus Haltung, Klarheit und dem Zusammenspiel von Rollen und Ressourcen. Jetzt geht es um das *Wo*.

Unternehmerische Wirksamkeit entfaltet sich in vier zentralen Feldern: Gründen, Nachfolge, Investieren und Begleiten. Jedes dieser Felder folgt denselben Prinzipien – Verantwortung übernehmen, Probleme lösen, Wert schaffen – und doch unterscheidet sich, wie Wirkung in ihnen entsteht. Dieser Teil ist dein praktischer Kompass: Er zeigt, auf welchen Spielfeldern du mit dem, was du mitbringst, am meisten bewegen kannst – und *wo* sich dein Einsatz heute am stärksten auszahlt.

Die Analyse deines Wirkungskreises war kein Selbstzweck. Sie war die ehrliche Arbeit am Fundament – und sie passt in eine Zeit, in der immer mehr Menschen spüren: Ich will mich einbringen. Nicht abstrakt, nicht als Haltung, sondern sinnstiftend und wirtschaftlich.

Es sind oft die am meisten reflektierten Köpfe, die so denken. Menschen mit Substanz, die Verantwortung nicht scheuen – und die trotzdem einen blinden Fleck haben: Sie unterschätzen, was sie bereits mitbringen. Sie werten ihre Ressourcen ab. Und sie benennen ihre Rolle nicht klar genug.

Genau da setzen wir an. Wenn du bis hierher mitgegangen bist, hast du bereits etwas Wichtiges getan: Du hast dich selbst ernst genommen. Du weißt, *wofür* du stehst, *wo* du Einfluss nehmen willst, was du an Bord hast. *Diese Selbstreflexion ist kein Luxus – sie ist der Unterschied zwischen*

Aktionismus und gezieltem Handeln. Und sie ist das Sprungbrett für das, was jetzt kommt.

Wirksamkeit entsteht nicht am Schreibtisch. Sie zeigt sich erst, wenn Ideen Gestalt annehmen, Entscheidungen getroffen werden und Ressourcen in Bewegung geraten. Nach all den Gedanken über Sinn, Einfluss, Rollen und Ressourcen geht es jetzt um das Konkrete – um dein eigenes Spielfeld der Wirksamkeit. Vielleicht hast du beim Lesen schon gespürt, wo dich etwas hingezogen hat: zu gestalten, zu investieren, zu begleiten oder ein bestehendes Unternehmen weiterzuführen. Teil IV ist genau dafür gedacht – als Orientierung, als Landkarte, auf der du erkennen kannst, *wo* du mit dem, was du mitbringst, am meisten bewirken kannst.

Die folgende Systematik ist kein starres Raster, sondern eine Navigationshilfe. Sie hilft dir, das Spielfeld zu verstehen, auf dem unternehmerische Wirksamkeit entsteht. Nicht, weil die Welt schwarz-weiß wäre, sondern weil Klarheit Orientierung schafft. Modelle sind Landkarten, keine Gesetze. Sie helfen, den ersten Schritt zu setzen – und dürfen später gebrochen, gemischt oder erweitert werden.

Mein Ziel ist einfach: Am Ende dieses Teils weißt du, auf welchem Spielfeld du heute am ehesten starten solltest – und welche Kombinationen mittelfristig zu dir passen können. Wenn ich eine solche Systematik früher gehabt hätte, wäre ich weniger im Trial-and-Error-Modus herumgeirrt. Ich habe vieles ausprobiert, manches verworfen, anderes wieder neu begonnen. Erst spät habe ich verstanden, dass es nicht an den Ideen lag, sondern daran, dass mir ein Raster fehlte, um meine Rolle, meine Ressourcen – und damit auch mein Spielfeld – klar zu sehen.

Ich erinnere mich noch sehr gut an die Zeit nach meiner eigenen Gründung. Damals war ich – ganz klassisch – eine Umsetzerin. Ich habe aufgebaut, gestaltet und operativ Verantwortung getragen. Nach dem Ende dieser Phase war ich davon überzeugt, dass der nächste logische Schritt wieder ein neues Umsetzungsprojekt sein müsse. Ich hatte viele Ideen, habe einige davon nebenberuflich angestoßen, sie validiert, getestet – und trotzdem nie diese Energie gespürt, die ich vom Anfang kannte. Mir fehlte der Antrieb, die Begeisterung und die Lust, noch einmal ganz von vorne loszulegen. Lange dachte ich, das Problem läge in der Idee selbst. Bis ich verstand, dass es in Wahrheit an der Rolle lag. Ich befand mich inzwischen schlicht in einer anderen Lebensphase – und in einer anderen Wirksamkeitsrolle.

Heute bin ich von Herzen Möglichmacherin. Ich bringe meine Erfahrung, mein Wissen, mein Netzwerk ein, um andere zu stärken, die umsetzen. Und genau darin liegt meine Wirksamkeit. Dieses Verständnis kam nicht über Nacht, sondern über viele Umwege und Selbstzweifel. Genau diese möchte ich dir hier ersparen – Wege, die man mit einem klareren Überblick nicht unbedingt gehen muss. Wenn du das liest und selbst schon als Umsetzer unterwegs warst, stell dir die Frage: Muss ich wirklich noch einmal eins draufsetzen? Oder darf meine Wirksamkeit heute eine andere Form annehmen? Nimm dir die Freiheit, das ehrlich zu prüfen.

Wir verwechseln oft Weiterentwicklung mit Steigerung – dabei bedeutet sie manchmal einfach Veränderung. Es geht nicht immer darum, größer, schneller oder sichtbarer zu werden. Manchmal liegt Wachstum genau darin, die Rolle zu wechseln. Vielleicht warst du eine Zeit lang Umsetzer, hast Unternehmen aufgebaut oder Projekte geführt – und spürst jetzt, dass du andere befähigen möchtest. Setze dich damit nicht unter Druck. Es ist kein Rückschritt, wenn du dich neu verortest. Es ist ein Zeichen von Reife, wenn du erkennst, *wo* du heute am wirksamsten bist. *Genau darum geht es jetzt: die eigene Rolle klar zu sehen und sie in den größeren Zusammenhang einzuordnen.*

Zurück zum Kern: zwei Rollen, ein Ressourcenpaket, viele Möglichkeiten. Umsetzer tragen das Operative, Möglichmacher gestalten den Rahmen. Beides ist gleichwertig. Was du mitbringst – Zeit, Kapital, Erfahrung, Wissen, Netzwerk –, bestimmt, wo dein Einsatz und wo die Fallhöhe beherrschbar bleiben kann. Aus dieser Kombination erwachsen deine Handlungsspielräume.

Die folgende Übersicht zeigt die vier Hauptfelder unternehmerischer Wirksamkeit – und wie sie sich im Zusammenspiel von *Zeiteinsatz* und *Ressourcenschwerpunkt* unterscheiden. Sie vereinfacht bewusst, um Orientierung zu geben. Natürlich braucht jedes Feld alle Ressourcen – Zeit, Kapital, Wissen, Erfahrung, Netzwerk. Die Achsen bilden also keine harten Grenzen ab, sondern *Schwerpunkte*: In welchem Feld wird typischerweise mehr persönliche Zeit investiert, und in welchem überwiegt der Einsatz anderer Ressourcen wie Kapital oder Erfahrung?

Die Grafik soll kein Urteil fällen, sondern ein Gefühl dafür vermitteln, *welche Art von Engagement* in den jeweiligen Spielfeldern im Vordergrund steht. Sie hilft, die vier Spielformen unternehmerischer Wirksamkeit im Verhältnis zueinander zu sehen:

- *Gründen:* hoher Zeiteinsatz, Aufbau aus eigener Kraft, Innovation und Eigenverantwortung im Vordergrund.
- *Nachfolge:* intensiver Zeiteinsatz, Arbeit mit bestehenden Strukturen, Führung und Transformation als Hauptaufgabe.
- *Investieren:* geringerer Zeiteinsatz, Kapitaleinsatz und strategische Begleitung im Mittelpunkt.
- *Begleiten:* variabler Zeiteinsatz, Erfahrungs-, Netzwerk- und Wissensressourcen prägend.

Es geht nicht um „besser“ oder „schlechter“, sondern um unterschiedliche Wege, Verantwortung zu übernehmen – je nachdem, welche Ressource du gerade am stärksten einbringen kannst. Die Grafik ordnet die vier Wirksamkeitsfelder entlang zweier Dimensionen: auf der Y-Achse der Ressourcenschwerpunkt von zeit- bis kapitallastig, auf der X-Achse der Rollenschwerpunkt vom Ermöglichen bis zum Umsetzen.

- *Gründen* bedeutet, vor allem Zeit, Energie und vielfältige Ressourcen in den Aufbau eines eigenen Vorhabens zu investieren – der Schwerpunkt liegt klar auf persönlichem Einsatz und kontinuierlicher Entwicklung.
- *Nachfolge* nutzt bestehende Strukturen als Fundament und verlagert den Ressourcenschwerpunkt stärker auf Management, Führung und Kapital – der Zeiteinsatz bleibt hoch, aber mit anderer Ausrichtung.
- *Investieren* steht für Wirksamkeit über Kapital – bei deutlich geringerem Zeiteinsatz, dafür mit Fokus auf strategische Auswahl, Verantwortung und Begleitung.
- *Begleiten* schließlich nutzt Erfahrung, Wissen und Netzwerk – mit variablem Zeiteinsatz und einem Schwerpunkt auf immateriellen Ressourcen.

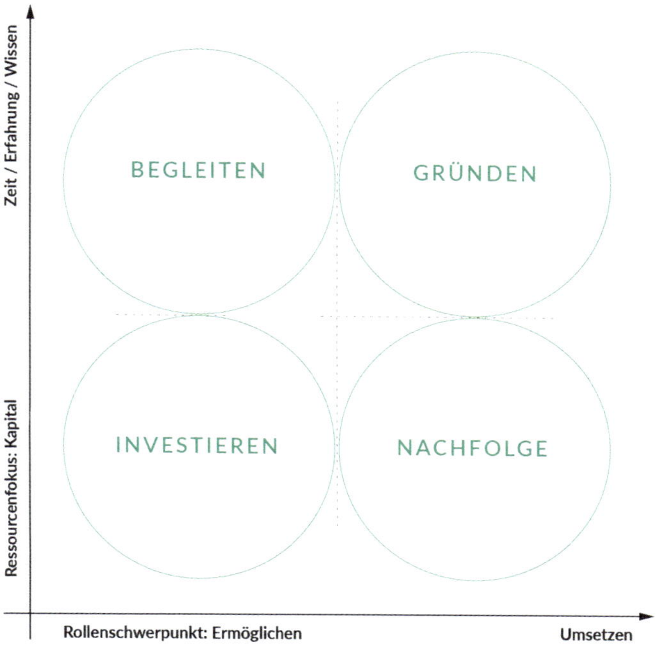

Abb. 7.1: Die vier Hauptfelder unternehmerischer Wirksamkeit

Die Grafik zeigt keine festen Grenzen, sondern *Ressourcenschwerpunkte*. Sie verdeutlicht, wie sich die vier Hauptfelder unternehmerischer Wirksamkeit entlang von *Zeiteinsatz* und *Art der eingebrachten Ressourcen* unterscheiden – als Orientierung, welche Form unternehmerischer Rolle und Engagement am besten zu deiner aktuellen Lebenssituation und deinen Ressourcen passt.

Worauf es im Spielfeld noch ankommt

Bevor wir tiefer in die einzelnen Spielfelder einsteigen, lohnt sich ein kurzer Blick auf die Perspektive, durch die wir sie betrachten. Denn Rolle und Ressourcen bilden das Grundraster – doch sie allein erzählen nicht die ganze Geschichte. Jedes Spielfeld hat zusätzliche Abgrenzungsdimensionen, die entscheidend sind, wenn du auf der Suche nach deinem Platz bist.

Diese Fragen können unterstützen:

- Wie planbar ist der Weg – wie viel Unsicherheit musst du aushalten?
- Wie hoch ist der Kapitalbedarf – und woher könnte er kommen?
- Wie schnell lässt sich ein Einkommen erzielen – oder musst du zunächst eine Anlaufphase überbrücken?
- Wie flexibel bleibst du – oder bindest du dich langfristig?
- Welche Innovationshöhe steckt im Modell:
Evolution oder Revolution?
- Wie viel Gestaltungsspielraum bietet das Spielfeld?
- Und nicht zuletzt: Welche Voraussetzungen solltest du mitbringen – fachlich, finanziell, persönlich?

Das sind keine Randfragen, sondern zentrale Faktoren, die dein Spielfeld prägen. Ein Gründer ohne Kapital muss anders starten als ein erfahrener Manager mit Puffer. Ein Business Angel, der nur Geld gibt, spielt auf einem anderen Feld als jemand, der Kapital und Netzwerk kombiniert. Und wer nach einer sinnstiftenden Aufgabe sucht, bewertet Gestaltungsfreiheit womöglich höher als kurzfristige Monetarisierbarkeit.

Diese Dimensionen sind nicht „nice to have", sondern entscheidend, wenn du dich orientierst. Sie helfen dir, die Spielarten der einzelnen Felder besser zu verstehen – und dich selbst darin wiederzufinden. Denn ob ein Spielfeld für dich realistisch und attraktiv ist, entscheidet sich nicht nur an deiner Rolle oder deinem Ressourcenpaket, sondern auch an diesen Rahmenbedingungen.

Du musst hier nicht alle Fragen sofort beantworten. Wichtig ist nur, dass du begreifst: *Jedes Spielfeld hat ein eigenes Profil* – und du selbst entscheidest, ob es zu dir passt. Manche legen mehr Wert auf Sicherheit, andere auf Freiheit. Manche wollen schnell Geld verdienen, andere etwas aufbauen, das Jahrzehnte trägt. Es gibt kein richtig oder falsch – aber es gibt Klarheit. Und genau die wollen wir hier schaffen.

Deshalb betrachten wir in den kommenden Kapiteln jedes Spielfeld nicht nur entlang von Rolle und Ressourcen, sondern auch durch die

Linse dieser Dimensionen. So erkennst du schneller, welche Spielform zu deiner Risikobereitschaft, deinem finanziellen Spielraum und deinen persönlichen Zielen passt – und welche dich auf Dauer eher ausbremst.

Wenn wir uns die Spielfelder genauer anschauen, spüre hinein, welches dich am meisten anspricht. Verlasse dich dabei auf dein Bauchgefühl. Die Hauptformen sind zunächst eine Landkarte, die Orientierung gibt. Die Welt ist nicht schwarz-weiß – und am Ende wirst du ein klares Gefühl dafür haben, wo du dich am ehesten verorten kannst.

Die detaillierte Vergleichsmatrix der Aktionsfelder mit ihren Dimensionen findest du am Ende von Teil IV, wo wir auch die Mischformen betrachten. Dann kannst du deine eigene Positionierung noch präziser erkennen: Wie planbar dein Weg ist, welches Risiko du bereit bist zu tragen – und wie du deine Ressourcen verteilen möchtest. Wo liegen für dich Planbarkeit und Risiko? Wie viel Kapital willst du einsetzen? Und was brauchst du wirklich, um dich auf deinem Spielfeld sicher zu fühlen?

Nimm die Felder also nicht als Schubladen, sondern als Einladung zur Orientierung. Am Ende dieses Teils wirst du wissen, wo dein erstes Spielfeld liegt – und welche Kombinationen mittel- bis langfristig realistisch für dich sind.

Jetzt gehen wir ins Konkrete. Wir beginnen mit dem *Gründen* – nicht, weil es die einzig wahre Form wäre, sondern weil viele genau hier ihren Freiheitsdrang verorten. Wir schauen, wie man klug ins Risiko geht, warum der MVP-Ansatz (Minimum Viable Product) entlastet und welche Strategien helfen, die Fallhöhe systematisch zu senken. Danach wenden wir uns der *Nachfolge* zu, anschließend den Feldern *Investieren* und *Begleiten*. Schließlich werfen wir einen Blick auf Mischformen, die zusätzliche Wege eröffnen, sich mit den eigenen Ressourcen und in der Rolle, die einem liegt, wirksam einzubringen.

Am Ende dieses Teils wirst du nicht nur eine Landkarte kennen, sondern auch wissen, wo dein erster Schritt liegt. Du wirst Klarheit haben, welches Spielfeld wirklich zu dir passt – und die Gewissheit, dass es für jeden, der Verantwortung übernehmen will, einen Platz gibt. Dann stellt sich nicht mehr die Frage, *ob* du startest, sondern nur noch, *wo*.

8

Gründen: Etwas Eigenes aufbauen

Wer den Drang in sich spürt, etwas Eigenes auf die Beine zu stellen, landet fast automatisch auf diesem Spielfeld. Gründen ist der sichtbarste Ausdruck unternehmerischer Wirksamkeit – der Moment, in dem aus Ideen Realität wird. Hier geht es nicht mehr um Reflexion, sondern ums Umsetzen: ums Ausprobieren, Entscheiden, Scheitern, Neuanfangen. Kaum ein anderes Feld bündelt so viel Energie, Risiko und Gestaltungsfreiheit zugleich.

Warum Gründen ein spannendes Feld ist

Garagen, Keller, Studentenbuden – viele Gründungsgeschichten klingen wie moderne Märchen: vom Tellerwäscher zum Millionär, vom Hobbyprojekt zum Milliardenkonzern. Es sind diese Bilder, die sofort in unseren Köpfen auftauchen, wenn wir an Gründen denken – Geschichten, die Träume von Freiheit, Selbstbestimmung und der Möglichkeit wecken, aus dem Nichts etwas zu schaffen.

So romantisch diese Erzählungen klingen, so hart ist die Realität. Gründen ist kein Spaziergang. Die meisten Gründer scheitern – zumindest mit ihrer ersten Produktidee. Manche lernen daraus, starten neu und schaffen es beim zweiten oder dritten Anlauf. Andere geben auf. Trotzdem bleibt Gründen eines der faszinierendsten Felder unternehmerischer Wirksamkeit. Es ist der radikale Nullpunkt, alles ist möglich. Kein anderes Feld verbindet so viel Unsicherheit mit so viel Gestaltungsfreiheit.

Genau das macht Gründen spannend: Es gibt dir die Möglichkeit, deine eigene Vision in die Welt zu tragen. Du bist nicht an bestehende Strukturen gebunden, nicht an überkommene Prozesse, nicht an die Geschichte eines Unternehmens, das schon vor dir bestand. Du kannst ganz neu anfangen – auf deinem eigenen Fundament, mit deinen eigenen Regeln, mit deinem eigenen Team.

Die Realität bleibt dennoch anspruchsvoll. Laut einer Untersuchung des Instituts für Mittelstandsforschung (IfM) in Bonn überleben nur rund 38 Prozent der gegründeten Unternehmen in Deutschland die ersten fünf Jahre. Umgekehrt heißt das: Sechs von zehn Gründungen verschwinden in dieser Zeit wieder vom Markt. Besonders hoch ist die Ausfallquote bei Gründungen ohne Mitarbeiter – dort sind es nur etwa ein Drittel, die nach fünf Jahren noch existieren.

Die Gründe dafür sind vielfältig. Am häufigsten genannt werden – mehreren übereinstimmenden Quellen zufolge – fehlende Markt- und Kundenorientierung sowie mangelnde Vertriebskompetenz. Mit anderen Worten: Nicht die Idee scheitert, sondern die Umsetzung am Markt. Hinzu kommen zu optimistische Finanzpläne, unterschätzter Kapitalbedarf, Teamkonflikte oder die Überlastung von Einzelgründern, die alles allein stemmen wollen.

Doch in diesen nüchternen Zahlen steckt auch eine Botschaft: Gründen ist kein Selbstläufer, aber es ist auch kein Glücksspiel. Die Risiken sind hoch, doch sie sind erklärbar. Und was erklärbar ist, lässt sich auch beeinflussen. Genau deshalb lohnt es sich, näher hinzuschauen: Was macht Gründen zu einem spannenden, aber eben auch riskanten Spielfeld? Und was bedeutet das für dich, wenn du darüber nachdenkst, selbst zu gründen?

Gründen ist spannend, weil es das Spielfeld ist, auf dem du als Umsetzer die größte Freiheit hast. Du kannst aus dem Nichts starten, deine Ideen unmittelbar auf die Straße bringen und Verantwortung nicht nur für dich, sondern für ein ganz neues Konstrukt übernehmen. Du bestimmst den Takt – und du trägst die volle Verantwortung. Es ist der radikalste Ausdruck unternehmerischer Wirksamkeit.

Wann Gründen zu dir passt

Wenn du für dich bereits herausgearbeitet hast, dass du dich in der Rolle des Umsetzers am wohlsten fühlst, dann ist Gründen das Spielfeld, auf dem du deine Wirksamkeit maximal entfalten kannst. Gründen bedeutet, selbst die Zügel in die Hand zu nehmen: Du bist derjenige, der Entscheidungen trifft, Verantwortung trägt und bereit ist, ins Unbekannte zu gehen.

Doch ob Gründen tatsächlich zu dir passt, hängt nicht nur von deiner Rolle, sondern auch von deinem Ressourcenpaket ab. Die fünf zentralen Bausteine – Zeit, Kapital, Erfahrung, Wissen und Netzwerk – bestimmen, wie hoch deine Fallhöhe ist, wie schnell du vorankommst und welche Form des Gründens für dich realistisch ist.

Es geht nicht darum, dass du alles selbst mitbringen musst. Kaum ein Gründer hat alle fünf Bausteine in gleicher Stärke parat. Worum es geht, ist das Orchestrieren. Also genau hinzusehen: Welche Ressourcen kannst du selbst einbringen? Wo hast du Lücken? Und wie kannst du diese Lücken schließen – durch Mitgründer, durch Berater, durch Möglichmacher, die dir Kapital oder Kontakte öffnen?

Schauen wir zuerst auf die Ressource Zeit. Wenn du in deiner aktuellen Lebensphase die Möglichkeit hast, viel Energie in ein Gründungsvorhaben zu investieren, kannst du Dinge schneller vorantreiben. Vielleicht bist du aber beruflich oder familiär stark eingespannt – dann musst du realistischerweise mit weniger operativer Power starten und dir entweder Unterstützung suchen oder bewusst kleiner anfangen.

Kapital ist der zweite Hebel. Du brauchst nicht zwingend große Summen auf dem Konto, um zu starten – viele der erfolgreichsten Gründer haben mit wenig begonnen. Aber du brauchst Klarheit darüber, wie viel du wirklich benötigst, bis das Geschäftsmodell trägt. Und du musst entscheiden, ob du es nötig hast, externe Investoren ins Boot zu holen – oder lieber aus eigenem Cashflow wachsen möchtest.

Erfahrung und Wissen sind zwei verwandte, aber nicht identische Bausteine. Erfahrung bedeutet, dass du schon einmal in ähnlichen Kontexten gearbeitet hast, Märkte, Abläufe oder Branchenlogiken kennst. Wissen kann dagegen hochspezifisch sein – eine technologische Expertise, eine rechtliche Nische, eine methodische Tiefe. Beides kann eine Gründung tragen, aber keines reicht allein. Erst wenn es mit Marktkenntnis, Kundenfokus und Lernbereitschaft verbunden wird, entsteht ein tragfähiges Fundament.

Und schließlich das Netzwerk – oft unterschätzt, in Wahrheit aber eine der mächtigsten Ressourcen überhaupt. Dein Netzwerk entscheidet, ob du Zugang zu Kunden findest, Investoren erreichst oder Mitstreiter für dein Team gewinnst. Gründer, die ihr Netzwerk aktiv nutzen, haben einen riesigen Vorsprung gegenüber denen, die versuchen, alles allein aufzubauen.

Wann passt Gründen also zu dir? Dann, wenn du dich als *Umsetzer* verstanden hast – und wenn du bereit bist, deine Ressourcen ehrlich zu betrachten. Wenn du Lust hast, etwas Eigenes aufzubauen, wohl wissend, dass du nicht alles allein tragen musst. Gründen passt, wenn du Verantwortung suchst, Gestaltungsfreiheit über Sicherheit stellst – und bereit bist, dir die fehlenden Bausteine ins Boot zu holen.

Dein Ressourcenpaket muss dabei nicht perfekt sein. Niemand startet perfekt. Aber wenn du bereit bist, deine Stärken zu nutzen und deine Lücken zu schließen, dann ist Gründen ein Spielfeld, auf dem du Wirkung entfalten kannst. Gründen passt zu dir, wenn du Lust hast, Dinge nicht nur zu denken, sondern zu machen – wenn du dein Ressourcenpaket als Startkapital siehst, egal wie groß oder klein, und es nutzt, um deine Rolle als Umsetzer mit Leben zu füllen.

Möglichkeiten in diesem Feld

Gründen ist nicht gleich Gründen. Es gibt nicht den einen, klaren Weg, sondern ganz unterschiedliche Spielformen – von der freiberuflichen Beratung bis zum skalierbaren Tech-Startup. Welche Variante für dich passt, hängt stark davon ab, wo du startest, welche Ressourcen du mitbringst und wie hoch deine Risikobereitschaft ist.

Ein hilfreiches Raster dafür ist die *Ansoff-Matrix*. Sie ordnet Gründungen entlang zweier Dimensionen: Produkte und Märkte. Auf der einen Achse steht die Frage: Arbeitest du mit bestehenden Produkten oder entwickelst du etwas Neues? Auf der anderen: Bleibst du in bestehenden Märkten oder erschließt du neue? Je weiter du dich von „bekannt und bewährt“ entfernst, desto höher wird das Risiko – aber auch desto größer der Gestaltungsspielraum. Damit ergeben sich vier Spielfelder:

1. **Marktdurchdringung**: Bestehende Produkte in bestehenden Märkten

2. **Marktentwicklung**: Bestehende Produkte in neuen Märkten

3. **Produktentwicklung**: Neue Produkte in bestehenden Märkten

4. **Diversifikation**: Neue Produkte in neuen Märkten

Diese Unterscheidung ist nicht nur Theorie – sie hilft dir ganz praktisch, deine eigene Gründungsidee einzuordnen.

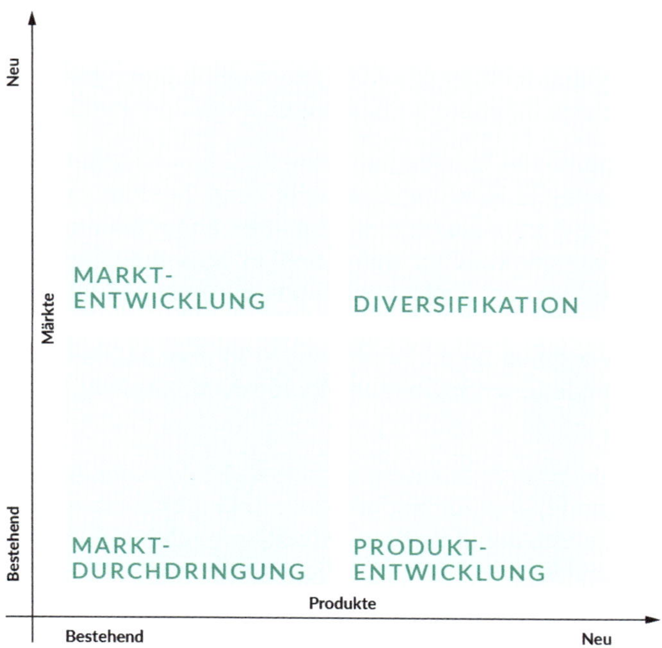

Abb. 8.1: Die Ansoff-Matrix
Die Grafik zeigt die vier unternehmerischen Entwicklungswege nach Ansoff – basierend auf der Kombination aus bestehenden und neuen Produkten und Märkten.

Start im Bekannten: Mit Können und Cashflow ins Unternehmertum

In diesem Feld der *Marktdurchdringung* bewegst du dich mit bestehenden Leistungen in einem bestehenden Markt. Für viele ist das der naheliegendste Einstieg ins Unternehmertum: Sie nutzen das, was sie ohnehin schon können, und bieten es eigenständig an. Besonders typisch ist das Beratungs- oder Agenturgeschäft. Der große Vorteil: Dieses Modell ist in der Regel kapitalarm. Das Wachstum lässt sich oft aus dem Cashflow der ersten Mandate finanzieren – ein entscheidender Unterschied zu kapitalintensiven Gründungen.

Der Schlüssel liegt in der realistischen Einschätzung deiner Ausgangslage. Viele überschätzen ihre Differenzierung und unterschätzen gleichzeitig das Überangebot an konkurrierenden Anbietern. Du kannst brillant sein in dem, was du tust – aber sobald du selbstständig unterwegs bist, spielt noch etwas eine mindestens ebenso große Rolle: der Kundenzugang.

Ein Nischenbusiness kann extrem attraktiv sein – vor allem, wenn sich in dieser Nische „jeder kennt“ und du dir vielleicht schon einen Namen gemacht hast. Dort reicht oft ein kleiner Kreis an Kontakten, um schnell in Projekte zu kommen. Ganz anders sieht es bei breiten, unspezifischen Dienstleistungen aus. „Online-Marketing-Beratung“ klingt nach einer klaren Positionierung, ist aber in Wahrheit ein generisches Feld mit Hunderten austauschbaren Anbietern. In solchen Märkten musst du mit viel Energie beweisen, warum gerade du den Auftrag bekommen solltest.

Die entscheidende Frage lautet also: Wie stellst du sicher, dass du nicht achtzig Prozent deiner Zeit mit Akquise verbringst? Je klarer deine Spezialisierung, desto höher deine Chance, dass Kunden dich aktiv suchen. Noch wichtiger ist, dass du eine funktionierende Schnittstelle zum Markt findest. Wer genau sind die Entscheider, die dein Angebot brauchen – und wie erreichst du sie? Dafür gibt es mehrere Strategien:

- *Partnering*: Schließe dich mit Möglichmachern zusammen, die schon Kundenzugang haben – etwa Agenturen, die dein Spezialthema nicht abdecken.

- *Pilotprojekte*: Starte mit kleinen, klar umrissenen Einstiegsangeboten – zum Beispiel einem Workshop oder einem Mini-Audit. Das senkt die Einstiegshürde und liefert Referenzen.
- *Referral-System*: Bitte frühere Kollegen oder Geschäftspartner sehr konkret um Empfehlungen: „Kennst du zwei bis drei Firmen, die genau dieses Problem haben?"
- *Content mit Beweisführung*: Keine allgemeinen Blogbeiträge, sondern wenige, aussagekräftige Fallstudien oder Checklisten, die deine Kompetenz sichtbar machen.

Finanziell lässt sich dieser Weg schlank halten. Ein Laptop, eine ordentliche Buchhaltung und eine einfache, professionelle Präsenz genügen für den Start. Die entscheidende Regel lautet: Fixkosten niedrig halten und Cashflow managen. Arbeite mit Retainern statt Einmalprojekten, vereinbare Abschlagszahlungen und vermeide, dass einzelne Kunden mehr als ein Drittel deines Umsatzes ausmachen.

Gerade weil dieses Modell kapitalarm ist, eignet es sich hervorragend für den Start im Nebenerwerb. Wer die ersten Mandate parallel zur Anstellung aufbaut, reduziert die persönliche Fallhöhe erheblich. Das Konzept des *Sidepreneur®* greifen wir später noch einmal ausführlich auf – hier sei es schon als realistische Option erwähnt.

Die größten Risiken liegen in der Austauschbarkeit des Angebots, in der Abhängigkeit von wenigen Kunden und in der klassischen „Zeit-gegen-Geld-Falle". Wie man diese Gefahren in den Griff bekommt, schauen wir uns im Abschnitt zur *Risikominimierung* genauer an.

Bewährtes neu gedacht: Bestehende Produkte in neuen Märkten

Ein Klassiker unter den Gründungsgeschichten beginnt nach einem Urlaub und bildet das Feld der *Marktentwicklung* ab. Du sitzt in Barcelona in einem kleinen Café, beobachtest das Treiben und denkst dir: Warum gibt es dieses Konzept bei uns eigentlich nicht? Zurück in Deutschland lässt dich der Gedanke nicht mehr los. Ein Angebot, das in einem anderen Land funktioniert, muss doch auch hier erfolgreich sein – oder?

Oft ist das riskanter, als es zunächst wirkt. Denn wenn es „etwas bei uns noch nicht gibt", gehe im ersten Schritt davon aus, dass es dafür einen Grund geben könnte. Prüfe, ob bereits jemand versucht hat, das Konzept einzuführen – und woran er gescheitert ist. Skepsis vor Euphorie lautet die Devise.

Und doch gibt es Gründungen, die genau auf diesem Prinzip basieren und erfolgreich wurden, weil die Gründer das Konzept nicht einfach kopiert, sondern klug übersetzt haben. Ein starkes Beispiel ist Motel a Miio: Zwei Münchner Gründerinnen entdeckten in Portugal handgefertigte Keramik, die sie sofort begeisterte. Sie brachten die ersten Paletten nach Deutschland und testeten ihr Konzept in einem Pop-up-Store. Ergebnis: innerhalb von 24 Stunden ausverkauft. Von dort aus bauten sie das Geschäft aus – über D2C-Onlineverkauf, weitere Pop-ups und schließlich eigene Stores. Ihre Erfolgshebel: Sie erkannten früh einen Trend (handgefertigte Keramik als Lifestyle-Produkt), schufen schnell Real-Life-Proof durch Pop-ups, und bauten konsequent eine Markenwelt, die das „Urlaubsgefühl Portugal" nach Deutschland brachte.

Ein Gegenbeispiel zeigt, wie schnell es kippen kann: Ein Gründerpaar, das ich einige Zeit gecoacht habe, brachte aus Schottland die Idee einer Bestell-App für Restaurants mit – Gäste sollten ihre Speisen direkt am Tisch digital ordern können. Jahre später hat sich das Modell in Deutschland noch immer nicht durchgesetzt – trotz inzwischen zahlreicher Lösungen auf dem Markt. Der Grund: Gastronomen wie Gäste sind hierzulande in diesem Kontext weniger digitalaffin. Technisch funktionierte es – aber der kulturelle Fit fehlte.

Die größten Risiken in diesem Feld liegen im Überschätzen der Übertragbarkeit und im Unterschätzen der Anpassungskosten. Auch dazu findest du im Abschnitt *Risikominimierung* konkrete Strategien.

Problem first: So entstehen echte Innovationen

Manchmal kennst du deinen Markt so gut, dass du die Lücken fast mit Händen greifen kannst. Du arbeitest seit Jahren in einer Branche, sprichst täglich mit Kunden, hörst ihre Beschwerden und siehst, wo bestehende Angebote versagen. Irgendwann fragst du dich: Warum gibt es dafür eigentlich noch keine Lösung? Genau hier setzt die *Produktentwicklung* an: ein neues Produkt für einen bereits vertrauten Markt.

Der große Vorteil: Du kennst deine Zielgruppe. Du weißt, wie sie tickt, welche Sprache sie spricht und welche Probleme sie wirklich gelöst haben will. Du musst nicht mühsam einen neuen Markt erforschen, sondern kannst dich auf die Frage konzentrieren, ob dein Produkt die Lücke tatsächlich schließt. Das senkt das Risiko erheblich – jedenfalls im Vergleich zu einer Diversifikation in völlig neue Märkte.

Doch Vorsicht: Die Falle liegt darin, die eigene Idee für besser zu halten, als sie ist. Nur weil du ein Problem erkannt hast, heißt das nicht automatisch, dass genügend Kunden bereit sind, für die Lösung zu zahlen. Der Schlüssel liegt deshalb darin, früh den Beweis anzutreten – am besten mit einem *Minimum Viable Product (MVP)* oder einem Prototypen, den echte Kunden testen können. Mehr dazu findest du später im Buch.

Ein typischer Fall: Ein Maschinenbauingenieur erlebt in seiner Arbeit immer wieder dasselbe Problem – ein Prozess, der ineffizient ist, Daten ungenau liefert oder schlicht zu viel Zeit kostet. Statt sich nur zu ärgern, entwickelt er eine Software, die diesen Prozess automatisiert. Klingt logisch, und tatsächlich löst er damit ein echtes Problem. Doch das reicht noch nicht. Denn als Angestellter hat er keinen direkten Marktzugang. Ohne Kundenkontakte, Vertriebserfahrung oder Zugang zu Entscheidern bleibt die Lösung eine Insellösung. Es ist mehr als eine Lösung ohne Problem – aber eben noch nicht genug. Genau hier wird oft unterschätzt, dass zur Lösung immer auch der Markt gehört.

Die größte Gefahr in der Produktentwicklung ist, sich im stillen Kämmerlein in seine eigene Idee zu verlieben. Wer Monate oder Jahre an Features feilt, ohne echten Kundenkontakt, läuft Gefahr, ein technisch brillantes, aber praktisch nutzloses Artefakt zu bauen. Wie man diese Gefahr entschärft, behandeln wir ausführlich im Abschnitt *Risikominimierung*.

Die größte Wette: Das Startup-Modell

Dies ist die Königsdisziplin – und zugleich das riskanteste Spielfeld. *Diversifikation* bedeutet: ein völlig neues Produkt in einem völlig neuen Markt. Es gibt keine Referenzen, keine etablierten Kunden, keine Benchmarks. Alles, was du aufbaust, entsteht auf unkartiertem Gelände.

Dabei lassen sich zwei Spielarten unterscheiden:

1. *Problemgetriebene Innovation in neuem Markt.* Hier ist ein reales, drängendes Problem klar erkennbar – aber die Lösung erfordert einen völlig neuen Ansatz, der einen Markt quasi nebenbei mitschafft. Ein aktuelles Beispiel ist der Einsatz von Künstlicher Intelligenz (KI). Viele Unternehmen kämpfen mit komplexen Prozessen, die personelle Ressourcen verschlingen – ob in der Dokumentenanalyse, in der Kundenkommunikation oder in der Produktionsplanung. KI ermöglicht es, diese Prozesse radikal effizienter zu gestalten. Das Problem ist, dass die Nachfrage nach Effizienz spürbar ist. KI wird zum Treiber, um neue Lösungen zu entwickeln, die in vielen Branchen gleichzeitig Märkte verschieben.

2. *Lösungsgetriebene Technologie.* Hier steht am Anfang eine technologische Entdeckung, deren Anwendung noch unklar ist. Ein Beispiel ist Quantencomputing: Die Technologie verspricht gewaltige Rechenleistungen – aber wo genau der erste breite Markt liegt, ist offen. Solche Gründungen entstehen häufig aus der Forschung heraus. Sie eröffnen völlig neue Möglichkeiten, aber der Weg zum passenden Anwendungsfall ist oft lang, kapitalintensiv und von hoher Unsicherheit geprägt.

Der Unterschied ist entscheidend: Beim problemgetriebenen Ansatz wissen Kunden sehr genau, dass sie ein Problem haben – und sie messen die Kosten dieses Problems jeden Tag. Dadurch existiert eine natürliche Nachfrage. Der Markt muss nicht erst mühsam erzogen werden, sondern er wartet auf eine Lösung. Beim lösungsgetriebenen Ansatz dagegen muss der Fit zum Markt zunächst gefunden werden.

Beiden Spielarten gemeinsam ist, dass sie risikoreicher sind als jede andere Gründungsform. Sie erfordern hohe Investitionen, lange Entwicklungswege und eine klare Strategie, wie man Ressourcen orchestriert. Gleichzeitig steckt hier die größte Hebelwirkung: Wer es schafft, in diesem Feld einen echten Fit zu erzielen, kann ganze Branchen verändern oder neue Märkte schaffen. Wie du in diesem Spielfeld die Fallhöhe reduzierst – und warum ein heterogen aufgestelltes Team mit komplementären Ressourcen fast unverzichtbar ist –, behandeln wir im folgenden Kapitel.

Strategien zur Risikominimierung

Egal, ob du dich für Marktdurchdringung, Marktentwicklung, Produktentwicklung oder Diversifikation entscheidest: Gründen bedeutet immer, ins Risiko zu gehen. Das gehört zum Spiel – und genau das macht es für viele so reizvoll. Aber Risiko heißt nicht, dass du blind ins Unbekannte springen musst. Es gibt Wege, wie du die Unsicherheit verkleinern, die Fallhöhe abfedern und deine Chancen auf Erfolg erhöhen kannst. Und genau darum geht es jetzt: um Strategien, wie du smart startest.

Um zu verstehen, wo die größten Gefahren liegen, lohnt sich ein Blick auf die verschiedenen Arten von Risiko. Denn Risiko ist nicht gleich Risiko. Vier Felder tauchen in der Praxis immer wieder auf:

Persönliches Risiko
Gründen bedeutet, dass du Zeit investierst – oft mehr, als dir lieb ist. Es bedeutet auch, dass du für eine gewisse Zeit vielleicht auf ein sicheres Einkommen verzichtest, Abende durcharbeitest oder dir weniger Freizeit gönnst. Für manche ist das in der aktuellen Lebensphase kein Problem. Andere merken schnell: Die Doppelbelastung zerrt, und Familie oder Gesundheit leiden. Dieses Risiko musst du ehrlich einschätzen.

Finanzielles Risiko
Fixkosten, Vorleistungen, Investitionen – all das kann schnell zur Last werden. Manche unterschreiben langfristige Mietverträge oder bestellen große Stückzahlen, bevor überhaupt klar ist, ob der Markt reagiert. Diesen Fehler habe ich selbst gemacht. Bereits die erste Charge meiner Produkte sollte „margenoptimiert" sein, also habe ich viel zu große Mengen abgenommen und somit unnötig viel Kapital im Lager gebunden.

Marktrisiko
Vielleicht bist du überzeugt von deiner Idee – aber die Nachfrage bleibt aus. Kunden nicken zwar, wenn du dein Produkt erklärst, aber sie zahlen nicht. Oder die Kundenakzeptanz kommt viel später als du geplant hast. Das Marktrisiko ist tückisch, weil es sich oft erst spät zeigt.

Teamrisiko
Alleine zu starten, klingt verlockend, weil man niemandem Rechenschaft schuldet. Aber genau hier liegt die Gefahr: fehlende Sparringspartner, fehlende Kompetenzen, fehlende Diversität. Gerade unterschiedliche

Erfahrungen, Altersdiversität und ergänzende Ressourcensets sind entscheidend, um blinde Flecken auszugleichen. Ein homogenes Gründerteam aus lauter Techies oder lauter BWLern übersieht leicht kritische Punkte. (Darauf komme ich am Ende von Teil IV noch einmal ausführlich zurück, wenn wir uns mit Teams und der Orchestrierung von Rollen und Ressourcen befassen.)

Wenn du diese vier Risikofelder im Blick hast, kannst du beginnen, systematisch an ihrer Entschärfung zu arbeiten. Die folgenden Strategien haben sich in der Praxis immer wieder bewährt.

Problem-Solution-Fit: Ohne echtes Problem kein echtes Geschäft

Wenn man alle Gründungsformen nebeneinanderlegt, zeigt sich ein klares Muster: Erfolg folgt dem Problem, nicht der Lösung. Wer ein echtes, drängendes Kundenproblem präzise versteht und eine passgenaue Antwort darauf baut, steht auf einem stabilen Fundament – unabhängig davon, ob er in einem vertrauten Umfeld startet oder eine neue Branche erschließt. Umgekehrt scheitern viele Ideen daran, dass Gründer mit einer Lösung loslaufen und erst danach ein Problem dafür suchen. Der sicherste Weg ins Abseits ist: ein Produkt bauen, das niemand wirklich braucht.

Besonders Gründer mit technischem Hintergrund tappen in diese Falle. Voller Begeisterung entwickeln sie ein Feature nach dem anderen, lange bevor die Frage nach dem eigentlichen Problem geklärt ist. Ich nenne das „Featuritis“: ein Prototyp mit beeindruckenden Funktionen, aber ohne Markt. Die Euphorie im Team steigt, man klopft sich gegenseitig auf die Schulter – und wundert sich später, warum Kunden nur höflich nicken, aber nicht kaufen.

Ein echtes Problem erkennst du daran, dass Menschen bereits heute spürbar darunter leiden – und dass sich dieses Leiden in einer messbaren Größe ausdrücken lässt: sei es in Euro, in Zeit oder in CO_2. Je klarer du diese Dimension benennen kannst, desto eher kannst du davon ausgehen, dass der Schmerz groß genug ist, um Kunden aktiv nach einer Lösung suchen zu lassen.

Investiere daher bewusst viel Zeit in diese frühe Phase: Verstehe das Problem deiner Kunden bis ins Detail und übersetze es in eine messbare Einheit. Denn ein Gründer ohne Problem-Solution-Fit gleicht einem Architekten, der ein Haus ohne Fundament baut – es mag anfangs stehen, doch früher oder später wird es einstürzen.

Product-Market-Fit: Der Markt ist mit vertretbarem Aufwand erreichbar

Selbst wenn du das Problem deiner Kunden verstanden hast, steht die nächste Hürde an: Lässt sich daraus ein tragfähiges Geschäftsmodell entwickeln? Genau das beschreibt der Product-Market-Fit. Er ist der Moment, in dem deine Lösung nicht nur sinnvoll ist, sondern auch das Potenzial hat, vom Markt tatsächlich angenommen zu werden.

Dabei lohnt sich ein genauer Blick auf zwei zentrale Kennzahlen. Denn Kunden finden deine Lösung nicht von allein – du musst investieren, damit sie von dir erfahren und sich bewusst für dein Angebot entscheiden. Die erste Kennzahl sind die *Customer Acquisition Costs* (CAC), also die Kosten, die entstehen, um einen neuen Kunden zu gewinnen. Die zweite Kennzahl ist der *Customer Lifetime Value* (CLV), der angibt, welchen Wert ein Kunde im Laufe der gesamten Geschäftsbeziehung für dich bringt.

Schon dieser Vergleich zeigt, warum wiederkehrende Umsätze – etwa über Lizenzen, Abos oder Pay-per-Use-Modelle – häufig stabiler und spannender sind als rein transaktionsbasierte Geschäftsmodelle, die mit einem einmaligen Kauf enden.

Im B2B-Bereich kann ein einziger Kunde enorm wertvoll sein – auch wenn es Monate dauert, ihn zu gewinnen. Bleibt er dir über Jahre treu, rechnet sich der Aufwand. Im B2C dagegen musst du zwingend auf Wiederkäufe und starke Kundenbindung setzen. Sonst frisst dich dein Marketingbudget auf. Genau hier scheitern viele Lifestyle-Gründungen: Das erste Paar Sneaker verkauft sich, das zweite vielleicht auch noch – aber wenn der CLV zu niedrig bleibt, bricht die Gleichung zusammen.

Der Product-Market-Fit ist damit das Erdgeschoss deines Hauses. Ohne ihn bleibt dein Geschäft ein Provisorium. Mit ihm hast du die Stabilität, die nötig ist, um Wachstum und Skalierung wirklich zu tragen.

Klein anfangen, um Risiken zu minimieren

Eine der größten Fallen beim Gründen ist, zu früh zu groß zu starten: ein repräsentatives Büro, die ersten Mitarbeiter, Produktionsanlagen, eine teure Marketingkampagne – und das alles, bevor überhaupt klar ist, ob der Markt reagiert. Wer so vorgeht, baut sich Fixkosten auf, die kaum noch zurückzudrehen sind. Smarte Gründer dagegen halten ihre ersten Schritte so reversibel wie möglich: kündbare Tools statt langfristiger Lizenzen, kleine Testchargen statt voller Lager, Pop-up-Stores statt Filialnetz.

„Start small, scale fast“ ist kein Buzzword, sondern eine Überlebensstrategie. Wer klein anfängt, behält die Flexibilität, Kurskorrekturen vorzunehmen. Wer dagegen von Tag eins an hoch investiert, sitzt schnell in der Falle: Der Druck zu liefern steigt, auch wenn die Realität anders aussieht als geplant.

Das Prinzip gilt nicht nur für Strukturen, sondern genauso für dein Produkt. Auch hier solltest du lieber früh und klein starten, statt monatelang Ressourcen in eine perfekte Entwicklung oder aufwendige Produktion zu stecken. Genau dafür gibt es das Konzept des *Minimum Viable Product* (MVP). Ein MVP ist die kleinste Version deiner Idee, die ausreicht, um echtes Kundenfeedback einzusammeln. Das kann ein klickbarer Prototyp sein, ein Workshop, ein Testlauf in einem Pop-up-Store. Entscheidend ist, dass Menschen damit interagieren – und du erkennst, ob sie bereit sind, Zeit oder Geld zu investieren.

Wichtig dabei: Ein MVP ist nicht gleichbedeutend mit einer unfertigen oder unpräzise/unzureichend ausgearbeiteten Lösung. Es geht nicht darum, schlampig abzuliefern, sondern die entscheidende Hypothese zu prüfen: Gibt es echtes Interesse? Sind Menschen bereit zu zahlen? Ein gutes MVP spart Monate Arbeit – und bewahrt dich davor, ein Jahr lang am Markt vorbeizuentwickeln.

Realistische Kalkulation deiner Zeit und der marktüblichen Kosten
Viele Gründer rechnen sich ihre Geschäftsmodelle schön, indem sie die eigene Arbeitskraft nicht bepreisen. Jede Stunde, die du in Akquise, Kundenkontakt oder Präsentation steckst, ist eine Ressource – und sie kostet, auch wenn sie nicht auf einer Rechnung auftaucht. Wer diesen Faktor ignoriert, landet schnell in der Selbstausbeutung. Wer ihn dage-

gen ehrlich einpreist, erkennt auch früh genug, ob das Modell wirklich tragfähig ist.

In meiner Coachingpraxis begegne ich immer wieder Gründern, die sagen: „Kundenakquise kostet uns praktisch nichts – wir erreichen alle über Social Media." Das klingt verlockend, ist aber ein Trugschluss. Denn auch Content-Produktion ist aufwendig. Wenn du die Stunden mit einem realistischen Stundensatz bewertest, summieren sich die Kosten schnell. Und spätestens, wenn du nicht mehr alles selbst machen willst, sondern Unterstützung brauchst, schlägt es auch finanziell durch.

Diesen Fehler habe auch ich gemacht: Ich habe keine realistischen Kosten angesetzt, weil vieles über Gefälligkeiten lief oder Freundschaftspreise. Das kann am Anfang helfen, ist aber keine Basis für ein belastbares Geschäftsmodell. Vergiss bei deiner Kalkulation nie: Dein Modell muss auch dann funktionieren, wenn all die Leistungen, die du heute noch selbst erledigst, von externen, marktüblich vergüteten Dienstleistern übernommen werden. Nur so stellst du sicher, dass dein Unternehmen auf echten Beinen steht – und nicht auf der Illusion unbezahlter Eigenleistung basiert.

Stufenweise Risiken erhöhen und Hypothesen testen

Nicht jede Gründung muss mit der großen Wette beginnen. Oft ist es klüger, mit Bekanntem zu beginnen, erste Kunden mitzunehmen, Cashflow aufzubauen – und erst dann die größere Wette zu wagen. Wer sich schrittweise nach außen bewegt, reduziert die Fallhöhe, weil er immer wieder am Markt validiert, bevor er den nächsten Schritt geht.

Ich selbst habe diesen Fehler einmal gemacht: Aus Sorge, dass B2C-Kunden „Auswahl" brauchen, habe ich gleich auf Variantenvielfalt gesetzt. Das Sortiment war breit, aber mein Vertriebskanal noch gar nicht getestet. Besser wäre gewesen, mit wenigen Produkten den Kanal zu prüfen und erst danach in die Breite zu gehen. Vielfalt war also nicht falsch – die Reihenfolge war es. Genau darum geht es im Lean-Startup-Ansatz: Hypothesen erst klein testen, Feedback einsammeln, und dann schrittweise ausweiten. Wer diesen Weg geht, verringert die Komplexität, lernt schneller – und minimiert das Risiko, viel Energie in die falsche Richtung zu investieren.

Das richtige Team: Ein Ausblick

Ein letzter Punkt betrifft das Team – und er ist entscheidender, als viele glauben. Alle Risiken lassen sich leichter tragen, wenn die Ressourcen verteilt sind. Unterschiedliche Erfahrungen, verschiedene Lebensphasen, komplementäre Kompetenzen – sie machen ein Gründungsvorhaben stabiler. Besonders Altersdiversität bringt wertvolle Gegensätze zusammen, wenn beispielsweise erfahrene Problemerkenner auf der einen Seite auf lösungsorientierte junge Köpfe auf der anderen treffen.

An dieser Stelle will ich es bei einem Hinweis belassen: Das Thema Team und die Kunst, Rollen und Ressourcen bewusst zu orchestrieren, bekommt am Ende dieses Teils ein eigenes Kapitel. Dort beleuchten wir, wie Unternehmer-Teams echte Wirksamkeit entfalten – gerade in Modellen wie dem Search Fund, bei denen dieses Zusammenspiel zentral ist.

Bevor wir uns die Möglichkeiten ansehen, wie du mit überschaubarem Risiko in die Umsetzung gehen kannst, lohnt ein Blick auf jemanden, der diesen Sprung bereits gewagt hat – und damit Millionen Menschen den Weg ins eigene Unternehmertum erleichtert hat. Matthias Henze ist einer der prägenden Digitalunternehmer Deutschlands. Gemeinsam mit zwei Mitgründern startete er 2007 mit einer klaren Mission: Jeder sollte die Möglichkeit haben, einfach und ohne Programmierkenntnisse eine eigene Website zu erstellen. Aus dieser Idee entstand Jimdo – ein Unternehmen, das Millionen Menschen weltweit befähigt hat, ihre eigenen Projekte, Geschäfte oder Ideen sichtbar zu machen.

Sein Werdegang zeigt, was Gründen wirklich heißt: Henze hatte nicht von Anfang an einen Masterplan oder große Investoren im Rücken. Stattdessen baute er Schritt für Schritt auf, was möglich war – mit einem tiefen Glauben daran, dass es nicht komplizierte Technik braucht, sondern einfache Lösungen für reale Probleme. Über die Jahre erlebte er Höhen und Tiefen, Internationalisierung, Krisen und Wachstumsphasen – und hat dabei nicht nur ein Unternehmen aufgebaut, sondern auch vielen Menschen den Weg ins eigene Unternehmertum erleichtert.

Stimme der Wirtschaft:
Matthias Henze

Gründer und CEO
Jimdo GmbH

Gründen heißt für mich, ins Ungewisse zu springen – ohne zu wissen, ob man wirklich fliegen kann. Wir haben Jimdo gestartet, weil wir gesehen haben, wie viele Menschen gute Ideen haben, aber an der Technik scheitern. Unsere Motivation war: Mach es ihnen einfach. Heute bin ich stolz, dass Jimdo nicht nur unser Unternehmen geworden ist, sondern ein Werkzeug, mit dem Millionen ihre eigenen Projekte verwirklichen konnten. Das ist für mich echte Wirksamkeit.

Mit Klarheit ins Abenteuer

Wenn du die Strategien zur Risikominimierung zusammennimmst, erkennst du: Risiko gehört zum Gründen dazu – es lässt sich nicht ausradieren. Aber du kannst es steuern. Du musst nicht blind ins Abenteuer springen. Du kannst deine Fallhöhe verringern, deine Schritte testen und dir die Freiheit bewahren, Korrekturen vorzunehmen.

Gerade für Menschen, die mitten im Leben stehen, mit Familie, Karriere und Verpflichtungen, ist das besonders wichtig. Hier zeigt sich, dass Gründen nicht automatisch „alles auf eine Karte setzen“ heißt. Es gibt Wege, wie du Ideen im geschützten Rahmen erproben kannst – mit überschaubarem Risiko, aber echten Lerneffekten.

Eine der wirkungsvollsten Möglichkeiten ist das Sidepreneurship: im Nebenerwerb zu starten. Es erlaubt dir, Hypothesen zu prüfen, erste Kunden zu gewinnen und herauszufinden, ob du in der Rolle des Unternehmers wirklich aufblühst – ohne sofort dein gesamtes Einkommen aufs Spiel zu setzen. Und wenn du merkst, dass deine Idee trägt, kannst du jederzeit den Schritt gehen, „all in“ zu gehen.

Genau deshalb ist Sidepreneurship heute nicht nur eine Notlösung, sondern für viele ein kluger Weg, unternehmerisch ins Abenteuer einzusteigen – mit Klarheit statt mit geschlossenen Augen. In dieser Logik steht auch der folgende Beitrag. Er zeigt, wie man genau diesen Weg gehen kann – Schritt für Schritt, mit reduziertem Risiko und echter Lernkurve.

Gastbeitrag

Peter-Georg Lutsch

Gründer
Sidepreneur® Plattform

Selbstwirksamkeit ohne All-in-Risiko: Nebenberufliches Gründen als Hebel für eine neue Arbeitswelt

---

Vorstellung des Autors: ***Peter-Georg Lutsch*** *ist Initiator der Plattform* ***Entrepreneur.de*** *mit den Formaten* ***Sidepreneur.de***, ***Rocketing Healthcare*** *und* ***Corporate Entrepreneurs***. *Seit über zehn Jahren begleitet er Menschen auf ihrem Weg zu mehr unternehmerischer Wirksamkeit – ob nebenberuflich, im Unternehmen oder im Gesundheitswesen. Er steht für eine neue, zugängliche Form des Unternehmertums und dafür, dass echte Wirkung aus entschlossenem kontinuierlichem Handeln im Alltag entsteht.*

Immer mehr Menschen möchten ihr Berufsleben nicht mehr passiv erleben, sondern aktiv gestalten. Sie wollen Einfluss nehmen, Wirkung entfalten und Verantwortung übernehmen. Doch zwischen diesem Wunsch und der Realität klafft oft eine Lücke. Wer Sicherheit schätzt, eine Familie hat oder mitten im Leben steht, befindet sich häufig in einem Dilemma: Bleibt man im gewohnten System oder wagt man den radikalen Sprung in die Selbstständigkeit mit allen damit verbundenen Risiken?

Diese Schwarz-Weiß-Logik greift jedoch zu kurz. Zwischen dem sicheren Job und der Vollzeitgründung gibt es einen Weg, der erstaunlich oft übersehen wird: das nebenberufliche Gründen. Dies ist keine Notlösung und keine halbe Sache, sondern eine strategisch kluge Form, Selbstwirksamkeit aufzubauen, ohne direkt alles auf eine Karte setzen zu müssen. In einer Zeit, in der sowohl Sicherheit als auch Gestaltungswille wichtig sind, kann Sidepreneurship, also unternehmerisches Handeln im Nebenberuf, zu einem entscheidenden Hebel werden.

Der Raum zwischen Idee und Umsetzung

Viele großartige Ideen scheitern nicht, weil sie schlecht sind, sondern weil sie nie ausprobiert werden. Das eigentliche Scheitern findet nicht am Markt, sondern im Kopf statt. Zweifel, Perfektionismus und die Vorstellung, von Anfang an ein perfektes Konzept haben zu müssen, verhindern den ersten Schritt.

Ein gutes Beispiel dafür ist Georg Horn, Mitgründer von Iconspeak. Er arbeitete damals in einer Unternehmensberatung mit langen Tagen und einem sicheren Einkommen. Die Idee zu Iconspeak entstand während einer Weltreise: Eine T-Shirt-Kollektion mit universellen Icons sollte die Kommunikation in allen Ländern erleichtern. Anstatt sofort alles aufzugeben, startete Georg das Projekt zunächst nebenbei. Er testete verschiedene Motive, ließ die ersten T-Shirts produzieren und stellte sie online. Die Resonanz war beeindruckend.

Genau hier entfaltet das Konzept des Sidepreneurships seine Wirkung. Wer im Kleinen startet, verschiebt den Fokus vom großen Wurf zur konkreten Handlung. Es geht nicht mehr darum, die perfekte Gelegenheit zu ergreifen, sondern darum, sie überhaupt zu ergreifen! Anstatt auf eine ferne Gründung zu schauen, beginnt man, im eigenen Radius aktiv zu werden. Das ist der Moment, in dem aus einer Vision Umsetzung wird.

Der Werkzeugkoffer des Unternehmertums

Eine nebenberufliche Gründung ist nicht weniger ernsthaft als eine klassische Vollzeitgründung. Sie ist lediglich anders. Es ist ein Lernraum, ein Werkzeugkoffer, in dem man unternehmerische Fähigkeiten nicht theoretisch erwirbt, sondern praktisch erfährt.

Als ich neben meinem Beruf damit begann, eigene Ideen umzusetzen, war mir nicht klar, wie umfassend dieser Lernprozess sein würde. Ich dachte, ich würde einfach „etwas ausprobieren“. Tatsächlich habe ich jedoch einen Crashkurs im Unternehmertum erhalten: Ich lernte, Probleme zu identifizieren, Zielgruppen zu verstehen, Angebote zu entwickeln, sichtbar zu werden, Feedback einzuholen und mich mit rechtlichen sowie organisatorischen Fragen auseinanderzusetzen.

Für mich war meine erste unternehmerische Erfahrung noch während der Schulzeit ein besonders prägendes Erlebnis. Zunächst organisierten meine Freunde und ich kleine Oberstufen- und Studentenpartys, doch bald wurden wir immer professioneller. Was als spontane Idee begann, entwickelte sich rasant: Wir mieteten Locations, buchten DJs, verhandelten mit Sponsoren, organisierten Sicherheitspersonal und planten Marketingaktionen.

Bald kamen zu unseren Veranstaltungen mehr als 1.000 Besucher, was ein logistischer und finanzieller Kraftakt war, den wir neben dem Schulalltag bewältigten. Rückblickend war genau das mein erster echter „Unternehmertest“: Ich musste kalkulieren, Risiken einschätzen, Verantwortung übernehmen und Entscheidungen unter Zeitdruck treffen. Vor allem habe ich gelernt, dass unternehmerische Fähigkeiten nicht in der Theorie, sondern in der Praxis erlernt werden. Diese Erfahrung hat meine Vorstellung von Selbstwirksamkeit nachhaltig geprägt.

Dieser Werkzeugkoffer ist Gold wert! Egal, ob man sich später voll und ganz auf die Selbstständigkeit einlässt oder nicht. Denn die erworbenen Fähigkeiten wirken sich auch auf die Anstellung aus: Menschen, die selbst unternehmerisch aktiv waren, führen oft anders, denken strategischer und sind lösungsorientierter.

Risikominimierung als strategische Kompetenz
Selbstwirksamkeit bedeutet nicht, blind ins Risiko zu laufen. Im Gegenteil: Wirklich wirksam handeln kann nur, wer Risiken versteht und steuert. Nebenberufliches Gründen ist kein Sicherheitsnetz für Zauderer, sondern eine kluge Risikostrategie.

Es ermöglicht Experimente mit kalkulierter Fallhöhe. Während der Hauptjob die finanzielle Basis sichert, können Ideen unter realen Bedingungen getestet werden. Zudem lassen sich Rücklagen aufbauen, bevor größere Investitionen nötig werden. So kann man Kundenfeedback einholen, Prototypen erproben und Abläufe optimieren, ohne sofort unter wirtschaftlichem Druck zu stehen.

Matthias Schwarz, Gründer der Healthcare Founders, zeigt das besonders eindrucksvoll. Im hochregulierten Gesundheitswesen ist Gründen oft mit großen Hürden verbunden – finanziell, rechtlich und organisatorisch. Matthias startete sein Ökosystem für Healthcare-Innovationen deshalb neben seiner bestehenden Tätigkeit. Er baute Strukturen auf, validierte Partnernetzwerke und gewann erste Pilotprojekte, bevor er sein Engagement ausweitete. Diese Strategie erlaubte es ihm, Risiken abzufedern, Vertrauen aufzubauen und mit klaren Zwischenschritten zu wachsen.

Seine Geschichte verdeutlicht das, was viele Sidepreneure berichten. Durch die parallele Ausübung verändert sich das Verhältnis zum Risiko. Was anfangs wie ein unüberwindbarer Berg wirkt, wird Schritt für Schritt erklimmbar. Irgendwann lautet die Frage nicht mehr „Soll ich jemals gründen?", sondern „Wann ist der richtige Zeitpunkt, um voll einzusteigen?" Manche bleiben dauerhaft im hybriden Modell, andere nutzen das Sidepreneurship als Brücke. Entscheidend ist, dass diese Entscheidung nicht auf Bauchgefühl, sondern auf Erfahrung und gewachsenen Strukturen basiert.

Formen finden, Freiräume schaffen

Selbstverständlich braucht jede Form des Unternehmertums einen rechtlichen und organisatorischen Rahmen. Dieser ist jedoch weniger abschreckend, als viele vermuten. Wer sich einmal durch die ersten formalen Schritte gearbeitet hat, merkt schnell: Bürokratie ist selten das größte Hindernis, sondern meist die eigene Vorstellung davon, wie kompliziert alles sein könnte.

Die Wahl der passenden Rechtsform ist kein bürokratisches Detail, sondern ein strategischer Schritt. Sie hat nicht nur Auswirkungen auf Haftung und steuerliche Rahmenbedingungen, sondern beeinflusst auch die Außenwirkung, die Finanzierungsmöglichkeiten und den Spielraum für künftiges Wachstum.

Für viele Sidepreneure ist die Gründung eines Einzelunternehmens der schnellste und einfachste Weg: geringe Kosten, unkomplizierte Anmeldung und keine zusätzlichen Gründungsformalitäten. Wer in freien Berufen tätig ist – etwa als Designer, Berater oder Texter – kann häufig sogar als Freiberufler:in ohne Gewerbeanmeldung beginnen. Das spart Zeit und ermöglicht einen sehr schlanken Einstieg.

Wer jedoch von Beginn an klare Haftungsgrenzen setzen und professioneller gegenüber Geschäftspartnern auftreten möchte, kann eine UG (haftungsbeschränkt) oder eine GmbH gründen. Diese Unternehmensformen bieten eine rechtlich saubere Trennung zwischen privatem und unternehmerischem Risiko.

Wenn mehrere Personen gemeinsam starten, bietet sich häufig eine GbR (Gesellschaft bürgerlichen Rechts) an. Sie ist kostengünstig und flexibel, erfordert aber klare interne Absprachen. Ohne einen sauberen Gesellschaftsvertrag kann es im Konfliktfall schnell unübersichtlich werden.

Gerade im Nebenberuf lohnt es sich, die Rechtsform nicht nur nach dem Aufwand, sondern auch nach dem Ziel, dem Risiko und der Außenwirkung zu wählen. Wer beispielsweise digitale Dienstleistungen anbietet, hat andere Anforderungen als jemand, der physische Produkte vertreibt oder mit sensiblen Kundendaten arbeitet. Eine frühzeitige Auseinandersetzung mit diesen Fragen verhindert spätere, kostspielige Umstrukturierungen und schafft Sicherheit.

Wichtiger als die konkrete Rechtsform ist jedoch die Haltung. Sidepreneurship lebt davon, vorhandene Freiräume bewusst zu erkennen und zu nutzen. Wer sich ehrlich die Fragen stellt, wie viel Zeit und Energie verfügbar sind, welche Ressourcen eingesetzt werden können und welche Ziele verfolgt werden, schafft Klarheit. Diese Klarheit ist entscheidend, um nicht in einen Strudel aus „Man müsste mal“ zu geraten, sondern um tatsächlich Handlungsspielräume zu eröffnen.

Demokratisierung des Unternehmertums

Am Konzept des nebenberuflichen Gründens fasziniert mich vor allem sein gesellschaftlicher Hebel. Sidepreneurship ermöglicht es Gruppen, die sonst häufig außen vor bleiben, Unternehmertum zu betreiben.

Da sind Fach- und Führungskräfte, die mitten im Leben stehen, Verantwortung tragen und nicht einfach „alles aufgeben“ können. Es gibt Menschen, die mit vierzig, fünfzig oder sechzig Jahren noch einmal etwas Neues beginnen möchten, ohne dabei ihre gesamte Biografie infrage zu stellen. Und da sind Eltern sowie pflegende Angehörige, die nach kreativen Freiräumen suchen, ohne dabei ihre Fürsorgepflichten zu vernachlässigen.

Nebenberufliches Gründen senkt die Fallhöhe, öffnet neue Türen und ermöglicht es Menschen, Ideen zu verwirklichen, die sonst vielleicht nie das Licht der Welt erblickt hätten. In einer Zeit, in der wir dringend vielfältigere Perspektiven und Innovationen benötigen, ist das keine Randnotiz, sondern ein gesellschaftlicher Hebel.

Ein besonders schönes Beispiel ist Natalya Nepomnyashcha, die das Netzwerk Chancen gegründet hat. Sie selbst erlebte, wie schwer der soziale Aufstieg in Deutschland sein kann. Neben ihrem Job begann sie, ein Netzwerk für Menschen aus nicht-akademischen Familien aufzubauen. Was als ehrenamtliche Initiative startete, entwickelte sich zu einer Organisation mit gesellschaftlicher Strahlkraft. Ihre Geschichte zeigt die demokratisierende Kraft des Sidepreneurships: Menschen schaffen Strukturen, die es so zuvor nicht gab, und öffnen anderen den Zugang zu Chancen, die ihnen selbst lange verwehrt blieben.

Solche Geschichten sind keine Einzelfälle. Überall entstehen nebenberuflich neue Angebote, Plattformen, Produkte und soziale Innovationen. Sie stammen nicht aus Startup-Hotspots, sondern aus Wohnzimmern, Co-Working-Spaces und Küchen. Diese Vielfalt ist ein unterschätzter Innovationsmotor.

Meine eigene unternehmerische Reise

Theorie ist gut. Doch Selbstwirksamkeit spürt man erst, wenn man handelt. Als ich Sidepreneur.de und den dazugehörigen Sidepreneur Podcast ins Leben rief, war das zunächst ein persönliches Experiment. Neben meinem Beruf begann ich, Inhalte zu veröffentlichen, Gespräche mit Gründern zu führen und eine Community aufzubauen. Ich hatte keine Garantie, dass es funktionieren würde, aber ich hatte die Möglichkeit, es auszuprobieren!

Was als kleines Nebenprojekt begann, hat sich im Laufe der Jahre zu einer Plattform mit echter Reichweite entwickelt. Mittlerweile wurde der Podcast über eine halbe Million Mal gehört, die Community ist lebendig und unzählige Menschen haben über die Sidepreneur Plattform Impulse für ihre eigenen Projekte erhalten.

Nebenberufliches Gründen kann eine Bühne für Selbstwirksamkeit sein. Für mich war es ein Lernraum, ein Experimentierfeld und eine Möglichkeit, Wirkung zu entfalten. Und das alles, während ich beruflich angestellt war.

Ein neuer Blick auf Unternehmertum
Nebenberufliches Gründen ist also kein Nebenschauplatz, sondern ein Zukunftsmodell. Es verbindet Sicherheit mit Gestaltung, Stabilität mit Experimentierfreude sowie Struktur mit Kreativität. Der Fokus verschiebt sich dabei von der Frage „Wage ich alles oder bleibe ich, wo ich bin?" hin zu der Frage „Welchen Schritt kann ich heute gehen, um Wirkung zu entfalten?".

In einer Arbeitswelt, die zunehmend von Komplexität, Unsicherheit und Dynamik geprägt ist, sind genau diese Formen des Handelns gefragt. Sidepreneurship ermöglicht es vielen statt wenigen, Selbstwirksamkeit zu erleben.

Für Unternehmen und Organisationen liegt darin übrigens ebenfalls eine Chance. Mitarbeiter, die nebenberuflich unternehmerisch aktiv sind, entwickeln häufig eine andere Denkweise: Sie handeln proaktiver, erkennen Chancen schneller und haben ein geschärftes Gespür für Kundenbedürfnisse. Anstatt Sidepreneurship als Bedrohung zu sehen, sollten Unternehmen es als Ressource betrachten.

Wer den Wunsch verspürt, etwas zu verändern, muss nicht sofort springen. Aber er muss anfangen zu gehen. Nebenberuflich, pragmatisch und mutig.

Denn Selbstwirksamkeit entsteht nicht durch große Ankündigungen, sondern durch konsequentes Handeln. Schritt für Schritt. Projekt für Projekt. Idee für Idee.

Wann Gründen zu dir passt – und wie du ins Tun kommst

An dieser Stelle schlagen wir den Bogen zurück zu deinem Wirkungskreis. Wenn du für dich herausgearbeitet hast, dass du dich in der Rolle des Umsetzers am wohlsten fühlst, dann ist Gründen das Spielfeld, auf dem du deine Wirksamkeit am unmittelbarsten entfalten kannst. Gründen bedeutet, die Zügel in die Hand zu nehmen, Verantwortung direkt zu tragen und eigene Entscheidungen zu treffen – ohne doppelten Boden.

Ob Gründen tatsächlich zu dir passt, hängt aber, wie wir gesehen haben, nicht allein von deiner Rolle ab, sondern von deinem Ressourcenpaket. Die fünf Bausteine – Zeit, Kapital, Erfahrung, Wissen und Netzwerk – bestimmen, wie hoch deine Fallhöhe ist und welche Form des Gründens für dich realistisch sein kann. Kaum jemand bringt alles mit, und das ist auch gar nicht nötig. Entscheidend ist, dass du ehrlich auf deine Stärken und Lücken schaust: Was bringst du selbst mit? Was musst du dir ins Team holen? Und welche Unterstützung brauchst du von außen?

Typisch für das Gründen ist, dass du Gestaltungsfreiheit über Sicherheit stellst. Dass du bereit bist, ins Unbekannte zu gehen – wohl wissend, dass du zwar nicht alles kontrollieren, aber viele Risiken mit guter Methodik klein halten kannst. Wenn du Lust hast, Dinge aus eigener Kraft zu schaffen, Verantwortung nicht scheust und dir zutraust, fehlende Ressourcen zu organisieren, dann ist Gründen ein Spielfeld, das dir viel Raum geben kann.

Und trotzdem: Gründen ist nicht der einzige Weg. Vielleicht reizt dich weniger das völlige Neuland, sondern eher die Idee, ein bestehendes Unternehmen zu übernehmen, es weiterzuentwickeln und mit deinem eigenen Gestaltungswillen weiterzuführen. Dieses Feld wird im internationalen Sprachgebrauch oft „Entrepreneurship through Acquisition" genannt – hierzulande sprechen wir von Nachfolge oder Unternehmensübernahme. Welche Chancen darin liegen und warum diese Form unternehmerischer Wirksamkeit oft unterschätzt wird, schauen wir uns im nächsten Kapitel an.

9

Nachfolge (Entrepreneurship through Acquisition): Ein Unternehmen übernehmen und entwickeln

Warum dieses Feld so spannend ist

In Deutschland stehen derzeit rund 190.000 Unternehmen vor der Herausforderung, eine Nachfolge zu finden – so zeigt es das KfW-Nachfolge-Monitoring 2023. In den IHK-Nachfolgebörsen wird die Schieflage noch deutlicher: Auf etwa 9.600 gelistete Übergabebetriebe kamen zuletzt nur rund 4.000 potenzielle Nachfolger. Mit anderen Worten: Es gibt deutlich mehr Unternehmen, die übergeben werden wollen, als Menschen, die bereit sind, Verantwortung zu übernehmen. Jedes Jahr verschwinden mehr Betriebe still und leise durch ungeklärte Nachfolge als durch klassische Insolvenzen.

Wenn wir über Nachfolge sprechen, denken viele an die klassische Staffelstab-Metapher: Der Alte übergibt, der Neue läuft los. In der Realität ist es selten ein klarer Schnitt – viel häufiger eine Phase des Ineinandergreifens, in der sich zwei Wirkungskreise überlappen. Nachfolge bedeutet, Eigentum, Verantwortung und Kultur so weiterzugeben, dass daraus Zukunft entsteht.

Genau darin liegt die unternehmerische Wirksamkeit dieses Feldes. Nachfolge ist kein nostalgischer Generationswechsel im Familienkreis.

Es geht hier um *Entrepreneurship through Acquisition* – also um Persönlichkeiten, die ein bestehendes Unternehmen übernehmen, um es weiterzuführen und neu auszurichten. Diese Form der Nachfolge öffnet das Spielfeld für Menschen, die nicht erben, aber sehr wohl unternehmerisch wirken wollen – mit Kapital, Erfahrung und Gestaltungswillen.

Der Unterschied zum Gründen ist klar: Gründer beginnen auf der grünen Wiese, Nachfolger mitten im laufenden Betrieb. Sie übernehmen Strukturen, Mitarbeiter, Kundenbeziehungen, Lieferantenketten – und damit auch Verantwortung ab Tag eins. Das ist kein leichterer, sondern ein anderer Weg. Wer ihn geht, muss zuhören, verstehen und gestalten zugleich. Genau diese Kombination aus Demut und Tatkraft macht Nachfolge zu einer besonders wirksamen Form des Unternehmertums.

Für viele ist dieser Weg attraktiver als die klassische Gründung: weniger Risiko, mehr Substanz – und eine unmittelbare Relevanz. In den kommenden Jahren wird sich entscheiden, ob Tausende mittelständische Betriebe weitergeführt oder still abgewickelt werden. Nachfolge ist dabei keine „zweite Wahl" für jene, die nicht gründen wollen, sondern ein eigenständiges Spielfeld unternehmerischer Verantwortung. Sie sichert Wertschöpfung und eröffnet Raum für neue Ideen.

Wann dieses Feld zu dir passt

Dieses Spielfeld ist für Menschen geeignet, die sich als Umsetzer begreifen – aber mit anderen Hebeln als beim Gründen. Du trittst nicht auf eine leere Bühne, sondern mitten in ein laufendes Stück. Maschinen rattern, Aufträge werden abgewickelt, Kunden erwarten Zuverlässigkeit, Mitarbeiter erwarten ihre Gehälter.

Es ist kein Neubeginn im Nichts, sondern der Schritt in ein lebendiges System, das du fortführst und erneuerst. Genau deshalb wirkt deine Entscheidung sofort: Während Gründer oft Jahre brauchen, bis ihre Ideen am Markt Fuß fassen, übernimmst du mit dem ersten Tag Verantwortung für Umsatz, Belegschaft und Marktposition.

Ob dieses Feld zu dir passt, hängt von deinem Ressourcenpaket ab – und davon, ob du den Unterschied zwischen Neubeginn und Weiterentwicklung verstehst. Zeit ist hier einer der entscheidenden Faktoren. Nachfolge ist kein Nebenprojekt, das man nach Feierabend betreiben könnte. Es ist ein Vollzeiteinsatz, ein Commitment, das deine volle Aufmerksamkeit verlangt. Wer glaubt, das „nebenbei" erledigen zu können, unterschätzt die Verantwortung, die mit einem bestehenden Betrieb verbunden ist.

Auch Kapital spielt eine größere Rolle als beim Gründen. Denn Nachfolge bedeutet meist, ein Unternehmen zu kaufen – und das hat seinen Preis. Der Vorteil: Banken und Investoren sehen Nachfolgen oft lieber als Wagnisgründungen, weil ein funktionierender Kundenstamm und laufende Umsätze greifbare Sicherheiten darstellen. Du musst also nicht alles selbst mitbringen, wohl aber die Fähigkeit, glaubwürdig zu zeigen, dass du dieses Unternehmen in die Zukunft führen kannst.

Die Planbarkeit ist höher als beim Gründen, weil du auf ein bestehendes Geschäftsmodell triffst. Du siehst Umsätze, Kosten, Kundenlisten – all das reduziert das Marktrisiko. Aber Planbarkeit darf nicht mit Bequemlichkeit verwechselt werden. Die wahre Kunst liegt darin, Schwachstellen zu erkennen, Modernisierung anzustoßen und das Ganze so zu steuern, dass Stabilität und Veränderung Hand in Hand gehen.

Ein großer Reiz dieses Feldes ist die Möglichkeit, relativ früh ein Einkommen aus dem Unternehmen zu ziehen. Während Gründer oft jahrelang auf Entnahmen verzichten, startest du hier in einem fahrenden Zug. Doch auch das will klug gemanagt sein: Nachfolge bietet stabilere Einkünfte, aber keine Garantie. Es geht darum, eine gesunde Struktur zu schaffen, die persönliche Sicherheit und unternehmerische Zukunft gleichermaßen trägt.

Natürlich hat dieses Spielfeld auch seine Grenzen. Du kannst nicht alles über Nacht auf den Kopf stellen, weil Strukturen, Kultur und Geschichte bestehen. Aber gerade das eröffnet Chancen: Du baust auf Substanz und lenkst deine Energie auf das, was wirklich verändert werden muss. Innovationshöhe bedeutet hier weniger radikale Erfindung, sondern gezielte Erneuerung – die Einführung digitaler Prozesse, ein Kulturwandel in der Führung, die Erweiterung des Portfolios.

Wie viel Gestaltungsspielraum du hast, hängt auch davon ab, wie der Übergang mit dem Altinhaber gestaltet ist. Manche ziehen sich sofort zurück, andere bleiben Monate oder Jahre an deiner Seite. Das kann ein Geschenk sein – wenn du bereit bist, zuzuhören und zu lernen. Es kann aber auch zur Geduldsprobe werden, wenn Grenzen nicht klar gezogen sind. Diese Übergangszeit zu managen gehört zu den anspruchsvollsten Aufgaben der Nachfolge.

Was du mitbringen solltest? Nicht nötigerweise jahrzehntelange Branchenerfahrung, aber die Bereitschaft, dich tief einzuarbeiten. Führungskompetenz, um ein bestehendes Team zu übernehmen und weiterzuentwickeln. Zugang zu Kapital oder die Fähigkeit, Geldgeber zu überzeugen. Vor allem aber Demut und Entschlossenheit zugleich: Demut gegenüber dem, was schon gewachsen ist – und Entschlossenheit, es in die nächste Phase zu führen.

Möglichkeiten in diesem Feld

Wenn wir von Nachfolge sprechen, ist das eigentlich ein Sammelbegriff. Er umfasst alles – von der familieninternen Übergabe an die nächste Generation über Management-Buy-Outs durch die bestehende Geschäftsführung bis hin zum Einstieg externer Käufer. Doch genau deshalb ist der Begriff unscharf und führt oft zu falschen Bildern. In diesem Buch geht es nicht um die Familienübergabe, sondern um die Fälle, in denen jemand bewusst von außen ein Unternehmen übernimmt: *Entrepreneurship through Acquisition*.

Der Kernfall in diesem Spielfeld ist das Management-Buy-In (MBI). Dabei steigt eine externe Persönlichkeit – häufig mit Führungserfahrung, Branchenwissen und eigenem Kapital – in ein bestehendes Unternehmen ein, übernimmt es und trägt fortan die Verantwortung. Im Unterschied zum Management-Buy-Out, bei dem die bisherige Geschäftsführung kauft, kommt beim MBI also frisches Blut von außen hinzu. Für unser Thema ist genau das spannend: Jemand bringt neue Energie, andere Ressourcen und eine eigene Handschrift ein – und verbindet diese mit einem gewachsenen Fundament.

Die Szenarien, wie ein MBI aussehen kann, sind erstaunlich vielfältig. Manchmal bedeutet es, ein Unternehmen nahezu unverändert fortzuführen – mit demselben Team, denselben Kunden, denselben Produkten. Ein anderes Mal heißt es, Schritt für Schritt zu modernisieren: Prozesse zu digitalisieren, Strukturen zu professionalisieren, das Geschäftsmodell zu schärfen. Und in wieder anderen Fällen wird die Übernahme selbst zum Sprungbrett für größere Veränderungen: eine Expansion in neue Märkte oder der Aufbau einer Plattform, an die weitere Firmen angedockt werden können. Manche dieser komplexeren Modelle – wie *Buy-&-Build* oder *Search Funds* – reißen wir hier nur an. Sie werden später in einem eigenen Kapitel ausführlicher erklärt. Um die Vielfalt greifbar zu machen, hilft die *MBI-Szenarien-Matrix*. Sie verbindet zwei Dimensionen:

- die strategische Stoßrichtung (von Kontinuität über Weiterentwicklung bis hin zu Transformation)
- die Rolle des Altinhabers (vom sofortigen Rückzug bis zur klar geregelten, längerfristigen Begleitung).

Abb. 9.1: Die MBI-Szenarien-Matrix

Die Grafik ordnet verschiedene Übergabeszenarien entlang zweier Dimensionen: auf der Y-Achse die Form der Übergabe – vom sofortigen Rückzug des Altinhabers bis zur langfristigen Begleitung – und auf der X-Achse die Stoßrichtung – von Kontinuität über Weiterentwicklung bis hin zur Transformation.

Die Matrix zeigt, dass Nachfolge kein Einheitsmodell ist, sondern ein dynamisches Spielfeld mit vielen Varianten. Wer sich am linken Rand der Matrix bewegt, übernimmt eher kontinuierlich – etwa einen etablierten Handwerksbetrieb mit eingespielten Abläufen, loyalem Kundenstamm und solider Ertragslage. Hier geht es weniger um Neuerfindung als um umsichtiges Führen und Weiterentwickeln.

Je weiter du dich nach rechts bewegst, desto stärker verschiebt sich der Schwerpunkt: von moderater Modernisierung über gezielte Prozessoptimierung bis hin zu umfassender Transformation. In diesen Feldern wird Nachfolge zur aktiven Neugestaltung – mit höherem Kapitalbedarf, größerer organisatorischer Tiefe und entsprechender Innovationshöhe. Manche ziehen sich nach der Übergabe sofort zurück, andere begleiten den Prozess über Monate oder Jahre hinweg. Gelingt es, diese Übergangsphase klar zu regeln und sauber zu führen, entsteht aus der Überlappung zweier Wirkungskreise ein starkes Fundament für den Neustart unter neuer Führung.

Die Matrix verdeutlicht: *Nachfolge ist kein Standardvorgang, sondern ein variables Spielfeld unternehmerischer Wirksamkeit*. Von der stabilen Fortführung bis zur mutigen Neuausrichtung – jedes Szenario verlangt eine andere Kombination aus Zeit, Kapital, Erfahrung und Führungsstärke.

Worauf es bei Übernahmen ankommt

Wie bei der Gründung gilt: Auch im Feld der Nachfolge entscheidet sich der Erfolg nicht an großen Gesten, sondern an den Details. Branchen, Geschäftsmodelle, Finanzierung und Psychologie spielen ineinander. Wer ein Unternehmen übernimmt, betritt kein leeres Feld, sondern ein lebendiges System. Entsprechend unterschiedlich sind die Anforderungen.

Handwerksbetriebe: Bewährte Basis mit treuem Kundenstamm
Besonders in Handwerksbetrieben liegen oft unterschätzte Werte: solide Auslastung, wiederkehrende Kunden, attraktive Margen bei effizientem Geschäft. Viele dieser Betriebe stehen zur Übergabe – etwa Heizungs- und Sanitärbetriebe, Elektriker oder Schreiner – und sind wirtschaftlich stabil und profitabel, mit langjährigen Kundenbeziehungen und tiefer regionaler Verwurzelung. Für einen Übernehmer heißt das: Es bietet sich die Chance, mit relativ kalkulierbarem Risiko in ein laufendes Geschäft einzusteigen. Häufig sind Meister oder Fachkräfte bereits im Betrieb angestellt – der neue Inhaber muss nicht unbedingt selbst den Meistertitel haben, sondern vor allem Führungs-, Finanz- und Organisationskompetenz mitbringen. In solchen Fällen verbindet sich unternehmerische Verantwortung mit operativer Stabilität und überschaubarem Risiko – ein besonders attraktives Szenario für Menschen mit technischem Grundverständnis und Führungserfahrung. Ein Szenario, das viele gar nicht auf dem Schirm haben – und das doch häufig sehr profitabel ist.

Industrie- und Produktionsunternehmen:
Substanz erhalten, Prozesse erneuern
Auch in der Industrie und in produzierenden Unternehmen eröffnen sich spannende Chancen für eine Übernahme. Viele Betriebe dieser Kategorie, sind etablierte mittelständische Unternehmen, die oft seit Jahrzehnten erfolgreich am Markt bestehen. Ihr Kerngeschäft ist nicht selten hochprofitabel – mit klaren Aufträgen, eingespielten Lieferketten und Kunden, die dem Unternehmen langfristig verbunden sind. Wer hier einsteigt, übernimmt also nicht nur Maschinenparks und Produktionshallen, sondern vor allem ein tragfähiges Geschäftsmodell.

Die eigentliche Herausforderung liegt meist weniger im Kerngeschäft selbst, sondern in den Prozessen und Strukturen drumherum: veraltete IT-Systeme, überholte Abläufe, fehlende digitale Vertriebsstrukturen oder ein Innovationsstau im organisatorischen Bereich. Für Nachfolger bedeutet das: Das Unternehmen kann operativ profitabel sein – und gleichzeitig großen Bedarf nach Modernisierung haben. Genau hier liegt der Hebel: Substanz bewahren und zugleich Schritt für Schritt Erneuerung anstoßen.

In der Praxis laufen viele dieser Transaktionen als Asset Deals ab – dabei wird nicht zwingend die ganze Gesellschaft übernommen, sondern gezielt die produktiven Assets: Maschinen, Aufträge, Markenrechte und vor allem der Kern der Belegschaft. Das reduziert Risiken und macht die Finanzierung oft einfacher.

Nachfolger in diesem Feld sollten vor allem drei Dinge mitbringen: die Fähigkeit, komplexe Strukturen zu führen, die Bereitschaft, in Prozesse und Organisation zu investieren, und die Geduld, kulturelle Veränderungen über mehrere Jahre zu begleiten. Wer diese Stärken mitbringt, findet hier ein Feld, das enormes Potenzial bietet – nicht nur für Wertschöpfung, sondern auch für echte Wirksamkeit, weil ganze Belegschaften und Lieferketten von einer erfolgreichen Übergabe abhängen.

Dienstleistungsunternehmen: Vertrauen, Nähe und Fachkompetenz
Im Dienstleistungssektor laufen Nachfolgen oft nach einem anderen Muster. Hier sind es besonders häufig Management-Buy-Outs – also Übernahmen durch die bestehende Geschäftsführung oder langjährige Mitarbeiter –, weil die fachliche Kompetenz bereits im Haus sitzt. Wenn sich dort allerdings kein geeigneter Nachfolger findet, ist Management-Buy-In eine interessante Option.

Und genau dann spielt die Fachlichkeit eine größere Rolle als in anderen Branchen. Wer als externer Übernehmer in ein Ingenieurbüro, eine IT-Dienstleistungsfirma, einen Pflegedienst oder eine Agentur einsteigt, braucht zumindest ein Grundverständnis für das, was dort tagtäglich geleistet wird. Ohne dieses Verständnis ist es schwer, die Belegschaft zu führen oder die Kundenbeziehungen zu halten – denn Vertrauen ist in diesen Betrieben die wichtigste Währung. Wer sich dieses nicht verdient, verliert schnell die besten Leute – und mit ihnen das eigentliche Kapital des Unternehmens.

Für externe Nachfolger sind diese Unternehmen also Chance und Herausforderung zugleich. Chance, weil sie oft eine stabile Auftragslage und langjährige Kunden mitbringen. Herausforderung, weil das Fundament nicht aus Beton gegossen ist, sondern aus Menschen. Für Persönlichkeiten mit ausgeprägter Kommunikations- und Führungskompetenz, die bereit sind, sich tief in die jeweilige Branche einzuarbeiten, können Dienstleistungsbetriebe ein äußerst lohnendes Szenario sein – und zwar oft mit deutlich geringeren Investitionshürden als im produzierenden Bereich.

Finanzierungswege und Partner

So unterschiedlich die Branchen und Geschäftsmodelle sind, so vielfältig sind auch die Wege, eine Übernahme zu finanzieren. Denn fast immer geht es um Summen, die ein Einzelner nicht allein stemmen kann. Wer ein Handwerksunternehmen mit treuem Kundenstamm übernimmt, braucht in der Regel einen überschaubaren Kaufpreis, den Banken mit KfW-Programmen oder Bürgschaften häufig begleiten. Hier zählt vor allem, dass der Nachfolger ein plausibles Konzept und ein klares Bild davon hat, wie er das Geschäft fortführt.

Bei größeren Unternehmen steigen die Beträge schnell in Millionenhöhe. Dann reicht die klassische Bankfinanzierung selten aus – oder nur, wenn der Käufer einen relevanten Eigenkapitalanteil einbringt. „Skin in the Game" lautet hier die Devise: Banken und Verkäufer wollen sehen, dass der Nachfolger selbst etwas aufs Spiel setzt. Je höher der Eigenanteil, desto größer das Vertrauen.

Doch nicht jeder, der unternehmerisch wirksam werden will, hat mehrere Millionen auf dem Konto. Genau hier kommen Partner ins Spiel: Business Angels, Family Offices oder spezialisierte Beteiligungsgesellschaften. Sie bringen Kapital, Erfahrung und Netzwerke ein – und ermöglichen damit auch Menschen ohne großes Startvermögen den Einstieg. Je nach Modell können sie rein als Finanzierer auftreten oder aktiv begleiten, etwa über einen Beirat oder eine gemeinsame Strategieentwicklung.

Interessant ist, dass sich gerade bei Nachfolgen immer öfter hybride Modelle bilden: Banken, Käufer und Investoren teilen sich das Risiko, manchmal ergänzt durch Mezzanine-Kapital – eine Mischform aus Eigen- und Fremdkapital. In größeren Transaktionen treten auch Private-Equity-Fonds auf, deren Logik allerdings häufig stärker auf Rendite und Exit zielt als auf langfristige Fortführung.

Ein spannendes Modell an dieser Schnittstelle von Kapital und Umsetzung sind Search Funds. Junge, unternehmerisch geprägte Persönlichkeiten suchen gezielt ein Unternehmen, das sie übernehmen können. Sie bringen Zeit, Energie und operative Führung ein, während Investoren den Kaufpreis und ihr Know-how beitragen. Eine Partnerschaft auf Augenhöhe, die zeigt: Nachfolge muss nicht am Kontostand scheitern. Auf dieses Modell gehe ich später im Buch noch ausführlicher ein.

Damit wird deutlich: Finanzierung ist nicht nur eine Hürde, sondern auch eine Chance, unterschiedliche Ressourcen sinnvoll zu bündeln. Doch selbst wenn Kapital vorhanden ist, bleibt eine entscheidende Frage: Wie finden Käufer und Verkäufer überhaupt zueinander? Nicht die Zahl der Nachfolgeunternehmen ist das größte Problem, sondern der zersplitterte Markt, in dem sich beide Seiten häufig nicht begegnen. Viele Betriebe verschwinden unbemerkt, obwohl es durchaus passende Kandidaten gäbe. Genau hier setzen neue Plattformen und intelligente Matching-Mechanismen an.

Einer, der diesen Markt seit Jahren beobachtet und aktiv mitgestaltet, ist Kai Hesselmann, Gründer von DEALCIRCLE. Mit seinem Unternehmen begleitet er den Markt für Unternehmensnachfolgen und M&A-Transaktionen im Mittelstand. Sein Team arbeitet datengetrieben daran, passende Käufer und Verkäufer zusammenzubringen – von strategischen Erwerbern über Private-Equity-Häuser bis hin zu Einzelpersonen, die selbst unternehmerische Verantwortung übernehmen wollen.

Stimme der Wirtschaft:
Kai Hesselmann

Gründer und Geschäftsführer
DEALCIRCLE GmbH

Der Markt für Unternehmensnachfolgen ist hoch fragmentiert. Es gibt Tausende Betriebe, die verkauft werden sollen – und gleichzeitig viele Kaufinteressenten. Doch beide Seiten finden oft nicht zueinander. Genau hier setzen wir mit DEALCIRCLE an: Wir verstehen uns als Matchmaker für Unternehmensnachfolgen, datenbankgestützt und mit Reichweite. Der größte Teil der Käufer sind strategische Unternehmen, die entlang der Wertschöpfungskette Zukäufe machen. Daneben sehen wir eine wachsende Zahl von Privatpersonen – vom erfahrenen Manager, der als MBI eine neue Verantwortung übernimmt, bis hin zu jüngeren Searchern, die über einen Search Fund operativ tätig werden wollen. Ergänzt wird das

> *Feld durch Finanzinvestoren und Private Equity. Unser Anspruch ist es, diese Vielfalt sichtbar zu machen und die passenden Parteien effizient zusammenzubringen. Mit der Übernahme der Deutschen Unternehmerbörse (DUB) konnten wir unsere Reichweite noch einmal deutlich steigern und damit gerade für Verkäufer die Wahrscheinlichkeit erhöhen, den richtigen Käufer zu finden. Denn am Ende entscheidet nicht der Mangel an Möglichkeiten, sondern die Qualität des Matchings. Was wir brauchen, sind mehr qualifizierte Nachfolger mit einem klaren Ressourcenpaket – Kapital, Zeit und Führungskompetenz. Dafür wollen wir Transparenz schaffen und dafür sorgen, dass gute Unternehmen nicht leise verschwinden, sondern in neue Hände kommen, die Zukunft gestalten.*

Damit wird deutlich: Der Nachfolgemarkt leidet nicht an einem Mangel an Möglichkeiten, sondern an einem Mangel an Orientierung und Sichtbarkeit. Wer sich zum ersten Mal damit beschäftigt, merkt schnell, wie komplex die Suche nach dem richtigen Unternehmen und den passenden Partnern ist. Doch genau hier liegt auch die Chance: Wer die richtigen Strukturen und Begleiter findet, kann Verantwortung übernehmen, ohne alles allein zu stemmen.

Ab hier wird es konkreter. Wie finanziert man so einen Kauf überhaupt? Welche Risiken bestehen? Und wie schützt man sich davor, sich zu übernehmen? Genau diese Fragen habe ich Prof. Adrian von Düring gebeten einzuordnen – aus der Perspektive eines MBI-Kandidaten, also eines externen Nachfolgers.

Strategien zur Risikominimierung

Anders als Gründer steigen Nachfolger in bestehende Systeme ein. Das mindert Marktrisiko, verschiebt jedoch die kritischen Punkte: Struktur des Deals, Übergabeprozess und menschliche Dynamik.

Zentral ist, die Risiken nicht zu unterschätzen, sondern sie bewusst zu managen. Eine saubere *Unternehmensbewertung*, eine passende *Deal-Struktur* und eine gründliche *Due Diligence* sind entscheidend – Themen, die Prof. Adrian von Düring in seinem Beitrag konkret und praxisnah vertieft.

Gastbeitrag

Prof. Dr. Adrian von Düring

Geschäftsführer
von Düring M&A GmbH
***School of Management*, TH Deggendorf**

Unternehmenskauf für MBI-Kandidaten

---

*Vorstellung des Autors: **Prof. Dr. Adrian von Düring** ist Geschäftsführer der **Düring M&A GmbH** und Experte für Unternehmenstransaktionen und -bewertungen. Mit umfangreicher Erfahrung in Finanzen, Consulting und M&A unterstützt er mittelständische Unternehmen in allen Phasen des Transaktionsprozesses. Seit 2019 lehrt er als Professor für Internationales Management und Finanzen an der **Technischen Hochschule Deggendorf**.*

Ein Management-Buy-In (MBI) bezeichnet den Erwerb eines Unternehmens durch eine externe Führungskraft, die anschließend die Geschäftsführung übernimmt. Wesentliche Themen sind die Finanzierung des Kaufpreises sowie die sorgfältige Prüfung des Unternehmens (Due Diligence). Im Folgenden werden daher einige wichtige Aspekte zur Finanzierung und den mit einem Unternehmenskauf verbundenen Risiken dargestellt.

1. Finanzierung des Unternehmenskaufs
Der Erwerb eines größeren mittelständischen Unternehmens liegt in der Regel im sieben- bis achtstelligen Bereich und erfordert daher eine Finanzierung, die sich auf mehrere Säulen stützt (siehe Abbildung).

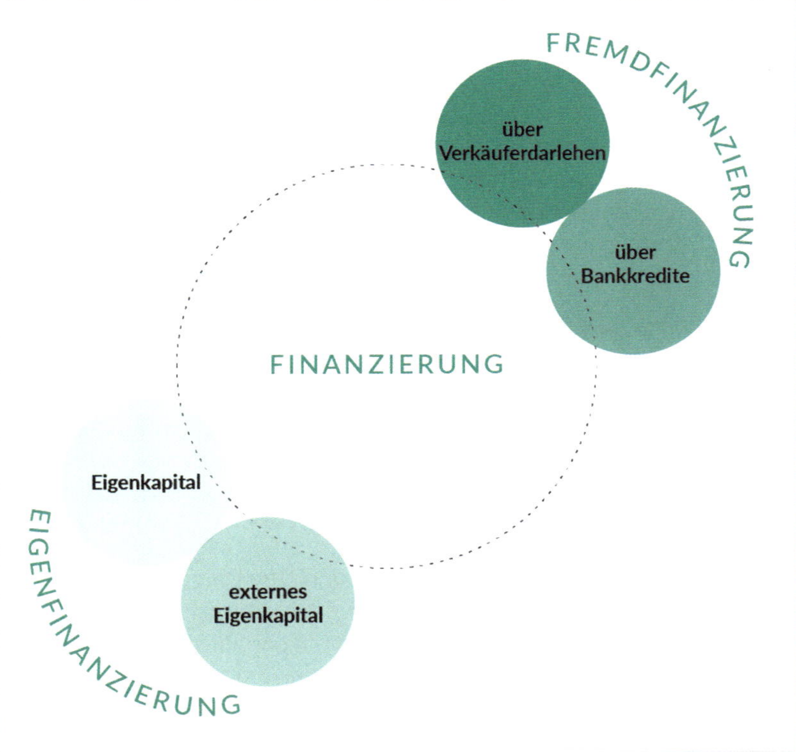

Abb. 9.2: Finanzierung eines MBI (*Quelle: von Düring M&A GmbH*)

Die Grafik zeigt die typischen Bausteine der Finanzierung eines Management-Buy-In – von Eigenkapital und externem Eigenkapital bis hin zu Verkäuferdarlehen und Bankkrediten.

Die Basis der Finanzierung bildet das Eigenkapital. In der Regel sollten mindestens 10 bis 20 Prozent des Kaufpreises als eigene Mittel verfügbar sein. Ergänzend kann zusätzlich externes Eigenkapital oder Mezzanine-Kapital eingesetzt werden. Je nach Region stehen dafür verschiedene Anbieter zur Verfügung, etwa die BayBG oder die in mehreren Bundesländern tätigen Mittelständischen Beteiligungsgesellschaften.

Das zentrale Finanzierungsinstrument ist in der Regel ein Bankkredit, der nach dem Kauf aus den zukünftigen Erträgen des Unternehmens zurückgeführt wird. Voraussetzung für die Kreditvergabe sind eine belastbare Unternehmensplanung, ausreichendes Eigenkapital und meist die Bereitschaft des MBI-Kandidaten, eine persönliche Bürgschaft zu übernehmen. Letzteres stellt in der Praxis häufig eine Hürde dar – insbesondere, wenn bereits Immobilienbesitz vorhanden ist, der im Falle einer Insolvenz zur teilweisen Tilgung des Kredits herangezogen werden könnte.

Zuletzt sind in vielen Transaktionen auch Verkäuferdarlehen und Earn-Outs wichtige Bestandteile der Finanzierung. Hier gewährt der Verkäufer des Unternehmens einen Teil des Kaufpreises als nachrangiges Darlehen oder ein Teil des Kaufpreises hängt an den zukünftigen Erträgen des Unternehmens (Earn-Out). Diese Instrumente reduzieren den extern benötigten Kapitalbedarf und signalisieren Kapitalgebern zudem das Vertrauen des Verkäufers in die Zukunft des eigenen Unternehmens.

2. Mit einem Kauf verbundene Risiken und Due Diligence

Die Übernahme eines bestehenden Unternehmens ist stets mit Risiken verbunden. Vergangene Erfolge lassen sich nicht automatisch in die Zukunft fortschreiben – insbesondere dann, wenn eine starke Abhängigkeit von den bisherigen Eigentümern besteht. In mittelständischen Unternehmen nehmen Unternehmer oft eine zentrale Rolle ein. Fehlen eine zweite Führungsebene, Stellvertreter oder gut dokumentierte Prozesse, ist ein strukturierter Wissenstransfer vor und nach der Übergabe von entscheidender Bedeutung.

Wichtig für die Zukunft des Unternehmens ist die Bindung bestehender Kunden sowie die Fähigkeit, neue Kunden zu gewinnen. Entscheidend ist, dass die Neukundengewinnung nicht von den bisherigen Eigentümern oder einzelnen Schlüsselmitarbeitern abhängt, sondern fest im Unternehmen verankert ist. Brechen nach der Übertragung größere Umsätze weg, entsteht ein erhebliches Risiko. Bei Großkunden stellt sich zudem die Frage nach der Stabilität der Geschäftsbeziehung: Konzerne schreiben Lieferanten regelmäßig neu aus und legen nicht immer Wert auf langfristige Partnerschaften. Dadurch können vermeintlich attraktive Schlüsselkunden schnell verloren gehen.

Besonders kritisch sind steuerliche Nachforderungen und Ansprüche der Sozialversicherungsträger, die oft erst Jahre später im Rahmen von Prüfungen auftreten und erhebliche Summen betreffen können. Hohe Risiken aus Verträgen entstehen beispielsweise, wenn Kunden oder Lieferanten Sonderkündigungsrechte bei einem Inhaberwechsel haben oder – im Falle eines Asset Deals – ihre Zustimmung zur Vertragsübernahme erforderlich ist. In solchen Fällen drohen Nachverhandlungen, die die wirtschaftliche Situation des Unternehmens nach der Übertragung deutlich verschlechtern können.

Fazit

Vor dem Erwerb eines Unternehmens ist eine professionelle Due Diligence unverzichtbar, um die langfristige Werthaltigkeit sicherzustellen. Da ein Unternehmenskauf auch ein hohes persönliches Risiko birgt, sollte unbedingt vermieden werden, durch verborgene Risiken die eigene finanzielle Existenz zu gefährden. Wichtig ist, sich dieser Risiken bewusst zu sein und sich nicht zu schnellen Entscheidungen drängen zu lassen.

Kaufpreis, Deal-Struktur, Übergabe: Was du wirklich kaufst, bestimmst du mit

Bis hierher ging es um Finanzierung, Risiken und persönliche Haftung. Doch ein Punkt entscheidet am Ende darüber, ob der Deal überhaupt zustande kommt: der Kaufpreis. Im folgenden Gastbeitrag zeigt Alexander Reichel von Oakstreet, wie dieser Preis wirklich entsteht – zwischen betriebswirtschaftlichem Wert und emotionalem Lebenswerk.

Gastbeitrag

Alexander Reichel

Geschäftsführender Gesellschafter
Oakstreet GmbH

Wie man den Wert eines Unternehmens in der Nachfolge wirklich bestimmt

---

Vorstellung des Autors: ***Alexander Reichel*** *ist geschäftsführender Gesellschafter der* ***Oakstreet GmbH****, einer auf mittelständische Unternehmen spezialisierten M&A-Boutique. Der Diplom-Wirtschaftsjurist (FH) und Wirtschaftsmediator begleitet mit seinem Team Unternehmensverkäufe und -zukäufe – von Analyse und Bewertung bis zum erfolgreichen Abschluss. Sein Ansatz: die richtigen Menschen und die richtigen Unternehmen zusammenzubringen. Mit der Oakstreet Nachfolge Akademie und der MittelstandsLOUNGE fördert er den offenen Austausch unter Unternehmern und Fachleuten. Als Vorstandsmitglied im Fachverband Nachfolge des BDU e.V. engagiert er sich für eine lebendige Mittelstandskultur und ein starkes Netzwerk in Deutschland, Österreich und der Schweiz.*

Wer ein Unternehmen kaufen oder übernehmen will, steht früher oder später vor der entscheidenden Frage: *Was ist das Unternehmen wirklich wert?* Und selten löst eine Zahl so viele Emotionen aus wie der Unternehmenswert. Denn sie entscheidet nicht nur über den Preis, sondern darüber, ob eine Übernahme zu einer tragfähigen Zukunft führt oder zu einer Fehlentscheidung.

Für Verkäufer ist der Preis die Anerkennung jahrzehntelanger Arbeit. Für Käufer ist die Bewertung eine Wette auf die Zukunft und in die Qualität der Strukturen, der Menschen und des Potenzials, das man als Unternehmer gestalten will.

Wer alle Seiten verstehen will, sollte daher bedenken: Der Unternehmenswert ist kein Ergebnis der Buchhaltung, sondern in großem Maße Ausdruck von Analyse und Vertrauen.

Warum Bewertung keine exakte Wissenschaft ist
In der Theorie lässt sich der Unternehmenswert nach verschiedenen Methoden berechnen. In der Praxis ist er dagegen ein Balanceakt zwischen Erwartungen und Risiko.

Zwei Gutachter können mit denselben Zahlen zu völlig unterschiedlichen Ergebnissen kommen. Und beide liegen richtig, solange ihre Annahmen stimmig sind. Der Kaufpreis dagegen ist das Ergebnis einer Verhandlung. Beide können deutlich nach oben oder unten voneinander abweichen. Der Kaufpreis spiegelt vor allem Erwartung, Risiko, Marktsituation und Finanzierungsspielraum wider. Es gibt also keinen „richtigen" Preis, sondern nur einen, den sie verstehen, tragen und finanzieren können.

Die gängigen Verfahren und wo sie an Grenzen stoßen
Drei Bewertungsansätze werden im Mittelstand häufig herangezogen. Sie zu kennen hilft, die Denkweise der Verkäufer und deren Berater besser zu verstehen:

1. Substanzwertorientierte Verfahren
Sie erfassen den materiellen Wert, also was Maschinen, Gebäude, Vorräte oder Grundstücke wert wären, wenn man alles veräußert. Relevant bei kapitalintensiven Betrieben, aber wenig aussagekräftig für Unternehmen, deren Wert in Know-how, Kunden oder Marke liegt.

2. Marktwertorientierte Verfahren
Hier orientiert man sich an Vergleichstransaktionen, häufig über *EBITDA-Multiples*. Im Mittelstand liegen diese je nach Branche, Größe, Wachstum, Risiko und Marktsituation oft zwischen 4 und 7. Der Vorteil: nah am Marktgeschehen. Der Nachteil: Vergleichbarkeit ist eine Illusion. Kaum ein Unternehmen gleicht wirklich dem anderen.

Praxistipp: Prüfen Sie, *welche Vergleichsunternehmen* herangezogen werden. Oft stammen die Multiples aus anderen Märkten oder Größenklassen.

3. Ertragswert- und DCF-Verfahren
Sie bewerten die erwarteten zukünftigen Erträge, abgezinst auf den heutigen Wert. Theoretisch sauber, aber empfindlich gegenüber Annahmen und Planungsqualität. Achtung: Eine optimistische Planung kann den rechnerischen Wert leicht verdoppeln. Allerdings nur auf dem Papier.

Erfahrene Käufer nutzen meist mehrere Verfahren parallel und lesen daraus ein *Spannungsfeld* statt einer festen Zahl.

Was den Preis wirklich bewegt
In der Praxis wird der Preis nicht durch das Verfahren festgelegt, sondern durch die Einschätzung von Stabilität und Zukunftssicherheit. Der Preis ist das Ergebnis von Vertrauen, der stabilen Wiederholbarkeit der Erträge und einer Verhandlung.

Worauf Sie achten sollten:

1. Ertragsqualität und Planbarkeit
Nicht der Gewinn der Vergangenheit zählt, sondern seine Reproduzierbarkeit. Gibt es wiederkehrende Umsätze, langfristige Kundenbindungen, funktionierende Preismechanismen? Ein stabiler Cashflow ist der beste Risikopuffer.

2. Abhängigkeit vom Inhaber
Je stärker das Unternehmen vom Inhaber abhängt, desto größer Ihr Übergangsrisiko. Prüfen Sie, ob es ein Team gibt, das Entscheidungen tragen kann. Ein hoher Grad an Inhaberabhängigkeit reduziert den Wert und erhöht Ihren Aufwand nach dem Kauf.

3. Team, Führung und Kultur
Die Belegschaft ist oft das zentrale Element: Deren Motivation, Loyalität und Eigenverantwortung bestimmen, ob das Unternehmen nach der Übergabe weiter funktioniert. Ein gutes Team ist kein „weicher Faktor", sondern harte Kennzahl für Zukunftsfähigkeit.

4. Prozesse und Systeme
Wie wird gesteuert? Gibt es klare Abläufe, Reporting, digitale Werkzeuge? Unternehmen mit dokumentierten Prozessen und Datenzugang sind leichter übernehmbar und transparenter, das senkt Ihr Risiko und rechtfertigt höhere Multiples.

5. Investitionsstau und versteckte Risiken
Schauen Sie hinter die Kulisse. Welche Maschinen, IT-Systeme oder Gebäude müssen in den nächsten Jahren ersetzt werden? Gibt es Wartungsrückstände, veraltete Software, unklare Verträge? Alles, was Sie später investieren müssen, ist heute vom Preis abzuziehen.

6. Marktposition und Differenzierung
In preissensitiven Märkten mit wenig Schutzmechanismen sind hohe Multiples selten. Wer dagegen eine starke Nische, treue Kundengruppen oder ein klar positioniertes Produkt hat, kann auch in kleinen Strukturen hohe Werte erzeugen.

7. Zukunftsfähigkeit des Geschäftsmodells
Technologischer Wandel, Regulierung, Nachhaltigkeit: Fragen Sie nicht nur, *wie gut das Unternehmen heute läuft*, sondern *ob es in fünf Jahren noch genauso gut laufen kann*. Ein Unternehmen ohne professionelle KI-Strategie ist kein Unternehmen, sondern ein Auslaufmodell.

Gewinn ist nicht gleich Wert: Der Cashflow entscheidet
Ein häufiger Denkfehler bei Übernahmen: *„Das Unternehmen macht 500.000 Euro Gewinn, also kann ich davon leben und meinen Kredit bedienen."* In Wahrheit ist Gewinn nur eine Momentaufnahme. Was zählt, ist der *operative Cashflow.* Zwei Größen sind entscheidend:

Working Capital
Wie viel Kapital ist im Umlaufvermögen gebunden, also in Vorräten, Forderungen oder Lieferantenverbindlichkeiten? Wenn Sie das Unternehmen übernehmen, müssen Sie dieses Kapital mitfinanzieren. Eine träge Lagerhaltung oder schleppende Zahlungseingänge können Liquidität aufzehren und das Gesamtprojekt samt Finanzierung gefährden.

Investitionsbedarf
Viele Verkäufer investieren in den letzten Jahren vor dem Verkauf weniger, um den Gewinn „schön" aussehen zu lassen. Sie als Käufer müssen das nach dem Erwerb wieder aufholen. Prüfen Sie den tatsächlichen Erhaltungsbedarf bei Maschinen, Fahrzeugen, Software, Gebäuden.

Praxisbeispiel:
Zwei Unternehmen verdienen jeweils eine Million Euro EBIT. Das erste braucht 300.000 Euro jährliche Ersatzinvestitionen, das zweite nur

100.000 Euro. Beide sehen gleich profitabel aus, aber das zweite ist real doppelt so wertvoll, weil mehr Geld tatsächlich frei verfügbar bleibt.

Diese Unterscheidung trennt rechnerische Profitabilität von realem Wert. Diese Logik wird aber in vielen Verkaufsprospekten ausgeblendet. Für Käufer ist sie dennoch zentral.

Auch der Verkäufer sollte für sich zwischen dem vereinbarten Kaufpreis und dem tatsächlichen Zufluss an Geld aus dem Kaufvertrag unterscheiden. Meist liegt dazwischen eine Überleitungsrechnung (*Equity Bridge)*. Sie berücksichtigt vorrangig Nettoverschuldung und Working Capital zum Stichtag, also gibt die Antwort, ob Liquidität vorhanden oder das Kapital gebunden ist. Erst nach dieser Anpassung steht der Betrag fest, der tatsächlich ausbezahlt werden kann: in der Fachsprache Equity Value.

Wie man Preis und Risiko fair strukturiert

Wenn Verkäufer und Käufer unterschiedliche Erwartungen haben, liegt die Lösung oft nicht im Preis, sondern in der Struktur. *Earn-Out-Modelle* sind dafür das bewährteste Instrument: Ein Teil des Kaufpreises wird später gezahlt, abhängig vom tatsächlichen Ergebnis nach der Übergabe. Käufer zahlen so nur für Ergebnisse, die wirklich eintreten und gewinnen dabei Zeit, Vertrauen und Informationsvorsprung.

Auch eine *Rückbeteiligung des Verkäufers* oder *gestufte Übergaben* können sinnvoll sein. Der Alteigentümer bleibt für eine Übergangszeit mit definierten Zielen und Rolle an Bord. Solche Modelle können Brücken zwischen unterschiedlichen Perspektiven bauen. Gerade in inhabergeführten Strukturen schaffen sie Stabilität, sowohl für Mitarbeiter, Kunden und Nachfolger.

Die Kunst liegt darin, Ergebnisse messbar und nachvollziehbar zu verknüpfen, dann kann aus einem potenziellen Interessenkonflikt ein gemeinsames Ziel werden.

Wie man echte Substanz erkennt

Unternehmensbewertung ist am Ende die Kunst, Substanz von Fassade zu unterscheiden. Fragen Sie sich bei jeder vertieften Prüfung, der Due Diligence: *Was bleibt wirklich wertvoll, wenn der verkaufende Unternehmer morgen nicht mehr an Bord ist?*

Das kann sein: belastbare Kunden, eine starke zweite Führungsebene, klare Prozesse, Preissetzungsmacht oder eine Kultur, die Verantwortung fördert. Alles andere ist oft nur Kosmetik. Ein Unternehmen, das vorrangig durch den Inhaber funktioniert, ist kein Investment, sondern eher ein Risiko.

Praxisbeispiel: Zwei Betriebe, ein Unterschied

Zwei Unternehmen aus derselben Branche, vergleichbare Umsätze, ähnliche Margen.

- Betrieb A: Entscheidungen laufen über den Gründer, keine Führungsebene, kein Reporting.
- Betrieb B: Klare Verantwortlichkeiten, digitales Controlling, definierte Abläufe.

Beide erzielen eine Million Euro EBIT.

- Betrieb A könnte mit einem EBIT-Multiplikator von 5 bewertet werden.
- Betrieb B dagegen mit einem EBIT-Multiplikator von 6 oder 7.

Der Unterschied liegt nicht in der Rendite, sondern in der Übertragbarkeit. Käufer zahlen für Strukturen, nicht für Charisma.

Bewertung als unternehmerischer Dialog

Es bietet sich an, die Unternehmensbewertung nicht als festes Urteil zu sehen, sondern eher als ein Gespräch über die Zukunft des Unternehmens. Wer ein Unternehmen übernimmt, kauft nicht das letzte Ergebnis, sondern die Fähigkeit, dieses Ergebnis auch in Zukunft zu wiederholen.

Deshalb sollten Sie als Käufer stärker auf die *Mechanik* blicken, die dahintersteht: Wie entstehen die Erträge? Wer trägt Verantwortung? Welche Risiken sind steuerbar und welche nicht?

Erfahrene Nachfolge- und M&A-Berater helfen, diese Sprache zu übersetzen. Sie vermitteln zwischen Emotion und Logik, zwischen Lebenswerk und Investment. Genau dort sehen auch wir als Oakstreet unsere Aufgabe: Unternehmenswert nicht nur zu beziffern, sondern zu verstehen und Transparenz zu schaffen.

Fazit: Ein Käufer erwirbt mit dem Unternehmen nicht einfach Zahlen, er kauft ein System.

Unternehmensbewertung in der Nachfolge ist also weniger ein Zahlenspiel, sondern angewandtes unternehmerisches Denken. Käufer erwerben kein Ergebnis, sondern die Fähigkeit eines Betriebes, dieses Ergebnis zu wiederholen. Und dabei bestimmt auch Angebot und Nachfrage, wie sich Kaufpreise in der Praxis verschieben. In Jahren mit vielen Verkaufsfällen und wenig aktiven Käufern sinken Multiples, in Phasen mit Kapitalüberhang und wenig Qualitätsangebot steigen sie. Marktpsychologie ist Teil der Realität, nicht deren Verzerrung.

Am Ende entscheidet nicht das Verfahren über den Preis, sondern das Verständnis für das System und die Haltung beider Seiten. Wer den Funken in sich spürt, etwas zu gestalten, Verantwortung zu übernehmen und Zukunft zu bauen, für den kann eine Unternehmensnachfolge einer der schönsten und wirksamsten Wege ins Unternehmertum sein.

Nachdem du nun weißt, wie Kaufpreise zustande kommen und was ein Unternehmen wert ist, geht es um die Frage, *was du beim Unternehmenskauf eigentlich erwirbst – und wie du die Transaktion gestalten kannst*. Denn die Struktur des Deals entscheidet nicht nur über den Preis, sondern auch über Risiko, Haftung und Zukunftsfähigkeit.

Deal-Struktur: Share Deal oder Asset Deal?

Eng mit der Preisfrage verknüpft ist die Struktur des Deals. Juristisch gibt es zwei Hauptvarianten: den Share Deal und den Asset Deal.

Share Deal:
Hier kaufst du die Anteile am Unternehmen. Damit gehst du in die bestehenden Gesellschaftsstrukturen hinein – mit allen Chancen, aber auch allen Altlasten. Lieferverträge, Mietverträge, Arbeitsverhältnisse, offene Rechtsstreitigkeiten – alles bleibt bestehen. Für größere Mittelständler ist das oft der einfachere Weg, weil Kontinuität gewahrt bleibt und Geschäftspartner nicht jeden Vertrag neu bestätigen müssen. Aber: Wer einen Share Deal macht, übernimmt eben auch die Risiken der Vergangenheit. Eine saubere Due Diligence ist hier Pflicht.

Asset Deal:
Hier kaufst du nicht die Anteile, sondern gezielt die Vermögenswerte des Unternehmens: Maschinen, Immobilien, Kundenlisten, Markenrechte, vielleicht auch Teile der Belegschaft. Was du nicht übernimmst, bleibt beim Verkäufer. Das klingt zunächst aufwendiger, weil jeder Vertrag neu übertragen werden muss – ist aber in manchen Branchen üblich. Gerade bei Handwerks- und Produktionsbetrieben wird oft so verfahren, weil es mehr Klarheit schafft: Du übernimmst genau das, was du willst, und lässt problematische Altlasten außen vor.

Die Wahl zwischen Share Deal und Asset Deal ist nicht nur juristisch, sondern auch strategisch. Ein Käufer mit Transformationsplänen wählt oft den Asset Deal, um nur die wertvollen Teile zu übernehmen und Ballast abzustreifen. Wer Kontinuität sucht, tendiert zum Share Deal, weil er den Übergang für Mitarbeiter und Kunden einfacher macht. Beide Varianten haben Vor- und Nachteile – entscheidend ist, dass du weißt, was du dir einkaufst.

Beide Varianten haben Vor- und Nachteile – entscheidend ist, dass du sie verstehst, bevor du verhandelst, und somit weißt, was du dir einkaufst. Welche Variante für dich die richtige ist, hängt von deiner Risikobereitschaft, deinem Kapital und deinem Zielbild ab.

Sonderfall Distressed M&A

Ein besonderer Anwendungsfall des Asset Deals sind sogenannte Distressed-Situationen – also Übernahmen in der Krise oder gar aus der Insolvenz heraus. Hier geht es weniger um eine geordnete Nachfolge, sondern darum, schnell handlungsfähig zu werden und Teile eines Unternehmens zu retten. Käufer übernehmen gezielt werthaltige Assets wie Produktionsanlagen, Markenrechte, Kundenstämme oder auch Schlüsselmitarbeiter – während Schulden, Rechtsstreitigkeiten oder belastende Verträge in der insolventen Gesellschaft zurückbleiben. Das mindert Risiken, erfordert aber schnelle Entscheidungen, starke Nerven und meist auch sofort verfügbares Kapital. Für mutige Nachfolger mit Führungsstärke kann Distressed M&A eine spannende Möglichkeit sein, funktionierende Strukturen zu sichern – oft zu attraktiven Konditionen.

Due Diligence: Mehr als Zahlen prüfen

Und genau das prüfst du in der Due Diligence. Der Begriff klingt trocken, bedeutet aber nichts anderes als: *gründlich hinschauen, bevor du unterschreibst*. Natürlich umfasst das die Finanzen – Bilanzen, Gewinn- und Verlustrechnungen, Cashflow. Aber eine gute Due Diligence geht weiter: Gibt es Abhängigkeiten von einzelnen Kunden oder Lieferanten? Sind Technologien noch aktuell oder schon veraltet? Gibt es offene Rechtsstreitigkeiten oder Umweltauflagen?

Besonders kritisch ist der „Faktor Mensch“. Ein Unternehmen kann auf dem Papier gesund aussehen – und trotzdem riskierst du, dass mit dem Verkauf die besten Mitarbeiter kündigen oder die Kunden abspringen. Darum reicht es nicht, Excel-Tabellen zu studieren. Du musst das System verstehen.

Neben Zahlen, Verträgen und Strukturen entscheidet bei jeder Nachfolge vor allem eines: der Mensch. Kein noch so gut verhandelter Deal funktioniert, wenn Vertrauen, Kommunikation und Klarheit im Übergabeprozess fehlen.

Der Übergabeprozess: Loslassen und Ankommen

Während die rechtlichen und finanziellen Risiken greifbar sind, wird der Übergabeprozess oft unterschätzt. Für Altinhaber ist das Loslassen eine der größten Herausforderungen. Über Jahrzehnte war das Unternehmen Identität, Status und Lebensinhalt. Diese Bindung löst man nicht mit einem Notartermin. Wer als Übernehmer glaubt, dass der Vorbesitzer sich „einfach zurückzieht", täuscht sich oft.

Deshalb sind Übergaben selten ein klarer Schnitt, sondern Phasen der Überlappung. In unserer Bildsprache: zwei Wirkungskreise, die sich überschneiden. Mal für ein halbes Jahr, mal für mehrere Jahre. Gelingt es, diese Phase klar zu strukturieren – mit Rollen, Zeitplänen und gegenseitigem Respekt –, sinkt das Risiko erheblich. Misslingt sie, blockieren sich Alt- und Neuinhaber gegenseitig. Für dich als Nachfolger heißt das: Demut, zuhören, lernen – und gleichzeitig die Fähigkeit entwickeln, zum richtigen Zeitpunkt in die Führungsrolle zu wechseln.

Wann dieses Feld für dich passt – und wie du ins Tun kommst

In den letzten Beiträgen haben wir gesehen, dass das Thema Nachfolge meist deutlich strukturierter angegangen werden muss als das Abenteuer Gründen. Es gibt zwar zahlreiche Dienstleister, die dich bei diesem Prozess begleiten können, dennoch solltest du dir bewusst sein, was du mitbringen solltest, damit der Fit gegeben ist. Die wichtigste Frage lautet daher: Ist dieses Spielfeld wirklich deins – und willst du dort wirksam werden? Wenn du dich als Umsetzer siehst – aber einer, der lieber auf Substanz aufbaut, statt alles neu zu denken, dann kann dir dieses Feld einen enormen Hebel verschaffen – vorausgesetzt, du bist bereit, Verantwortung ab Tag eins zu übernehmen.

Besonders geeignet ist dieses Feld für Persönlichkeiten, deren stärkste Ressource *Erfahrung, Führungskompetenz und Entscheidungsstärke* ist. Wenn du es gewohnt bist, Teams zu leiten, Entscheidungen zu treffen und Verantwortung nicht zu scheuen, findest du hier eine Bühne, auf der du sofort wirksam wirst. Kapital erleichtert dir den Einstieg – doch es ist kein Ausschlusskriterium. Immer häufiger schließen sich Banken, Investoren oder erfahrene Möglichmacher an, um den Übergang zu ermöglichen. Entscheidend ist, dass du selbst glaubwürdig darlegen kannst, wie du das Unternehmen weiterentwickeln willst.

Hilfreich sind klare Reflexionsfragen:

- Mit welcher Branche willst du die nächsten zehn Jahre verbringen?
- Welche Ressourcen – Erfahrung, Kapital, Netzwerk – bringst du ein?
- Wo ziehst du rote Linien?
- Und: Wer darf dir widersprechen, wenn du dich verrennst?

Ein ehrlicher Sparringspartner ist in dieser Phase oft entscheidend. Nachfolge ist kein Nebenprojekt und kein schneller Deal. Sie verlangt deine volle Aufmerksamkeit – und sie belohnt dich mit unmittelbarer Wirksamkeit. Damit wirst du nicht nur zum Fortführer, sondern zum *Gestalter der nächsten Unternehmensphase*.

Doch nicht jede Nachfolge folgt der einfachen Logik „Altinhaber geht, Nachfolger übernimmt". In den letzten Jahren sind Modelle entstanden, die klassische Grenzen auflösen: Mischformen, in denen Umsetzer Verantwortung tragen, während Möglichmacher im Hintergrund Kapital, Erfahrung oder Netzwerk einbringen. Welche neuen Spielformen daraus entstehen, darauf gehen wir im nächsten Kapitel ausführlicher ein.

Mischformen sind die Brücke zwischen den klassischen Spielfeldern. Sie verbinden die Gestaltungsfreude des Umsetzers mit der Schlagkraft der Möglichmacher. Besonders spannend: Search Funds, bei denen junge Unternehmer mit Investoren im Rücken ein Unternehmen suchen und übernehmen – und Buy-&-Build-Strategien, bei denen ein Betrieb gezielt als Plattform für weiteres Wachstum genutzt wird. Beide Modelle eröffnen Wege, Verantwortung zu übernehmen, ohne von null zu starten – und gleichzeitig größere Hebel in Bewegung zu setzen.

10

Mischformen: Neue Wege gestalten

Warum Mischformen ein spannendes Feld sind

Die klare Trennung zwischen „Gründer" und „Nachfolger" auf der einen Seite und „Investor" oder „Beirat" auf der anderen ist in der Praxis längst nicht mehr so eindeutig. Immer öfter entstehen Modelle, die Elemente mehrerer Rollen kombinieren – Mischformen, die Brücken zwischen Umsetzern und Möglichmachern schlagen. Hier treffen Menschen mit Zeit, Energie und Führungswillen auf andere, die Kapital, Erfahrung und Netzwerke beisteuern. Das Ergebnis: *neue Spielformen unternehmerischer Wirksamkeit*, die mehr sind als ein Kompromiss.

Spannend ist dieses Feld deshalb, weil es Türen für Persönlichkeiten öffnet, die sich weder im klassischen Gründen noch in der reinen Nachfolge wiederfinden. Mischformen bieten die Chance, Ressourcen bewusst zu bündeln und Verantwortung aktiv zu teilen. Wer operativ wirken will, aber nicht allein die finanziellen Mittel hat, kann mit Kapitalpartnern den Sprung wagen. Wer Kapital und Erfahrung hat, aber nicht mehr selbst „Vollzeit am Steuer" stehen will, kann mit einem jüngeren Partner Verantwortung teilen.

Besonders sichtbar wird das bei Search Funds, wo eine unternehmerisch geprägte Person mit Investoren an der Seite ein bestehendes Unternehmen übernimmt. Ein anderes Beispiel sind Buy-&-Build-Strategien, bei denen ein Betrieb gezielt als Plattform genutzt wird, um weitere Unternehmen dazuzukaufen. Aber auch Business Angels, die nicht nur

Kapital geben, sondern aktiv mitgestalten, gehören in dieses Feld. Die Leitthese lautet: Mischformen sind keine Nische, sondern eigenständige Wege ins Unternehmertum – mit klaren Chancen und eigenen Risiken. Allen diesen Modellen ist gemeinsam: Nicht mehr eine Person trägt alle Rollen, sondern Verantwortung, Kapital und operative Führung werden bewusst verteilt.

Wann Mischformen zu dir passen

Mischformen sind oft der klügste Weg, wenn du mit deinem Ressourcenpaket genau *zwischen zwei klassischen Rollen* liegst.

- Du hast Kapital, willst aber nicht nur stiller Geldgeber sein, sondern auf Richtung, Kultur und Strategie Einfluss nehmen? Dann bewegst du dich Richtung „aktiver Investor“.
- Du bist ein Macher, willst operativ führen, dir fehlt aber das Eigenkapital, um ein Unternehmen allein zu kaufen? Dann bist du sehr nah an einem Search-Fund-/Operator-Modell: Du bringst Zeit, Energie, Führungsstärke ein – erfahrene Investoren bringen Kapital, Struktur, Rückhalt.
- Du denkst größer als „eine Firma führen“ und willst aktiv durch Zukäufe skalieren? Dann ist Buy & Build spannend: Du kombinierst operative Verantwortung mit einer klaren Investorenstory.

Mischformen sind also für Menschen, die sich nicht in klassische Schubladen einordnen lassen. *Für Persönlichkeiten, die Kooperation suchen, Hebel nutzen und ihre Ressourcen bewusst in Partnerschaft mit anderen entfalten wollen.*

Möglichkeiten in diesem Feld

Nach den klassischen Spielfeldern zeigt sich in der Praxis, dass viele Menschen sich zwischen diesen Polen bewegen. Um diese Zwischenräume greifbar zu machen, hilft die folgende Landkarte. Sie zeigt, wie sich verschiedene Rollen zueinander verhalten – und wo in der Praxis neue, hybride Formen unternehmerischer Wirksamkeit entstehen. Die nachfolgende Grafik zeigt, wie zwischen den vier Grundfeldern – Gründen, Nachfolge, Investieren und Begleiten – Mischformen entstehen.

In diesen Schnittmengen verbinden Menschen Zeit, Kapital, Erfahrung und Verantwortung in unterschiedlicher Gewichtung und schaffen so hybride Rollenprofile.

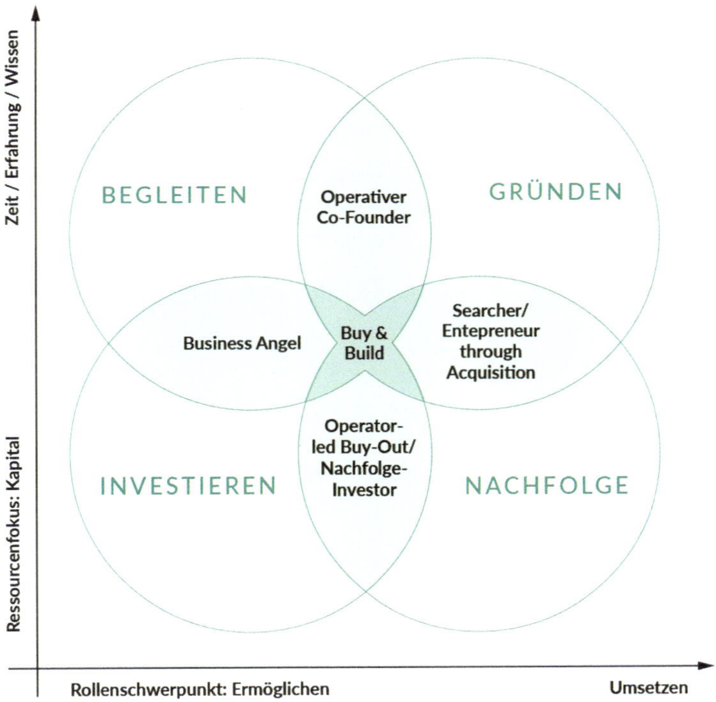

Abb. 10.1: Mischformen unternehmerischer Wirksamkeit

Gründen × Begleiten → Operativer Co-Founder / Venture Partner
Menschen, die in frühe Gründungen einsteigen, ohne die Ursprungsidee entwickelt zu haben. Sie bringen Erfahrung, Struktur, Netzwerk und oft auch Kapital ein – und wirken operativ mit.

Mischform aus Gründer- und Begleiterrolle (Umsetzer + Möglichmacher).

Begleiten × Investieren → Business Angel
Kapitalgeber, die zugleich Sparringspartner sind: Sie investieren Geld, bringen Know-how ein und begleiten aktiv – als Mentor, Beirat oder Impulsgeber.

Mischform aus Möglichmacher + Möglichmacher (aktiv statt passiv).

Gründen × Nachfolge → Searcher / Entrepreneur through Acquisition (ETA)
Unternehmerpersönlichkeiten, die mit der Haltung eines Gründers in eine Nachfolge gehen: Sie suchen gezielt ein bestehendes Unternehmen, übernehmen es und entwickeln es eigenverantwortlich weiter.

Mischform aus Umsetzer + Möglichmacher im Hintergrund (Finanzierer).

Nachfolge × Investieren → Operator-led Buyout / Active Owner
Investoren und operative Persönlichkeiten tun sich zusammen, um gemeinsam ein Unternehmen zu übernehmen und weiterzuentwickeln – mit klarer operativer Beteiligung.

Mischform aus Möglichmacher + Umsetzer auf Partnerebene.

Buy & Build / Plattformstrategie (Meta-Mischform)
Eine übergeordnete Strategie, bei der eine Firma als Plattform dient, um weitere Unternehmen zuzukaufen und in eine gemeinsame Struktur zu integrieren.

Verbindung aller vier Spielfelder: Gründen, Nachfolge, Investieren und Begleiten.

Im Folgenden beleuchte ich diese Mischformen nacheinander – beginnend bei der Verbindung aus Gründen und Begleiten.

1. Operativer Investor oder Co-Founder: Kapital und Mitgestaltung

In diesem Feld treffen Kapital und Mitgestaltung aufeinander. Wer hier aktiv wird, begnügt sich nicht damit, Anteile zu zeichnen und vierteljährlich Reports zu lesen. Er will spürbar Einfluss nehmen – entweder durch eigenes operatives Engagement oder durch eine Co-Founder-Rolle.

Die erste Variante ist der operative Investor: Jemand, der Kapital mitbringt, aber auch bereit ist, im Unternehmen mit anzupacken – sei es über eine Interimsrolle oder durch klare strategische Weichenstellungen. Solche Konstellationen können für unerfahrene Gründerteams wertvoll sein, weil sie Stabilität geben. Für Mitinvestoren ist diese enge Einbindung allerdings nicht immer der Traumfall, da sie eine saubere Rollentrennung bevorzugen. Für junge Teams kann es jedoch entscheidend sein, einen erfahrenen Mitspieler zu haben, der nicht nur formell begleitet, sondern im Bedarfsfall Verantwortung übernimmt. Sie erhalten nicht nur Kapital, sondern auch einen Partner, der das Geschäft von innen kennt und bereit ist, Verantwortung zu übernehmen, wenn es brenzlig wird. In Branchen, in denen Fach- und Führungskompetenz besonders wichtig ist – etwa in technologiegetriebenen Produktionsunternehmen, im Gesundheitswesen oder im B2B-Dienstleistungssektor –, können operative Investoren zum entscheidenden Stabilitätsfaktor werden.

Die zweite Variante ist der Co-Founder-Investor: Hier tritt ein erfahrener Unternehmer nicht als stiller Kapitalgeber auf, sondern als echter Mitgründer. Er bringt oft eine bestehende Technologie, ein marktreifes Produkt oder einen etablierten Zugang zu Kunden ein, während ein jüngerer Partner Zeit, Energie und operativen Drive liefert. So entsteht eine Komplementarität, die klassische Gründerteams selten mitbringen. Ein anschauliches Beispiel ist die Partnerschaft von Stefan Höper und Leo Dammer: Der eine steuerte eine ausgereifte Videoplattform und Kapital bei, der andere Dynamik, Vertriebserfahrung und den Zugang zur Reisebranche. Zusammen formten sie ein Tandem, das keiner von beiden allein hätte aufbauen können. Die Stimmen der beiden Gründer machen deutlich, wie sich ihre Rollen ergänzen:

Stimme der Wirtschaft:
Leo Dammer

Mitgründer und CEO
Uhob GmbH

Für mich war klar: Die Hotelbranche braucht neue Wege, um Gäste zu erreichen und zu begeistern. Als ich die Technologie von VIMP kennengelernt habe, war das wie ein Schlüssel, der genau in dieses Schloss passte. Am Anfang war Stefan der Möglichmacher – ohne die ausgereifte Videotechnologie gäbe es Uhob nicht. In der Umsetzung hat sich das gedreht. Jetzt zählt Geschwindigkeit, Vertrieb und Operatives. Wichtig ist, dass beide Seiten das sehen – sonst passiert nichts.

Stimme der Wirtschaft:
Stefan Höper

Gründer
VIMP GmbH

Mitgründer und CEO
Uhob GmbH

Video ist im B2B längst Standard – bei Unternehmen und Behörden betreiben wir seit Jahren „YouTube für Organisationen“. Im Reisebereich dagegen ist Video noch keine echte Mediengattung. Gerade jetzt – in Zeiten von Reels und TikTok – ist das Zeitfenster ideal. Genau da setzt Uhob an. Was mich überzeugt hat: klare Argumentation, starkes Pitchdeck, präzise Vorstellung. Nach dem ersten Call war mir wichtig, die Vertriebsschublade zu schließen und offen zu sprechen. Sehr schnell war klar: Wir sind nicht Kunde-Anbieter, sondern werden gemeinsam gründen.

Solche Partnerschaften zeigen, worauf unternehmerische Wirksamkeit in der Praxis beruht: auf Ergänzung, nicht auf Gleichheit. Kaum jemand deckt alle Ressourcen – Zeit, Kapital, Erfahrung, Wissen und Netzwerk – in ausreichender Stärke allein ab. Erst im Zusammenspiel entsteht Stabilität. Einer bringt Produkt- und Technologiekompetenz, der andere Markt- und Vertriebserfahrung. Einer hat Kapital und Weitblick, der andere Energie und Umsetzungskraft.

Genau deshalb investieren erfahrene Investoren lieber in Teams als in Einzelgründer. Denn sie wissen: Ein starkes Gründerteam balanciert Risiken aus und hält auch dann durch, wenn es ungemütlich wird. Unterschiedliche Perspektiven, Lebensphasen und Kompetenzen schaffen Reibung – und Reibung erzeugt Richtung. Unternehmertum ist kein Sololauf, sondern Teamsport. Wirksamkeit entsteht dort, wo Menschen sich ergänzen, Verantwortung teilen und ein gemeinsames Ziel über das eigene Ego stellen.

Unternehmerische Wirksamkeit entsteht selten im Alleingang. Der Mythos vom genialen Einzelgründer hält sich hartnäckig. In den Erzählungen der Wirtschaftsgeschichte taucht immer wieder die Figur des Visionärs auf, der allein eine Idee verfolgt und daraus ein Unternehmen formt, das die Welt verändert. Doch bei näherem Hinsehen zeigt sich: Auch hinter den größten Erfolgsgeschichten standen nie Einzelkämpfer, sondern Teams. Menschen, die unterschiedliche Rollen übernommen, verschiedene Ressourcen eingebracht und sich gegenseitig gestützt haben.

Was einem Einzelnen fehlt, wird ergänzt – durch Mitgründer, Partner, Investoren oder Begleiter. Ein starkes Team orchestriert Rollen und Ressourcen bewusst: Während ein Gründer vielleicht tiefes Marktwissen und Kundenverständnis mitbringt, ergänzt der Co-Founder die technologische Expertise. Investoren ermöglichen Skalierung, Beiräte steuern strategische Erfahrung bei. Erst im Zusammenspiel dieser Rollen entsteht ein tragfähiges Fundament. Unternehmen, die nur auf eine Ressource setzen, bleiben anfälliger für Krisen; Teams mit Vielfalt sind robuster in Krisen und schneller im Lernen.

Besonders sichtbar wird das bei hybriden Modellen wie Search Funds, Venture Studios oder Company Buildern. Hier ist der Gründer nicht allein unterwegs, sondern Teil eines bewusst gestalteten Ökosystems, das

Kapital, Erfahrung und Struktur von Anfang an bündelt. Risiken werden verteilt, Chancen schneller genutzt. Der einzelne Gründer steht nicht mehr allein auf weiter Flur, sondern ist Teil eines bewusst gestalteten Ökosystems.

Vielfalt ist dabei nicht nur eine Frage von Funktionen oder Kompetenzen. Sie umfasst auch Alter, Perspektiven und Prägungen. *Altersdiversität etwa ist ein unterschätzter Erfolgsfaktor: Ältere bringen oft ein ausgeprägtes Problembewusstsein mit, während Jüngere mit Energie, Lösungsdrang und unvoreingenommenem Blick vorangehen.* In Kombination entstehen kraftvolle Dynamiken, die einseitige Entscheidungen vermeiden helfen. Auch unterschiedliche berufliche Hintergründe – Technik versus Business, Wissenschaft versus Markt – sind wertvoll. Homogene Teams dagegen laufen Gefahr, blinde Flecken zu haben oder einseitig zu entscheiden: zu viel Feature-Fokus, zu viel Optimismus, zu wenig kritische Distanz.

Erfahrene Investoren achten deshalb weniger auf perfekte Lebensläufe als auf etwas anderes: Werte, Vertrauen und gemeinsame Vision. Ein Team, das dieselben Grundüberzeugungen teilt, kann Konflikte überstehen. Ein Team, das sich nur aus reinen Kompetenzen zusammensetzt, zerbricht dagegen oft, wenn es ernst wird. Typische Konfliktfelder sind Ungleichgewichte in der Verantwortung, Ego-Probleme oder schlicht fehlende Rollenklarheit. Wer früh klärt, welche Ressourcen eingebracht werden und wie Rollen verteilt sind, schafft Stabilität.

Am Ende zeigt sich: Dein eigener Wirkungskreis ist wichtig, aber volle Wirksamkeit entsteht erst, wenn er sich mit den Wirkungskreisen anderer überlappt. Unternehmerische Kraft wächst dort, wo Menschen ihre Stärken bündeln – in Gründerteams, Nachfolger-Netzwerken oder bewusst unterschiedlich besetzten Gremien.

Doch nicht jede dieser Kooperationen verläuft so eng und operativ. Manche Unternehmer investieren bewusst in Teams oder Ideen, ohne selbst Teil des Tagesgeschäfts zu werden – aber sie bringen mehr als nur Kapital ein. Hier beginnt das Feld der Business Angels.

2. Business Angel: Zwischen Investment und Begleitung

Während operative Co-Founder mitten im Geschehen stehen, bewegen sich Business Angels einen Schritt weiter in Richtung Kapital. Sie investieren eigenes Geld – aber selten allein aus Renditegründen. Ihr Antrieb ist meist zweigleisig: Sie wollen andere Unternehmer wachsen sehen und ihre eigenen Erfahrungen einbringen. Viele übernehmen Beirats- oder Mentorenrollen, öffnen Türen, schaffen Vertrauen und helfen, strategische Fehler zu vermeiden.

Gerade in frühen Phasen kann diese Kombination aus Kapital und Erfahrung entscheidend sein. Ein Business Angel bringt Glaubwürdigkeit, Netzwerk und oft auch die Stimme der Vernunft, wenn Euphorie oder Panik überhandnehmen. Doch auch hier gilt: Nähe braucht Grenzen. Zu viel Einmischung kann Teams blockieren, zu wenig Austausch führt zu verlorenen Lernchancen. Die wirksamsten Business Angels sind jene, die die Balance halten – präsent, aber nicht dominant; ansprechbar, aber nicht steuernd.

Business Angels stehen damit an einem spannenden Punkt zwischen Ermöglichen und Mitgestalten. Sie sind mehr als reine Investoren – aber zugleich nicht operativ führend. Sie sind Brückenbauer zwischen Idee und Wachstum, zwischen Kapital und Kompetenz. Und sie zeigen, dass unternehmerische Wirksamkeit nicht immer volle operative Präsenz braucht – sondern manchmal eine kluge Verbindung aus Vertrauen, Erfahrung und Kapital.

Und während Angels vor allem aus der Distanz ermöglichen, verschiebt sich der Schwerpunkt in der nächsten Mischform deutlich: hin zu echter operativer Führung – den Search Funds. Hier übernehmen Persönlichkeiten mit Unternehmergeist und Führungserfahrung ein bestehendes Unternehmen, unterstützt von Investoren, die Kapital, Erfahrung und Netzwerk beisteuern. Ein Modell, das in Deutschland noch jung ist – und vielen eine neue Brücke ins Unternehmertum eröffnet.

3. Search Funds: Unternehmerischer Erwerb mit Investoren im Rücken

Vom Investor zum systematischen Modell: Search Funds

Was beim Business Angel oft individuell geprägt ist, erhält in einer anderen Mischform eine klare Struktur: dem Search Fund. Hier stehen sich zwei Rollen gegenüber – der Searcher, der aktiv ein Unternehmen sucht und übernimmt, und die Investoren im Hintergrund, die nebst Netzwerk und Erfahrung vor allen Dingen Kapital bereitstellen. Anders gesagt: vorne der Umsetzer, dahinter die Möglichmacher im Rücken. Genau diese Rollenarchitektur macht Search Funds zu einer der spannendsten Entwicklungen der letzten Jahre – und zu einem idealen Beispiel dafür, wie sich unternehmerische Wirksamkeit durch kluge Kombination von Ressourcen neu organisieren lässt.

Jemand, der sich in der Search-Fund-Welt bestens auskennt, ist Evgeni Kouris. Er ist Unternehmer, Investor und Gründer von New Mittelstand, einer Plattform und Bewegung, die neue Narrative des Unternehmertums etabliert, jenseits der klassischen Startup- oder Mittelstands-Stereotypen.

In seinem nachfolgenden Gastbeitrag zeigt er, warum Search Funds in Deutschland erst am Anfang stehen und welches Potenzial sie für Nachfolge, Unternehmertum und Investoren bereithalten.

Gastbeitrag

Evgeni Kouris

Gründer und Geschäftsführer
New Mittelstand GmbH

Search Funds & New Mittelstand: Eine neue Generation von Nachfolgern

---

Vorstellung des Autors: ***Evgeni Kouris*** *ist Gründer und Geschäftsführer von* ***New Mittelstand*** *sowie langjähriger Experte für digitale Transformation und Unternehmensnachfolge. Mit seiner Plattform stärkt er eine neue Generation von Nachfolgern und Nachfolgerinnen und Investoren, die den Mittelstand über Search Funds und verantwortungsvolle Nachfolgelösungen wirksam in die nächste Phase führen.*

In Deutschland denken wir Unternehmertum oft noch in Schwarz-Weiß-Kategorien: Entweder Startup oder klassischer Mittelstand, entweder Aufbruch oder Bewahrung, entweder volles Risiko oder verstaubte Sicherheit. Diese Gegensätze tragen aber immer weniger. Denn in Wirklichkeit verschmelzen die Welten. Wir erleben die Entstehung einer neuen Unternehmergeneration, die beides vereint – den Gestaltungswillen der Gründer und die Substanz des Mittelstands. Genau in diesem Zwischenraum wirken die Search Funds. Und genau hier positioniert sich New Mittelstand: als Plattform, die diese Bewegung sichtbar macht, strukturiert und miteinander vernetzt.

Der persönliche Antrieb: Vom Gründer zum Brückenbauer
Ich erinnere mich noch gut an die frühen Jahre meiner eigenen Gründungen. Die Energie, der Glaube, mit Technologie und Ideen etwas zu verändern. Gleichzeitig die schmerzliche Erkenntnis, dass das Risikokapital und die Exit-Orientierung oft Haltung und Werte stark auf dem langen Weg verändern können. Als Gründer lernt man, Risiken zu lieben, aber auch, wie dünn der Grat zwischen Vision und Überforderung sein

kann. Irgendwann begann ich mich zu fragen, ob es wirklich immer um das Neue gehen muss. Ob Unternehmertum nicht auch darin bestehen kann, Bestehendes zu bewahren und weiterzuentwickeln – nur eben mit neuer Haltung.

Diese Frage ließ mich nicht mehr los. Als ich 2017 begann, die Idee des New Mittelstands zu formulieren, klang das für viele nach einem Widerspruch. Mittelstand und New Economy? Tradition und Innovation? Doch gerade dieser Widerspruch erzeugt die produktive Spannung, aus der eine bessere Zukunft entstehen kann. Immer häufiger traf ich Gründer, die nach Substanz suchten, und Mittelständler, die nach frischem Denken verlangten. Zwischen diesen beiden Welten fehlte die Brücke und ich spürte: Genau dort will ich wirken.

Die Begegnung mit dem Konzept der Search Funds einige Jahre später war ein weiterer Schlüsselmoment für mich. Denn darin fand ich ein Modell, das genau diese Lücke füllte – Menschen mit Unternehmergeist, aber ohne Startkapital, die bereit sind, Verantwortung zu übernehmen. Investoren, die sich nicht nur für die Rendite interessieren, sondern auch Werte und Langfristigkeit schätzen und aktiv unterstützen. Eigentümer, die loslassen möchten, ohne dass ihr Lebenswerk verloren geht. Es war, als hätte jemand die Logik des Silicon Valley und die Seele des Mittelstands miteinander versöhnt.

Die Idee eines neuen Unternehmertyps

Als ich 2017 die These des New Mittelstands formulierte, war das in Deutschland noch ein weitgehend unbekanntes Terrain. Nur wenige sprachen über externe Nachfolge als unternehmerische Chance. Die meisten, die ein Unternehmen übernehmen wollten, kamen über den klassischen Management-Buy-In-Weg, also erfahrene Führungskräfte, die im Nebensatz zur Karriere nach einer passenden Firma suchten. Doch international hatte sich längst ein anderes Modell entwickelt: der Search Fund.

Er kombiniert Unternehmergeist, Kapital und Erfahrung zu einer neuen Form der Wirksamkeit. Im Kern bedeutet er: Jemand sucht gezielt nach einem bestehenden Unternehmen, um es zu übernehmen, zu führen und weiterzuentwickeln – unterstützt von einer Gruppe erfahrener Investoren, die Kapital, Know-how und ihr Netzwerk beisteuern.

		MITTELSTAND	NEW MITTELSTAND	STARTUP
WARUM	Sinn	Langfristige Ausrichtung	Nachhaltiger Erfolg	Exponentielles Wachstum
	Strategie	Evolutionäre Optimierung	Multi-horizon Innovation (langsam & schnell)	Technologiegetriebene Disruption
	Ziel	Skalierbare Profitabilität	Nachhaltiger Wohlstand	Exit, Liquiditätsereignis
	Ergebnis	Fokussierte Expertise („Hidden Champions")	Vielfalt, Balance („Zebra", „Open Champion")	Monopol in neuen Märkten („Unicorn")
	Motivation	Unabhängigkeit	Sinn („Purpose"): Verantwortung	Geld (in einer Welt ohne Auswirkungen)
WIE	Weltanschauung	Familienorientierung, regionale Verantwortung	Win-win, pragmatischer Opportunismus	Nullsummenspiel, Gewinner & Verlierer
	Methode	Streben nach Perfektion	Zusammenarbeit	Wettbewerb
	Führungsstil	Enge Kontrolle	Kooperation („Open Innovation")	Opportunismus (Wetten durch Risikokapital)
	Ressourcen	Generationsübergreifende Kontinuität	Geteilt („Coopetition")	Konzentriert, abgeschlossen
	Kultur	Intuitiv, unternehmerisch aber konservativ	Partizipativ, Mensch(heit)-zentriert	Visionär, selbstbewusst
	Organisation	Hierarchisch, aber sozial	Bottom-up („Empowering Leadership")	Top-down
	Streben nach	Wohlstand der Familie und der Region	Genug – für alle und langfristig	Mehr
WER	Nutznießer	Familie, Mitarbeiter, lokale Öffentlichkeit	Gesellschaft, Gemeinschaft	Gründer, Investoren, Kern-Mitarbeiter
	Team-zusammensetzung	Familien-getrieben, Fokus auf Experten	Ausbalanciert (Menschlichkeit, Kultur)	Technikintensiv, Performance-orientiert
	Nutzer zahlen	Für hochwertige Produkte	Für Wertgenerierung (transparent)	Mit Aufmerksamkeit und Daten (opak)
WAS	Wachstumsrichtung	Evolutionäres Wachstum	Nachhaltiges Wachstum	Exponentielles Wachstum („Hockeystick")
	Bewertung	Gesellschaftliche Verantwortung	Qualität, Substanz, Effektivität	Quantität („Performance")
	Priorität	Kundentreue	Kundenerfolg	Kundengewinnung
	Hindernis	Markenvertrauen	Bewusstsein	Produktakzeptanz

Abb. 10.2: Verbindung von Mittelstand und Startup im New Mittelstand
Die Abbildung zeigt, wie der New Mittelstand Ansätze beider Welten integriert. (Quelle: New Mittelstand)

Man kann es sich vorstellen wie ein Angel-Investment, nur dass hier nicht in eine Idee investiert wird, sondern in eine Unternehmerpersönlichkeit. Diese Person – der Searcher – bringt Energie, Führungsstärke und Analysefähigkeit mit, aber selten eigenes Kapital. Die Investoren stellen die finanziellen Mittel bereit, öffnen Türen, begleiten den Prozess und beteiligen sich am Erfolg. Das Ergebnis ist eine Partnerschaft auf Augenhöhe: Nachfolger und Enabler arbeiten Hand in Hand. Oder anders gesagt: Wenn Venture Capital und Private Equity ein Kind hätten, dann wäre es wohl ein Search Fund.

Warum dieses Modell gerade jetzt in Deutschland ankommt

Deutschland befindet sich in einer demografischen Phase des Übergangs. Laut KfW-Studie stehen über eine halbe Million mittelständischer Unternehmen bis 2028 vor der Nachfolge. Viele Gründer der Nachkriegs- und Aufbaujahre möchten ihr Lebenswerk erhalten, wollen aber keine bloße Verwaltung ihrer Geschichte, sondern eine Zukunft für ihre Idee. Genau hier treffen sich drei Entwicklungen:

Erstens: Der Nachfolgebedarf ist historisch hoch, und gleichzeitig wünschen sich viele Unternehmer Nachfolger, die ihre Werte verstehen. Vertrauen, Haltung und Verantwortungsbewusstsein zählen oft mehr als der letzte Euro im Kaufpreis.

Zweitens: Es gibt Kapital, das nach sinnvollen, langfristigen Investmentoptionen sucht. Nach Jahren der Überhitzung an den Startup-Märkten entdecken immer mehr Investoren, Family Offices und Unternehmerfamilien Search Funds als Weg, Kapital wirksam in den Mittelstand zu lenken – direkt, transparent und sinnstiftend.

Drittens: Eine neue Generation von Unternehmerinnen und Unternehmern wächst heran, die nicht zwangsläufig gründen wollen, aber Verantwortung übernehmen möchten. Menschen mit Berufserfahrung, die nicht bei null starten müssen, sondern lieber Substanz übernehmen und erneuern. Diese drei Kräfte – Nachfolge, Kapital, Talente – bilden das perfekte Zeitfenster für die Verbreitung von Search Funds in Deutschland.

Der Searcher: Unternehmer in spe

Im Mittelpunkt steht der Searcher. Meist sind das Menschen zwischen 30 und 45, oft mit MBA- oder Beratungshintergrund, manchmal auch erfahrene Manager aus Konzernen oder Startups. Sie eint der Wunsch, die Verantwortung nicht länger für andere, sondern für ein eigenes Unternehmen tragen zu wollen. Der Searcher verbringt ein bis zwei Jahre damit, ein geeignetes Zielunternehmen zu finden – idealerweise ein profitables, stabiles Mittelstandsunternehmen mit Wachstumspotenzial, das in einer Nachfolgesituation steckt.

In dieser Zeit analysiert er Märkte, führt Gespräche, verhandelt, scheitert, sucht weiter. Etwa 70 Prozent der Searcher schließen am Ende tatsächlich eine Übernahme ab – ein bemerkenswert hoher Wert, wenn man bedenkt, wie selektiv dieser Prozess ist. Die Investoren fungieren in dieser Phase als Mentoren, Sparringspartner und geben Rückendeckung. Sie investieren zunächst in die Suchphase selbst (oft 400.000 bis 600.000 Euro) und bei erfolgreicher Akquisition zusätzlich in den Kauf. Dafür erhalten sie Beteiligungen, meist in Form von Vorzugsanteilen, und unterstützen den neuen Unternehmer in den ersten Jahren der Übergabe. Was entsteht, ist ein neues Rollenverständnis: Der Searcher ist weder Gründer noch reiner Manager, sondern ein Unternehmer zweiter Generation – ein Gestalter mit Überzeugungskraft, aber auch Demut gegenüber dem, was andere aufgebaut haben.

Vom Suchprozess zur Übernahme – ein Weg der Transformation

Der Weg eines Search Funds ist anspruchsvoll. Er beginnt mit der Suche – einer Phase, die oft mehr über die Persönlichkeit des Unternehmers verrät als über die Zielunternehmen selbst. Hier geht es nicht nur um Zahlen, sondern um Passung: zu Branche, Menschen und Kultur. Hat der Searcher ein Unternehmen gefunden, beginnt die eigentliche Transformation. Er tritt in die Fußstapfen des bisherigen Inhabers, übernimmt ein Team, das häufig seit Jahrzehnten gewachsen ist, und steht vor der Aufgabe, Vertrauen zu gewinnen, bevor er verändern kann.

Viele erfolgreiche Searcher berichten, dass die ersten zwölf Monate weniger von Strategie, sondern von Zuhören geprägt sind. Man muss das implizite Wissen, die Rituale, die Kultur verstehen und dann Schritt für Schritt modernisieren: Prozesse digitalisieren, Strukturen professionalisieren, neue Wachstumsfelder erschließen. Genau hier liegt die Stärke des Modells: die Kombination aus jungem Unternehmergeist und gewachsener Substanz. Der Searcher bringt einen frischen Blick und Gestaltungsenergie, der Mittelstand bringt Erfahrung, Mitarbeiterbindung und Marktvertrauen.

Warum das Modell kulturell so herausfordernd ist

In Deutschland ist der Begriff Fund noch immer erklärungsbedürftig. Viele Mittelständler verbinden ihn mit Private Equity und damit mit Fremdbestimmung, Renditedruck und Verlust der Kultur. Diese Skepsis ist verständlich, aber sie verkennt den Kern des Search-Fund-Gedankens. Denn hier geht es nicht um schnelle Exits, sondern um langfristige Nachfolge. Die durchschnittliche Haltedauer liegt international bei über zehn Jahren. Searcher übernehmen Unternehmen, um sie weiterzuführen, nicht um sie zu zerschlagen. Das Kapital arbeitet geduldig. Dennoch braucht es eine kulturelle Übersetzungsleistung. Vertrauen entsteht nicht durch Begriffe, sondern durch Begegnung. Deshalb ist es so wichtig, dass Plattformen wie New Mittelstand diese Brücken bauen – zwischen Unternehmerfamilien, Nachfolgern und Investoren.

Roll-up – die nächste Entwicklungsstufe

Manche Searcher bleiben beim einzelnen Unternehmen. Andere gehen weiter – sie bauen auf Basis der ersten Übernahme eine Plattform auf, die weitere Unternehmen integriert. Dieses Modell nennt sich Roll-up oder Buy & Build. Es zielt darauf, durch gezielte Zukäufe Marktanteile zu bündeln, Synergien zu heben und eine stärkere Marktposition aufzubauen. Richtig umgesetzt, kann daraus ein neuer, mittelständischer Champion entstehen – getragen von einer klaren Strategie, einer lernfähigen Organisation und einer Unternehmenskultur, die Integration nicht als Bedrohung, sondern als Wachstum begreift. Doch Roll-ups sind anspruchsvoll. Sie verlangen Kapital, Strategie und vor allem Menschenkenntnis. Denn wer mehrere Familienunternehmen zusammenführt, arbeitet nicht nur mit Bilanzen, sondern mit Identitäten.

Alternative Wege: Self-Funded und Sponsored Search

Das klassische Search-Fund-Modell ist nicht der einzige Weg zur externen Nachfolge. In der Praxis gibt es Varianten, die unterschiedliche Grade von Unabhängigkeit, Risiko und Unterstützung bieten.

Abb. 10.3: Modelle der Nachfolgesuche (Quelle: New Mittelstand)

Die Grafik stellt die etablierten Modelle der Nachfolgesuche (Search Fund, Self-Funded und Sponsored Search) gegenüber und zeigt deren Unterschiede in Finanzierung, Unterstützung und Beteiligungsstruktur.

Self-Funded Search:
Hier finanziert der Unternehmer seine Suche selbst, aus Ersparnissen oder mit Unterstützung der Familie. Der Vorteil ist maximale Unabhängigkeit: keine Investoren, keine Verträge, kein Reporting. Aber das Risiko liegt vollständig beim Searcher. Wenn keine Übernahme zustande kommt, ist das Geld verloren. Dieses Modell eignet sich für Menschen mit finanziellen Rücklagen, die unternehmerische Freiheit höher gewichten als Sicherheit.

Sponsored Search:
In diesem Modell steht ein einzelner Hauptinvestor – meist ein Family Office oder eine erfahrene Unternehmerfamilie – hinter dem Searcher. Der Sponsor übernimmt die Kosten der Suche und beteiligt sich später an der Akquisition. Der Vorteil ist der Zugang zu Kapital, Netzwerk und Erfahrung; der Nachteil, dass strategische Entscheidungen oft enger abgestimmt werden müssen. Sponsored Search eignet sich für Führungspersönlichkeiten, die sich Unterstützung wünschen, aber dennoch operativ die Verantwortung tragen wollen.

Beide Alternativen zeigen: Externe Nachfolge ist kein starres System, sondern ein Kontinuum. Jeder kann den Weg wählen, der zur eigenen Lebenssituation passt. Entscheidend ist, Verantwortung bewusst zu gestalten, nicht das Etikett des Modells.

Internationale Perspektive und was Deutschland daraus lernen kann
In den USA gibt es mittlerweile über 700 dokumentierte Search Funds, mit durchschnittlichen Renditen von über 30 Prozent pro Jahr und einem Kapitalmultiplikator von 6,9 laut Stanford-Studie. Das erfolgreichste Beispiel ist Asurion, ein Handyversicherer, der 1989 für acht Millionen Dollar gekauft und später für über vier Milliarden verkauft wurde. In Spanien, wo das Modell früh von der Universität IESE gefördert wurde, hat sich eine lebendige Community entwickelt. Lateinamerika gilt als dynamischster Markt mit starkem Fokus auf Bildung und Impact.

Deutschland steht dagegen erst am Anfang. Doch die ersten erfolgreichen Übernahmen – wie Herchenbach Industrial Buildings, deren Umsatz sich nach einer Search-Fund-Übernahme verfünffacht hat – zeigen: Das Modell funktioniert auch hier. Die aktuelle Dynamik ist rasant.

Unsere Top Business Schools wie WHU, TUM und ESMT gründen Entrepreneurship Through Acquisition Clubs. Family Offices und Fonds stellen Kapital bereit, spezialisierte Programme fördern Searcher professionell und Netzwerke wie New Mittelstand verankern das Thema in der Mitte der Gesellschaft. Das zeigt: Der Search Fund ist kein Nischenphänomen mehr, sondern eine neue Bewegung unternehmerischer Verantwortung.

Fazit: Brücken bauen zwischen Tradition und Zukunft

Search Funds sind mehr als eine Finanzinnovation. Sie sind ein kulturelles Angebot: an jene, die übernehmen wollen, und an jene, die loslassen müssen. Sie zeigen, dass Unternehmertum heute anders gedacht werden kann – nicht als einsamer Start, sondern als kooperative Staffelübergabe. Dass Kapital nicht anonym, sondern partnerschaftlich wirken kann. Und dass Nachfolge kein Schlusspunkt, sondern ein Anfang ist. Deutschland braucht solche Modelle, nicht, weil wir zu wenig Unternehmen, sondern weil wir zu wenig Brücken haben. Zwischen Generationen, zwischen Kapital und Sinn, zwischen Erfahrung und Neugier.

Der Search Fund ist in diesem Sinne kein Finanzvehikel, sondern ein Instrument der Wirksamkeit. Er erlaubt Menschen, Verantwortung zu übernehmen, auch ohne eigene Idee oder Startkapital. Er verbindet Kapital mit Sinn, Erfahrung mit Erneuerung, Sicherheit mit Mut. Und er zeigt, dass Wirkung nicht immer aus der Gründung entsteht, sondern oft aus der Weiterentwicklung.

Für Investoren ist er ein Weg, Kapital nicht nur zu vermehren, sondern produktiv einzusetzen – als Enabler für die nächste Generation. Für Unternehmerfamilien ist er eine Chance, ihr Lebenswerk zu sichern. Für Searcher ist er der Einstieg in eine unternehmerische Zukunft, die auf Vertrauen statt auf Venture Hype basiert. So verstanden, ist der Search Fund eine Schule des verantwortungsvollen Unternehmertums.

New Mittelstand versteht sich als Architekt dieser Brücken. Wir fördern nicht nur Transaktionen, sondern Beziehungen. Wir schaffen Räume, in denen Vertrauen wachsen kann. Und wir zeigen, dass Wirksamkeit kein Zufall ist, sondern das Ergebnis kluger Verbindungen. Der Mittelstand braucht neue Wege, um relevant zu bleiben und seine Identität in die Zukunft zu tragen.

Externe Nachfolge – und Search Funds im Besonderen – sind ein solcher Weg. Sie ermöglichen Talenten, als Unternehmer Verantwortung zu übernehmen, ohne bei null anfangen zu müssen. Sie sichern zugleich Lebenswerke, Arbeitsplätze und regionale Stabilität. Mit New *Mittelstand* gestalten wir genau diesen Weg: Wir verbinden Kapital, Talente und Unternehmen in einem verantwortungsvollen Ökosystem, das Mittelstand und Zukunft wirksam zusammenbringt.

Ich glaube: Die Zukunft des deutschen Unternehmertums liegt nicht in der reinen Gründung, sondern in der klugen Fortführung. Search Funds sind das Werkzeug, New Mittelstand ist das Netzwerk – und gemeinsam schaffen sie die Brücke in eine neue Ära des Unternehmertums.

Wir müssen aufhören, externe Nachfolge als Ende zu begreifen – sie ist der Anfang einer neuen Unternehmer-Generation, die den Mittelstand weiterentwickelt.

Für mich ist klar: Der Mittelstand braucht neue Wege, um relevant zu bleiben und seine Identität in die Zukunft zu sichern. Externe Nachfolge – und Search Funds im Speziellen – sind ein solcher Weg. Sie ermöglichen Talenten, als Unternehmer Verantwortung zu übernehmen, ohne bei null anfangen zu müssen – und sie sichern zugleich Lebenswerke, Arbeitsplätze und regionale Stabilität.

Mit New Mittelstand gestalten wir genau diesen Weg: Wir verbinden Kapital, Talent und Unternehmen in einem verantwortungsvollen Ökosystem, das Mittelstand und Zukunft wirksam zusammenbringt. Wir bauen eine Community, in der Tradition und Innovation, Erfahrung und Purpose keine Gegensätze, sondern Verbündete sind. Und wir liefern Antworten auf die drängende Frage: Wie sichern wir den Mittelstand – und machen ihn fit für morgen?

4. Operator-led Buyout: Professionalisierte Nachfolge auf Partnerebene

Das Modell der Search Funds ist in den letzten Jahren zunehmend professionalisiert worden. Eine Organisation, die diesen Ansatz systematisch weiterentwickelt hat, ist Novastone Capital Advisors (NCA). Während klassische Searcher häufig auf sich gestellt beginnen, bietet NCA ihnen einen strukturierten Rahmen: Auswahlverfahren, Training, Mentoring und Kapitalpartner, die den gesamten Prozess begleiten – von der Suche bis zur Übernahme. So wird aus dem individuellen Abenteuer ein klar definierter, professionell geführter Weg in die unternehmerische Verantwortung.

Programme wie dieses zeigen, dass Nachfolge längst keine zufällige Begegnung zwischen Käufer und Verkäufer mehr ist. Sie verbinden Kapital, Haltung und Struktur – und eröffnen unternehmerische Wege für Menschen, die führen wollen, statt nur zu managen.

Stimme der Wirtschaft:
Daniel Gärtner

Managing Partner
Novastone Capital Advisors GmbH

Wir arbeiten mit erfahrenen Persönlichkeiten, die über langjährige Führungserfahrung in bestimmten Branchen verfügen und den nächsten Schritt vom Manager zum Unternehmer gehen wollen. Diese Operators, wie wir sie nennen, werden von uns in einem klar strukturierten, anspruchsvollen Prozess ausgewählt und gezielt auf die Suche nach einem Übernahme-Target vorbereitet. Wir fokussieren uns dabei ganz klar auf KMUs mit Nachfolge-Themen und suchen dabei das eine Unternehmen, welches unser Operator nach erfolgreicher Akquisition als CEO & Mitgesellschafter übernimmt. Mit unserem Novastone Ecosystem bestehend aus einem großen Investorennetzwerk zur Akquisitionsfinan-

zierung sowie über 45 Deal Professionals begleiten wir die gesamte Such- Akquisitions- und CEO-Phase und unterstützen hands-on. Dieses Setup schafft Professionalität und Vertrauen – für Investoren ebenso wie für Unternehmerfamilien, die ihre Nachfolge in verlässliche Hände legen möchten.

5. Vom Einzelunternehmen zur Plattform: Buy & Build als nächste Entwicklungsstufe

Während klassische Search Funds meist mit der Übernahme eines einzelnen Unternehmens enden, denken manche Unternehmer deutlich größer: Sie nutzen den ersten Kauf als Ausgangspunkt für gezielte Zukäufe und bauen daraus eine Unternehmensgruppe auf. Dieses Prinzip wird als *Buy & Build* bezeichnet – oder, etwas salopper gesagt, als „Roll-up-Strategie“.

Buy & Build bedeutet, dass ein bestehendes Unternehmen zur Plattform wird, um durch weitere Akquisitionen zu wachsen. Ziel ist es, Synergien zu schaffen, Prozesse zu bündeln, Einkauf, Vertrieb oder Technologie übergreifend zu professionalisieren und so Skaleneffekte zu nutzen. Richtig umgesetzt, entsteht daraus kein anorganischer Flickenteppich, sondern eine integrierte, lernfähige Organisation mit klarer Richtung.

In der Praxis zeigt sich: Buy & Build funktioniert nur, wenn Kultur und Integration ebenso ernst genommen werden wie die Zahlen. Wer mehrere mittelständische Unternehmen zusammenführt, arbeitet nicht nur mit Bilanzen, sondern mit Identitäten. Erfolgreiche Buy-&-Build-Unternehmer sind deshalb weniger Finanzingenieure als Kulturarchitekten – sie schaffen Vertrauen, bevor sie strukturieren.

Das Modell verlangt Kapital, Strategie und Fingerspitzengefühl. Doch es eröffnet enorme Hebel: Wer die operative Erfahrung eines Unternehmers mit der Denke eines Investors verbindet, kann in kurzer Zeit ganze Branchen transformieren. Damit ist Buy & Build die vielleicht konsequenteste Form unternehmerischer Wirksamkeit – weil sie nicht nur ein Unternehmen weiterentwickelt, sondern ein ganzes Gefüge gestaltet.

Buy & Build ist kein Modell für den Anfang, sondern für die nächste Stufe. Es passt zu Persönlichkeiten, die bereits bewiesen haben, dass sie führen und integrieren können, und die bereit sind, Verantwortung nicht nur für ein Unternehmen, sondern für ein System zu übernehmen.

Worauf es bei Mischformen ankommt

Strategien zur Risikominimierung
Mischformen sind reizvoll, weil sie unterschiedliche Ressourcen bündeln und neue Spielräume eröffnen. Aber genau darin liegen auch Risiken: Rollenkonflikte, unausgesprochene Erwartungen oder ein Ungleichgewicht zwischen Kapital und Umsetzung. Wer in diesem Feld unterwegs ist, braucht vor allem ein klares Rollenverständnis und ein starkes Sparring durch erfahrene Partner.

Auf Netzwerke und Experten setzen
Niemand kann alle Risiken überblicken. Deshalb ist es entscheidend, sich bewusst mit erfahrenen Partnern zu umgeben – sei es in Form von Netzwerken, spezialisierten Programmen oder klaren Governance-Strukturen. Wer versucht, alles allein zu stemmen, läuft Gefahr, in Blindspots zu geraten: unterschätzte Konflikte zwischen Gesellschaftern, fehlende Marktkenntnis oder ein zu optimistischer Blick auf die eigene Finanzierungsfähigkeit. Netzwerke und Experten schaffen hier eine zweite Ebene der Reflexion – und genau diese ist in Mischformen oft entscheidend für Stabilität und Tempo.

Ein Ansatz ist, sich mit bestehenden Netzwerken zu verbinden. New Mittelstand arbeitet daran, eine Community aus Suchern, Investoren und mittelständischen Unternehmern aufzubauen – ein Umfeld, das bewusst den Brückenschlag zwischen Startup-Denke und Mittelstandspraxis fördert. Ziel ist es, neue Formen von Nachfolge, Wachstum und unternehmerischer Verantwortung sichtbar zu machen. So entsteht ein Raum, in dem Erfahrungen geteilt, Partnerschaften gestiftet und gemeinsame Standards entwickelt werden können – eine wichtige Voraussetzung, um die Risiken von hybriden Modellen abzufedern.

Ergänzend dazu gibt es internationale Programme wie das von Novastone Capital Advisors (NCA). Dort werden künftige „Operators" –

also Unternehmerpersönlichkeiten, die ein Unternehmen übernehmen und führen wollen – in einem strukturierten Auswahl- und Ausbildungsprozess vorbereitet. Sie lernen, wie man eine Übernahme sucht, bewertet und umsetzt, und werden während der mehrjährigen Suchphase begleitet. Solche Programme helfen, die Operator-Rolle klar zu definieren und mit den passenden Investoren zusammenzubringen – ein professioneller Rahmen, der Orientierung schafft und Sicherheit gibt.

Wann dieses Feld für dich passt und wie du ins Tun kommst

Mischformen sind kein einfacher Weg. Sie fordern Klarheit über die eigene Rolle und die Bereitschaft, unternehmerische Verantwortung bewusst zu teilen. Sie passen zu dir, wenn du dich nicht in die engen Schubladen von Gründen oder Nachfolge einsortieren willst, sondern offen bist, Rollen zu kombinieren und Verantwortung gemeinsam zu entfalten.

Dieses Feld ist für dich richtig, wenn du die Stärke hast, Komplexität auszuhalten und Ambivalenzen auszubalancieren. Du musst akzeptieren können, dass nicht alles in deiner Hand liegt – weil Kapitalgeber, Co-Founder oder Investoren mit am Tisch sitzen. Gleichzeitig musst du bereit sein, deine eigenen Ressourcen klar zu benennen: Wo investierst du Zeit und operativen Drive – und wo setzt du Kapital, Netzwerk oder Erfahrung ein? Mischformen leben davon, dass beides ineinandergreift.

Besonders geeignet sind Mischmodelle, wenn du bereits Erfahrung in Führungsrollen gesammelt hast und offen bist für ein Zusammenspiel mit anderen starken Persönlichkeiten. Sie sind nichts für Solisten, die allein die Kontrolle behalten wollen, sondern für Teamplayer mit Unternehmergeist.

Der Einstieg gelingt, wenn du dir zuerst die Frage stellst: Will ich vorrangig gestalten oder eher ermöglichen – oder beides in einer neuen Balance? Daraus ergeben sich unterschiedliche Wege: als Co-Founder mit Kapital, als Business Angel mit aktiver Rolle oder als Searcher, der mit Investoren ein Unternehmen übernimmt. Wähle bewusst Partner, die deine Ressourcen ergänzen, und nutze Netzwerke, die dich begleiten und absichern.

Mischformen zeigen, wie flexibel Unternehmertum heute gedacht werden kann – mal als Partnerschaft auf Augenhöhe, mal als präzise abgestimmte Rollenkombination zwischen Ermöglichen und Umsetzen. Doch nicht jeder will oder muss beide Rollen zugleich spielen. Viele finden ihre größte Wirksamkeit darin, klar auf der Seite der Ermöglicher zu stehen – indem sie Kapital, Wissen oder Erfahrung einsetzen. Damit sind wir beim nächsten Feld, dem Investieren. Hier steht nicht die eigene operative Arbeit im Vordergrund, sondern die gezielte Aktivierung von Ressourcen, die andere zum Gestalten befähigen.

Mischformen sind ein Beweis dafür, dass Unternehmertum heute anders funktioniert als früher. Es gibt nicht mehr den einen Weg, sondern viele Kombinationen, die zu dir passen können – je nach Lebensphase, Ressourcen und Zielbild. Entscheidend ist, dass du Rollenklarheit gewinnst und mit den richtigen Partnern unterwegs bist.

Du merkst: Diese starren Grenzen zwischen Gründen, Nachfolge, Investieren oder Begleiten sind heute weder gefragt noch nötig. Mischformen geben dir die Möglichkeit, dein Ressourcenpaket jetzt – ohne Umwege – einzubringen und es mit dem zu ergänzen, was andere mitbringen. So entsteht Wirkung im besten Sinn: gemeinschaftlich, unternehmerisch und verantwortungsvoll.

Und doch: Irgendwann stellt sich die Frage, ob du selbst gestalten willst – oder andere dabei unterstützen, es zu tun. Im nächsten Feld geht es genau darum: um das *Investieren* als Form unternehmerischer Wirksamkeit. Nicht im Sinne von passivem Kapital, sondern als aktives Ermöglichen. Denn Kapital kann nicht nur Rendite erzeugen – es kann Wirkung entfalten.

11

Investieren: Kapital wirksam einsetzen

Die Mischformen haben gezeigt, dass unternehmerische Wirksamkeit nicht immer bedeutet, selbst an der Spitze zu stehen. Oft entsteht Wirkung gerade dort, wo Ressourcen bewusst und klug eingesetzt werden – sei es Zeit, Erfahrung oder Kapital. Wer andere befähigt, stiftet selbst Wirkung. Genau hier setzt das Feld „Investieren" an.

Warum Investieren ein spannendes Feld ist

Investieren schlägt eine Brücke zwischen Kapital und Unternehmertum. Natürlich kannst du dein Geld auch in ETFs, Aktien oder Immobilien anlegen – sichere, klassische Wege, die anonym bleiben und wenig mit dir zu tun haben. Doch beim Investieren geht es um mehr: Du entscheidest mit, welche Form von Unternehmertum möglich wird.

Kapital ist nie neutral. Es bestimmt, welche Ideen eine Chance bekommen, welche Teams weitermachen können und welche Produkte den Markt erreichen. Mit jedem Investment setzt du ein Signal: „Dieses Unternehmertum soll wachsen." Genau darin liegt der Reiz – dein Geld bleibt nicht abstrakt, sondern wird zu einem Hebel, der Neues entstehen lässt oder Bestehendes stärkt.

Investoren sind selbstverständlich an Rendite interessiert – das ist nichts Anstößiges. Kapital sucht immer eine Verzinsung. Doch die eigentliche Spannung entsteht dort, wo Rendite und Wirkung zusammenfallen. Rendite ist die Grundlage – aber die Frage, wie sie entsteht, macht den Unterschied: ob dein Geld Gewinne generiert oder Innovationen ermöglicht, Arbeitsplätze schafft und Unternehmen zukunftsfähiger macht.

Investieren löst Kapital aus der reinen Geldanlage heraus und macht es zu einem Instrument, das Zukunft gestaltet. Es verbindet die rationale Logik von Rendite mit der emotionalen Dimension von Wirksamkeit. Genau darin liegt seine Faszination – besonders für Menschen, die mit ihrem Geld mehr bewirken wollen, als es auf dem Konto liegen zu lassen.

Wann Investieren zu dir passt

Investieren passt zu dir, wenn du Kapital einsetzen möchtest, um mehr zu erreichen als bloße Verzinsung. Natürlich bleibt Rendite ein Ziel – das ist unverrückbar. Aber wenn du spürst, dass dein Geld mehr können soll, als auf dem Konto liegen, öffnet dir dieses Feld die passende Bühne. In unserem Wirksamkeitsmodell ist Investieren eine Form des Ermöglichens. Du bist nicht selbst Umsetzer, sondern stellst Ressourcen bereit, damit andere unternehmerisch handeln können. Dabei kommt es darauf an, wie du deine Rolle verstehst:

- Wenn du ausschließlich Kapital gibst, ohne Netzwerk oder Wissen einzubringen, bleibst du ein passiver Ermöglicher. Dein Beitrag ist trotzdem entscheidend – er macht Unternehmertum überhaupt erst möglich.
- Wenn du Kapital mit Netzwerk oder Wissen verbindest, wirst du zum aktiven Ermöglicher: Sparringspartner, Türöffner, Beschleuniger. In dieser Rolle entsteht eine andere Qualität von Wirksamkeit.

Investieren passt zu dir, wenn du bereit bist, Verantwortung mitzutragen. Kapital ist kein neutraler Beitrag: Es gibt Richtung. Mit jedem Investment wirst du Teil einer Entwicklung – selbst dann, wenn du selbst nicht operativ mitwirkst. Es passt zu dir, wenn du Freude daran hast, Entwicklungen zu verfolgen und mitzugestalten. Manche Investoren lieben es, ein junges Team beim Wachsen zu begleiten – andere bevorzugen die Stabilität etablierter Unternehmen. Beides ist möglich, beides kann erfüllend sein.

Und schließlich passt Investieren zu dir, wenn du bereit bist, dich auf ein gewisses Maß an Unsicherheit einzulassen. Kein Investment ist risikofrei. Du brauchst Gelassenheit, Rückschläge auszuhalten, und Weitsicht, dein Kapital langfristig zu betrachten. Investieren ist dein Feld, wenn du Kapital nicht nur parken willst, sondern spürst: Da geht noch mehr. Wenn du Rendite erzielen und zugleich Unternehmertum ermöglichen möchtest.

Möglichkeiten in diesem Feld

Die Vielfalt des Investierens lässt sich gut mit einer Matrix beschreiben. Zwei Fragen bestimmen die Rolle, die du einnimmst:

1. Wie formalisiert ist dein Engagement?
   (von informell bis vertraglich geregelt)

2. Wie nah bist du am unternehmerischen Geschehen?
   (von passiv bis aktiv begleitend)

Aus diesen beiden Dimensionen ergeben sich vier Felder. Die folgende Grafik ordnet unterschiedliche Investorenrollen entlang zweier Dimensionen: dem Grad an Strukturierung und Formalität (vertikal) sowie der Nähe zur Umsetzung und aktiven Mitgestaltung (horizontal).

- *Crowdinvesting / Limited Partner in Fonds (VC, PE)* – Kapitalbeteiligung ohne operative Nähe, meist anonym oder über institutionelle Strukturen.
- *Family & Friends* – persönliche Nähe, informell, Vertrauen ersetzt Verträge.
- *Stille Beteiligung* – formale Kapitalbeteiligung ohne Mitspracherecht, häufig im Mittelstand oder bei Nachfolgen genutzt.
- *Business Angels, Lead-Investoren, Angel Clubs, Netzwerke* – Kapital verbindet sich mit Wissen, Erfahrung und Netzwerk zu aktiver Mitgestaltung.

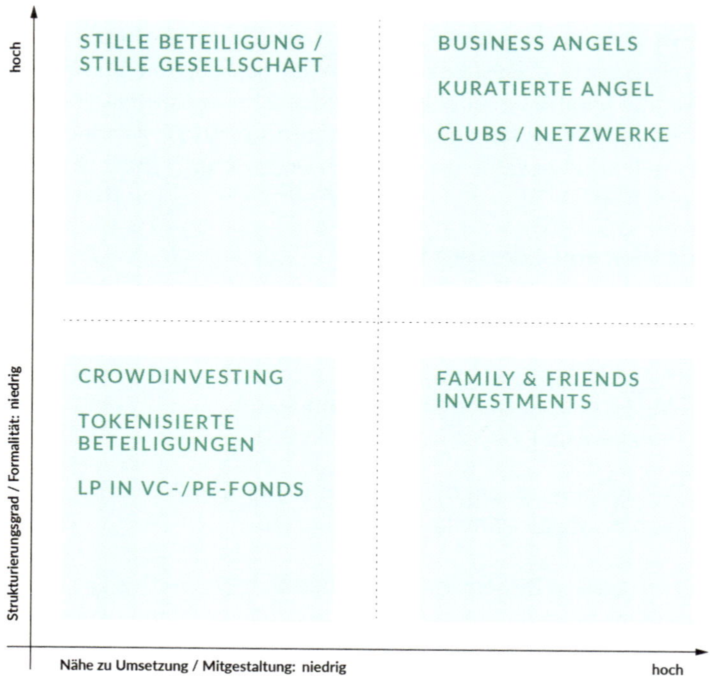

Abb. 11.1: Die Investieren-Matrix

Die Matrix zeigt, dass Investieren nicht einheitlich ist. Zwischen anonymem Kapital und aktivem Sparring liegen zahlreiche Spielarten, die ganz unterschiedliche Rollen, Zeithorizonte und Wirkungsdimensionen eröffnen. Entscheidend ist, wo du dich selbst verortest.

Je weiter du dich nach rechts bewegst, desto näher bist du am unternehmerischen Geschehen. Je weiter du dich nach oben bewegst, desto formaler, professioneller und klarer strukturiert wird das Engagement.

Modelle der direkten Einflussnahme

Family & Friends: Nähe statt Formalität

Wenn von Startup-Finanzierung die Rede ist, denken viele zuerst an Angels oder Fonds. Doch ein großer Teil aller Gründungen beginnt mit

Unterstützung aus dem persönlichen Umfeld. Rund ein Drittel aller Gründer greift laut Studien in der frühen Phase auf Kapital von Familie und Freunden zurück.

Der Grund ist naheliegend: In der allerersten Phase, in der oft nur eine Idee auf dem Papier existiert, ist es für professionelle Investoren meist zu früh. Zu groß sind die Unsicherheiten, zu wenig ist tatsächlich validiert. Genau dann springen oft Menschen aus dem persönlichen Umfeld ein – nicht, weil sie die Geschäftsmodelle im Detail durchgerechnet haben, sondern weil sie Vertrauen in die Person haben. Diese Finanzierung ist niedrigschwellig, pragmatisch und oft der entscheidende erste Impuls, damit eine Idee überhaupt eine Chance bekommt.

Family-&-Friends-Investments sind klein, aber wirksam. Sie zeigen, dass echte Wirkung oft im Kleinen beginnt – mit einem Vertrauensvorschuss aus dem engsten Kreis. Gleichzeitig sind sie emotional anspruchsvoll: Nähe und Risiko treffen aufeinander. Umso wichtiger ist, klar über Erwartungen, Zeithorizonte und mögliche Verluste sprechen.

Auch staatlich wird dieses Engagement gefördert – etwa durch den INVEST-Zuschuss für Wagniskapital, der privaten Anlegern Erwerbs- und Exit-Zuschüsse ermöglicht. Diese Förderung gilt für Startups mit BAFA-Zertifizierung und hilft, privates Kapital gezielt in junge Unternehmen zu lenken.

Stille Beteiligungen: Struktur statt Sichtbarkeit

Stille Beteiligungen sind formal geregelte Kapitalbeteiligungen ohne operative Mitwirkung. Der Investor bringt Kapital ein und wird am Gewinn beteiligt, ohne Gesellschafter zu sein oder Stimmrechte zu haben. Er erscheint nicht im Handelsregister, bleibt also „still".

Gerade im Mittelstand oder bei Unternehmensnachfolgen spielen stille Beteiligungen eine wichtige Rolle. Sie stärken die Eigenkapitalbasis, ohne Einflussrechte abzugeben – eine elegante Finanzierungsform für beide Seiten. Für Investoren sind sie interessant, wenn sie Rendite und Sicherheit suchen, aber bewusst keine operative Verantwortung übernehmen wollen. Wirkung entsteht hier im Stillen – strukturiert, verlässlich und ohne Bühne.

Investoren mit direkter Einflussnahme: Nähe und Wirksamkeit
Investoren mit direkter Einflussnahme sind weit mehr als Kapitalgeber. Sie verbinden Geld mit Wissen, Netzwerk und Zeit. Typisch dafür sind Business Angels – Einzelpersonen, die junge Unternehmen in frühen Phasen unterstützen. Sie investieren nicht nur Kapital, sondern werden Sparringspartner, öffnen Türen zu Kunden und Investoren und helfen, frühe strategische Weichen richtig zu stellen.

Ein besonderer Fall sind **Lead-Investoren**. Sie übernehmen die Rolle des zentralen Ansprechpartners für Gründerteams, koordinieren andere Investoren einer Finanzierungsrunde und sitzen nicht selten als Beirat am Tisch. Lead-Investoren sind damit die sichtbarste Form unternehmerischer Ermöglicher: Sie gestalten aktiv mit und tragen entscheidend dazu bei, dass eine Finanzierungsrunde nicht nur zustande kommt, sondern auch nachhaltig trägt.

Doch direkte Einflussnahme hat viele Gesichter. Manche investieren als Einzelpersonen und bauen eine enge Beziehung zum Gründerteam auf. Andere schließen sich in Clubs zusammen, um Kapital zu bündeln und voneinander zu lernen. Wieder andere werden Teil größerer Netzwerke, die Investoren und Startups systematisch zusammenbringen.

Business Angels
Der klassische Business Angel agiert als Einzelperson. Er sucht sich gezielt Startups aus, bringt Kapital ein und begleitet das Team oft über Jahre. Die Beziehung ist persönlich, das Engagement individuell. Manche Angels investieren in ein bis zwei Startups im Jahr, andere bauen sich ein kleines Portfolio auf. Der Vorteil: maximale Freiheit, sowohl bei der Auswahl als auch beim Grad des eigenen Engagements.

Wer selbst Gründererfahrung oder tieferes Branchenwissen mitbringt, kann hier besonders wirksam werden – weil er genau weiß, an welchen Stellen Teams typischerweise Unterstützung brauchen.
Auch Angel-Tickets können – sofern das Startup BAFA-zertifiziert ist – vom INVEST-Zuschuss profitieren.

Kuratierte Angel Clubs
Klassische Angel Clubs funktionieren nach einem anderen Prinzip. Hier schließen sich mehrere Investoren zusammen, um gemeinsam zu investieren. Das hat gleich mehrere Vorteile: einen besseren Zugang zu

Deals (dem sogenannten Dealflow), geteiltes Risiko und ein kuratierter Auswahlprozess. Die Mitglieder profitieren von Vorselektion und Gemeinschaft, entscheiden aber deal-by-deal individuell, ob sie mitgehen.

Für Gründer sind Clubs besonders wertvoll, weil sie nicht nur Kapital bekommen, sondern gleichzeitig Zugang zu einer Gruppe erfahrener Menschen erhalten, die Türen öffnen und strategisch begleiten können. Für Investoren bieten sie Austausch, Wissen und einen strukturierten Zugang zu geprüften Beteiligungen – ein Mittelweg zwischen Eigenständigkeit und professioneller Infrastruktur.

Neben etablierten Strukturen oder den großen Business-Angel-Netzwerken entstehen derzeit auch in den Regionen neue Zusammenschlüsse engagierter Investoren. Besonders spannend ist dabei die Dynamik außerhalb der klassischen Startup-Hotspots: Dort, wo viel Kapital und Unternehmergeist vorhanden sind, aber bislang die passenden Strukturen gefehlt haben.

Ein Beispiel dafür ist die Oberpfalz. Hier bildet sich rund um den Unternehmer und Business Angel Matthias Kreutzer gerade ein neuer, offener Business Angel Club, der die Kräfte der Region bündeln und Gründer gezielt unterstützen will.

Stimme der Wirtschaft:
Katharina Kreutzer

Unternehmerin und Initiatorin
Business Angel Club Oberpfalz

Als Regensburgerin habe ich erlebt, wie viel Kapital und Innovationsgeist es in der Oberpfalz gibt, aber kaum Strukturen, die beides zusammenbringen. Der Business Angel Club Oberpfalz schafft genau diese Verbindung zwischen Investor:innen und Startups.

Der Business Angel Club Oberpfalz ist ein offenes Netzwerk, das sich aktuell formiert, um Gründer mit Kapital, Erfahrung und Unternehmergeist aus der Region zusammenzubringen. Die Initiative geht von Unternehmern und Investoren aus, die überzeugt sind: In der Oberpfalz schlummert enormes Potenzial – in Form von Kapital, Know-how und Lust auf Zukunft. Der Club will diese Kräfte bündeln, um junge Unternehmen gezielt zu fördern – und gleichzeitig eine Brücke zwischen Mittelstand und Startup-Welt zu schlagen. Perspektivisch sollen auch Investments über die Region hinaus möglich sein.

Stimme der Wirtschaft:
Niklas Carsten

Innovator & Mitinitiator
Business Angel Club Oberpfalz

Wir haben hier in der Oberpfalz viele erfolgreiche Unternehmer mit Kapital, Erfahrung und Netzwerken – aber bislang fehlte der Ort, an dem das alles zusammenkommt.

Genau das wollen wir jetzt schaffen: ein offenes Angel-Netzwerk, das Gründer unterstützt, Ideen finanziert und unternehmerische Verantwortung stärkt. Wer Lust hat, mitzumachen, ist herzlich eingeladen – wir stehen am Anfang, aber mit klarer Haltung: Wir wollen Zukunft mitgestalten.

Breitere Netzwerke

Noch eine Ebene größer sind Netzwerke wie beispielsweise das BayStartUP Netzwerk aus Bayern oder das landesweite Business Angels Netzwerk Deutschland (BAND). Sie bringen Investoren und Startups zusammen und schaffen eine professionelle Infrastruktur: Screening, Matching, Veranstaltungen, Weiterbildungsformate. Der einzelne Investor bleibt eigenständig in seinen Entscheidungen, profitiert aber von strukturiertem Dealflow und dem Austausch mit Gleichgesinnten.

Für Einsteiger kann das ein idealer Weg sein, ins Investieren hineinzufinden: Man wird Teil einer größeren Gemeinschaft, lernt von erfahrenen Angels und wächst Schritt für Schritt in die Rolle hinein. So entsteht ein sicherer Rahmen, in dem Kapital, Erfahrung und Lernkurven zusammenfließen.

Beispiel BayStartUP

Das offene Netzwerk für Startups und Investoren in Bayern

Mit den Bayerischen Businessplan Wettbewerben, individuellen Startup-Coachings, umfangreichen Netzwerk- und Workshop-Angeboten sowie eines von Europas größten Investorennetzwerken hat sich BayStartUP als eine wichtige Anlaufstelle für Startups auf Kapitalsuche etabliert. Das Netzwerk umfasst mehrere Hundert private und institutionelle Investoren, die gezielt Zugang zu qualifizierten, wachstumsorientierten Startups erhalten.

Pro Jahr begleitet BayStartUP über 500 junge Unternehmen auf dem Weg zur Finanzierung und stellt sicher, dass nur gründlich geprüfte und professionell vorbereitete Geschäftskonzepte vorgestellt werden. Mit der BayStartUP Business Angel Akademie unterstützt die Organisation zudem private Investoren beim professionellen Einstieg in das Beteiligungsgeschäft – mit praxisnahen Trainings, Best-Practice-Austausch und fundiertem Know-how zu Bewertungs-, Beteiligungs- und Exitstrategien.

Investoren profitieren von einem kuratierten Dealflow, individuellen Matchings entsprechend ihres Investmentfokus und exklusiven Pitch- und Netzwerkveranstaltungen, bei denen neue Beteiligungsmöglichkeiten vorgestellt werden. Durch die enge Verbindung von Coaching, Wettbewerb und Kapitalvermittlung schafft BayStartUP ein einzigartiges Ökosystem, das Gründer und Kapitalgeber zusammenbringt – effizient, qualitätsgesichert und mit hoher Erfolgsquote.

Als Public-Private-Partnership zeigt BayStartUP exemplarisch, wie der Freistaat Bayern das Gründerland Bayern strategisch aufbaut und damit unternehmerische Initiative und privates Kapital wirksam zusammenführt.

Formen ohne Einflussnahme

Nicht jeder Investor möchte sich aktiv einbringen. Manche geben ausschließlich Kapital – ohne Zeit, Netzwerk oder Mitgestaltung. Diese Modelle liegen in der Matrix auf der linken Seite: Dort arbeitet das Geld, nicht die Person. Es geht um Beteiligungsformen, bei denen du wirtschaftlich teilhast, ohne operativ mitzusteuern. Dazu zählen drei Varianten: klassische Schwarmfinanzierungen wie *Crowdinvesting*, Beteiligungen über *Fonds* (z. B. als Limited Partner), und neuere digitale Modelle wie *tokenisierte Beteiligungen*. Allen gemeinsam ist: Du gibst Kapital in einen Topf, ohne selbst über dessen Einsatz zu entscheiden.

Crowdinvesting

Crowdinvesting öffnet Unternehmertum für eine breite Gesellschaftsschicht. Schon mit kleinen Beträgen können sich viele Menschen an Startups beteiligen und so Teil des Geschehens werden. Für Gründer bedeutet das Kapital und Sichtbarkeit, für Investoren Beteiligung ohne operative Rolle.

Ein Unternehmen, das diesen Gedanken konsequent verfolgt, ist Companisto. Companisto macht Unternehmertum der Gesellschaft zugänglich und bringt Kapital mit Unternehmergeist zusammen. Seit mehr als zehn Jahren verbindet dieses Netzwerk Gründer mit einer wachsenden Gemeinschaft von Investoren – den „Companisten". Sie können bereits mit vergleichsweise kleinen Beträgen einsteigen und so Teil unternehmerischer Entwicklung werden.

Der besondere Mehrwert liegt dabei nicht nur im Kapital: Die Companisten bilden eine Community, die jungen Unternehmen Reichweite, Feedback und Rückhalt verschafft. Für Gründer bedeutet das Zugang zu Finanzierung und einer unterstützenden Gemeinschaft. Für Investoren eröffnet sich die Möglichkeit, ihr Kapital wirkungsvoll einzusetzen, ohne selbst unternehmerisch aktiv werden zu müssen.

Stimme der Wirtschaft:
David Rhotert

Gründer und Geschäftsführer
Companisto GmbH

Unternehmertum lebt davon, dass Menschen Verantwortung übernehmen und Ideen unterstützen. Nicht jeder muss selbst gründen, um unternehmerisch wirksam zu sein. Genau dafür haben wir Companisto geschaffen: eine einfache Möglichkeit, sich mit Kapital und Erfahrung einzubringen. Wenn Menschen gemeinsam handeln, entstehen Chancen, die weit über das einzelne Unternehmen hinausgehen – für Wirtschaft und Gesellschaft gleichermaßen.

Tokenisierte Beteiligungen
Neben klassischen Beteiligungsmodellen hat sich in den letzten Jahren eine weitere Möglichkeit etabliert, sich mit vergleichsweise kleinen Beträgen an jungen Unternehmen zu beteiligen: tokenisierte Beteiligungen.

Die Idee dahinter ist, Beteiligungsrechte standardisiert, digital und damit deutlich zugänglicher abzubilden. Für Anleger bedeutet das: Sie können sich wirtschaftlich an echten Unternehmen beteiligen, ohne selbst Gesellschafter zu werden und ohne operative Verantwortung zu übernehmen. Für Unternehmen bedeutet es: Sie können Kapital aufnehmen, ohne die Gesellschafterstruktur (den Cap Table) mit vielen Kleinstinvestoren zu überfrachten oder für jeden einzelnen Vorgang zum Notar zu müssen.

Ein anschauliches Beispiel dafür ist OmegaLambdaTec aus Garching bei München. Das Unternehmen wurde von Dr. Rene Fassbender, einem promovierten Astrophysiker, gegründet und gilt als eines der führenden deutschen DeepTech-Unternehmen im Bereich Datenanalyse und Künstliche Intelligenz. OmegaLambdaTec nutzt KI und Data Science, um Energienetze, Mobilitätssysteme und industrielle Prozesse effizienter zu machen – und finanziert sein Wachstum über digital ausgegebene

GmbH-Token. Diese Token bilden wirtschaftlich echte GmbH-Anteile ab, sind aber ohne Stimmrechte strukturiert. So können auch private Anleger innerhalb weniger Minuten investieren – rechtssicher, ohne Notartermin und ohne hohen administrativen Aufwand.

Gastbeitrag

Dr. René Fassbender

Gründer und Geschäftsführer
OmegaLambdaTec GmbH

Tokenisierte Startup-Beteiligungen: Ein Schlüssel für DeepTech in Deutschland

---

Vorstellung des Autors: ***Dr. Rene Fassbender*** *ist Gründer und Geschäftsführer des 2015 gegründeten KI und Data Science Startups* ***OmegaLambdaTec*** *mit Sitz in Garching bei München. Nach seinem Studium der Physik und Astronomie an der Universität Heidelberg promovierte er 2007 an der LMU München in Astrophysik und forschte auf dem Gebiet der kosmischen Strukturentwicklung im frühen Universum.*

Die langjährige wissenschaftliche Expertise im Umgang mit großen und komplexen Datensätzen, der Extraktion von schwachen und versteckten Signalen sowie der Konzeption und Entwicklung vollautomatisierter Data-Processing Pipelines nutzt er jetzt mit seinem Team bei OmegaLambdaTec für die Entwicklung zukunftsweisender KI-basierter Nachhaltigkeits-lösungen in den Themenbereichen Grüne Energie und Energiewende, Mobilitätswende und der Transformation zur Net-Zero Economy. Seine aktuellen Lieblingsthemen sind DeepTech-Allianzen für Industrie und Mittelstand sowie neue Finanzierungsmöglichkeiten für den Innovationsstandort Deutschland.

Der wirksamste Hebel für den zukünftigen wirtschaftlichen Erfolg Deutschlands ist eine deutlich engere Verknüpfung des vorhandenen privaten Kapitals mit DeepTech-Innovationen made in Germany. Da beides reichlich vorhanden ist im Land, war ich schon seit geraumer Zeit auf der Suche nach einer Lösung, wie sich tokenisierte virtuelle Geschäftsanteile sehr einfach und niedrigschwellig an Privatinvestoren ausgeben lassen.

Weil wir bei OmegaLambdaTec seit Gründung 2015 an vielen Fronten Pionierarbeit leisten – von bahnbrechenden KI-Lösungen für die Energiewende und Industrie bis hin zu neuen Geschäftsmodellen –, wollen wir auch beim Thema Wachstumsfinanzierung Vorreiter und Wegbereiter für moderne Formen von Finanzierungsinstrumenten sein.

Als ich dann Mitte 2025 von den neuen GmbH Token erfahren habe, die Tokenize.it als schlüsselfertige Gesamtlösung anbietet, war mir sofort klar, dass wir darüber die komplette Wachstumsfinanzierung der OmegaLambdaTec machen werden.

Das gesuchte neue Finanzierungsinstrument war nun endlich da und reif für den Praxiseinsatz. Darüber hinaus ist das nun auch ein echter Gamechanger für die gesamte deutsche DeepTech-Startup-Finanzierung. Denn nun ist es möglich, maximal einfach und rechtssicher Startup-Investments über GmbH Token zu tätigen – ohne Kosten und Aufwand und zugänglich für den gesamten europäischen Wirtschaftsraum.

Damit fallen nun alle wesentlichen Hürden für Startup-Beteiligungen weg, womit sich die Basis möglicher (Privat)Investoren schlagartig um zwei Größenordnungen erweitert. Die Finanzierung – und damit auch mögliche attraktive Exit-Erlöse – wird nun endlich auch denjenigen zugänglich gemacht, die auch tatsächlich die Potenziale neuer DeepTech-Technologien und DeepTech-Innovationen verstehen.

Da diese virtuellen Anteile ökonomisch vollkommen äquivalent sind zu klassischen GmbH-Anteilen und darüber hinaus auch noch handelbar sind, dafür ohne Stimmrechte, ist diese Beteiligungsform für fast alle Investoren nur von Vorteil. Aktive Gesellschafter-Stimmrechte machen für alle Beteiligten nur Sinn, wenn strategische Unternehmensentscheidungen zur Erschließung neuer DeepTech-Märkte auch konstruktiv begleitet werden können – was wohl für die allerwenigsten Investoren zutreffen dürfte, bei Bedarf aber auch über die GmbH Token abbildbar wäre.

Für mich sind die neuen virtuellen Beteiligungsmöglichkeiten über die GmbH Token von Tokenize.it die größte Innovation im Investment-Bereich seit es GmbHs gibt, sprich seit 1892. Dieses Beispiel zeigt auch allgemein auf, was es braucht, um neue technische Lösungen skalierbar in die Praxis zu bringen.

Die technologische Plattform, um einfach und nutzerfreundlich virtuelle Geschäftsanteile als Smart Contract in der Blockchain abzubilden, ist nämlich nur die halbe Miete – die zweite Hälfte ist jetzt eine echte juristische Innovation. Denn hier hat es Tokenize.it tatsächlich geschafft, mit Unterstützung großer spezialisierter Anwaltskanzleien, im komplexen Dickicht des deutschen GmbH-Rechts und der Wertpapier-Regulatorik ein standardisiertes und international gültiges Vertragswerk zu schaffen, das nun voll automatisiert und digital jedem einzelnen Investment zugrunde liegt.

Dass nun jede Privatperson und jedes Unternehmen im europäischen Wirtschaftsraum in weniger als zehn Minuten rechtssicher, kosten- und aufwandsfrei in deutsche Startups und GmbHs investieren kann, ist wirklich eine großartige Leistung. Ihre weitreichende Wirksamkeit für die gesamte deutsche Wirtschaft wird sich in den nächsten Jahren erst richtig entfalten.

Die technische Grundlage dafür bietet die Plattform Tokenize.it, gegründet von Christoph Jentzsch, einem deutschen Physiker, Softwareentwickler und Blockchain-Experten. Jentzsch war Mitentwickler des Ethereum-Netzwerks und hat mit Tokenize.it eine Brücke geschlagen zwischen klassischem Gesellschaftsrecht und digitaler Finanzierung. Sein Ziel: Unternehmensbeteiligungen rechtssicher, effizient und ohne technisches Spezialwissen für mehr Menschen zugänglich zu machen.

Die Plattform ermöglicht es GmbHs und UGs in Deutschland und Österreich, Kapital flexibel und kontinuierlich einzusammeln – nicht nur in einzelnen, großen Finanzierungsrunden, sondern laufend und in kleineren Tickets. Für Gründer reduziert das den Aufwand, weil die Beteiligungsrechte digital ausgegeben und verwaltet werden. Für Investoren senkt es die Einstiegshürde, weil sie ohne Notar oder komplizierte Beteiligungsverträge investieren können.

Gastbeitrag

Christoph Jentzsch

Gründer und Geschäftsführer
Tokenize.it GmbH

So funktioniert kontinuierliches Fundraising ohne Notar

Vorstellung des Autors: ***Christoph Jentzsch*** *ist Serial Entrepreneur und Business Angel. Er gilt als einer der ersten Mitarbeiter der heute zweitgrößten Blockchain, Ethereum, und führte 2016 die zum damaligen Zeitpunkt weltweit größte Crowdinvesting-Kampagne durch (TheDAO). 2022 gründete er* ***Tokenize.it*** *mit dem Ziel, Beteiligungen an Unternehmen zu demokratisieren, indem er den Zugang zu Kapitalbeteiligungen vereinfacht, rechtssicher digitalisiert und auch für kleinere Beträge und breitere Anlegergruppen möglich macht.*

Als Founder stellt man recht schnell fest: Fundraising ist eigentlich wie Sales. Statt eines Produkts verkauft man Anteile am Unternehmen, statt mit Kunden verhandelt man mit Investoren über den Preis beziehungsweise die Bewertung. Stellen Sie sich vor, Sie hätten ein Unternehmen und würden für jeden Verkauf einen Notartermin benötigen. Richtig: An ein gut laufendes Geschäft wäre nicht zu denken. Zu hoch wären bürokratischer Aufwand und Kosten.

Aber so funktioniert Fundraising aktuell. Als Gründer steckt man enormen Zeitaufwand in die Vorbereitung einer Runde, schließlich muss man Investoren finden und sich dann mit allen parallel einig werden, um die Runde gemeinsam beim Notar abzuschließen. Statt kontinuierlich Kapital zu raisen, arbeitet man auf einen einzigen Tag hin, der meist alle ein bis anderthalb Jahre stattfindet. Spontane Investments? Kleine Tickets von Friends & Family? Fehlanzeige!

Zu viele Investoren bedeuten administrativen Aufwand, und besonders Venture-Capital-Fonds sind in sukzessiven Fundraising-Runden schnell von vielen Gesellschaftern abgeschreckt. Das Ergebnis: hohe Minimum-Investments, ein starrer Prozess und hohe Kosten für Notar und anwaltliche Ausarbeitung der Verträge.

Ich kenne die Fundraising-Herausforderungen durch meine Tätigkeiten als Investor und Serial Entrepreneur von beiden Seiten. Deshalb habe ich Tokenize.it gegründet. Bevor es in die Details geht: Tokenize.it ermöglicht es GmbHs sowie UGs in Deutschland und Österreich, kontinuierlich Kapital zu raisen – ohne Notar, komplett digital und auch mit kleinen Beträgen. Wer jetzt denkt, dass das sicherlich über Pooling- oder SPV-Vehikel funktioniert (also eine zwischengeschaltete Firma, manchmal auch ansässig im Ausland, die Anteile am eigentlichen Unternehmen hält und in der Investoren gebündelt werden), den muss ich enttäuschen. Denn bei Tokenize.it wird direkt und ohne Umwege in das Startup investiert.

Das Geheimnis liegt in einer juristischen und einer technologischen Innovation. Die juristische Innovation sind Genussrechte, die zusammen mit der Kanzlei CMS so ausgestaltet wurden, dass Investoren wirtschaftlich mit Gesellschaftern gleichgestellt werden. Genussrechte sind einfach nur eine Möglichkeit, in etwas zu investieren, genau wie Wandeldarlehen, Aktien oder Gesellschaftsanteile. Dabei sind sie aber deutlich freier gestaltbar als Letztere, können jedoch nie mit einem Stimmrecht ausgestattet werden. Investoren werden durch Genussrechte auch nicht Teil des Handelsregisters (alles, was mit dem Handelsregister zu tun hat, wie etwa Stimmrechte und Gesellschafteranteile, würde einen Notar erfordern).

Was zunächst nach einem Nachteil für Investoren klingt, muss nicht zwangsweise einer sein. Denn dadurch, dass die Investoren „nur“ Teil des wirtschaftlichen Cap Tables werden (also im Fall von Dividendenzahlungen oder eines Exits wie die Gesellschafter profitieren), bleibt das Startup interessant für VC-Investments zu einem späteren Zeitpunkt.

In den meisten Fällen haben Familie, Freunde oder Business Angel sowieso nicht genug Anteile, um Entscheidungen signifikant zu beeinflussen. Außerdem müssen Genussrechtsinvestoren keine Gesellschaftervereinbarungen unterschreiben und haben dadurch weniger administrativen Aufwand. Gleichzeitig wird so auch der administrative Aufwand der Gründer gering gehalten. Durch die besondere Ausgestaltung der Genussrechte von Tokenize.it kommt also das Beste aus beiden Welten zusammen: ein Investmentvehikel, das Investoren glücklich macht und gleichzeitig die Kosten sowie den administrativen Aufwand minimiert.

Die technische Innovation ist die Tokenisierung der Genussrechte, die komplett im Hintergrund der Plattform abläuft – weder Investor noch Gründer benötigen dabei Blockchain-Kenntnisse. So kann eine Handelbarkeit auf einem Sekundärmarkt hergestellt werden, und Investoren müssen nicht mehr zwangsweise auf einen Exit zum Verkauf warten.

In Kombination ergibt sich die Tokenize.it-Plattform, über die Startups entweder im Private oder im Public Fundraise Kapital raisen können. Beim Private Fundraise können maximal 149 Investoren geclosed werden, allerdings ist die Gesamtsumme nicht beschränkt, und es wird keinerlei Prospekt bei der Finanzaufsichtsbehörde benötigt.

Wer eine größere Community hat, sollte besser das Public Fundraise nutzen, das mit Crowdinvesting verglichen werden kann. Hierbei können maximal acht Millionen Euro in einem Jahr geraised werden – ohne Begrenzung der Investorenanzahl (Hinweis: In Österreich gilt dasselbe Prinzip, nur mit anderen Limits). In beiden Fällen erhält das Startup den Invest-Now-Button, der als HTML-Code-Snippet einfach in die Webseite integriert werden kann. Über den Button kann dann Aufmerksamkeit in Investments konvertiert werden.

Zusätzlich zum Fundraising können über die Genussrechte aber auch Mitarbeiter oder Externe, wie etwa Influencer, ganz einfach am Unternehmen beteiligt werden. Genau wie bei VSOP-Programmen können Cliffs und Vesting abgebildet werden, allerdings sind die Genussrechte steuerlich vorteilhafter für die Mitarbeiter.

Auch wenn Crowdinvesting und tokenisierte Beteiligungen neue, niedrigschwellige Zugänge eröffnen, bleibt der professionelle Beteiligungsmarkt ein wichtiges Feld für größere Summen und langfristige Engagements. Wer mehr Kapital einsetzen und dabei auf erfahrenes Fondsmanagement setzen möchte, findet im klassischen Fondsmodell wirkungsvolle Möglichkeiten, wie wir im nächsten Abschnitt sehen.

Limited Partner in Fonds
Neben Family & Friends und Crowdinvesting gibt es die Möglichkeit, sich als *Limited Partner (LP)* in Fonds zu beteiligen. Hier stellst du Kapital bereit, während professionelle Fondsmanager über die Auswahl und das Management der Investments entscheiden. Um diesen Ansatz einzuordnen, lohnt es sich, die beiden wichtigsten Fondsarten zu unterscheiden:

1. Venture Capital (VC)
Venture-Capital-Fonds investieren in junge, innovative Unternehmen mit hohem Wachstumspotenzial. Das Risiko ist groß – viele Startups scheitern –, dafür sind die Renditechancen hoch, wenn sich ein Geschäftsmodell durchsetzt. Ein prominentes Beispiel in Deutschland ist der High-Tech Gründerfonds (HTGF), der seit 2005 Hunderte von Startups in der Frühphase begleitet hat und für viele Gründer der erste institutionelle Investor war.

2. Private Equity (PE)
Private-Equity-Fonds richten ihren Blick dagegen auf reifere Unternehmen, oft etablierte Mittelständler. Hier geht es weniger um die erste Wachstumszündung, sondern um professionelle Weiterentwicklung: Optimierung, Expansion oder Nachfolge. Das Risiko ist niedriger als im VC-Bereich, dafür sind die Renditen in der Regel stabiler und stärker planbar.

Einige Private-Equity-Gesellschaften haben sich im deutschsprachigen Raum besonders auf mittelständische Nachfolgelösungen spezialisiert. Dazu gehört AUCTUS Capital Partners, ein aktiver Investor in profitable, gewachsene Mittelstandsunternehmen – häufig im Rahmen von Management-Buy-Outs oder Generationenwechseln. Triton Partners zählt zu den größeren Fonds und übernimmt regelmäßig etablierte Industrie- und Dienstleistungsunternehmen, oft genau dann, wenn eine strategische Übergabe oder eine familieninterne Nachfolge ansteht. Paragon Partners wiederum fokussiert sich auf Buyouts im Mittelstand, insbesondere in Industrie, Konsumgüter und Healthcare – drei Bereiche, in denen viele Gründer altersbedingt ausscheiden, Nachfolger fehlen oder große Investitionen anstehen, die die nächste Generation oft nicht allein stemmen kann. Ähnlich ausgerichtet ist Afinum: Der Fonds investiert gezielt in Management-Buy-Outs und Wachstumsphasen mittelständischer Unternehmen und ist damit ein klassischer Partner für Unternehmer, die ihr Lebenswerk in neue Hände geben wollen. Für Anleger bedeutet das: Private-Equity-Fonds wie diese bieten die Möglichkeit, indirekt an stabilen, etablierten Mittelständlern zu partizipieren – und dabei eine zentrale Rolle im deutschen Nachfolgemarkt zu finanzieren.

Die Rolle als LP

Als Limited Partner bringst du Kapital ein, hast aber keine aktive Rolle im Tagesgeschäft der Fonds. Dein Einfluss auf einzelne Entscheidungen ist gering – dafür profitierst du von der Professionalität, dem Netzwerk und der Marktkenntnis des Fondsmanagements. Ein weiterer Vorteil ist die Diversifikation: Dein Kapital wird auf viele Unternehmen verteilt, sodass sich Chancen und Risiken ausgleichen können.

Der Zugang zu VC- oder PE-Fonds ist in der Regel institutionellen Anlegern und vermögenden Privatpersonen vorbehalten, da die Mindesttickets meist im sechs- bis siebenstelligen Bereich liegen. Wer diesen Weg geht, wird nicht operativ wirksam, kann aber dennoch mit seinem Kapital dazu beitragen, dass Innovationen und unternehmerische Weiterentwicklungen überhaupt möglich werden.

Family & Friends, Crowdinvesting und LPs in Fonds unterscheiden sich in Reichweite und Struktur – vom sehr persönlichen Vertrauensvorschuss im engsten Umfeld über gemeinschaftliche Investments mit Community-Charakter bis hin zur professionellen Diversifikation in VC- oder PE-Fonds. Gemeinsam ist ihnen: In allen Fällen bringst du Kapital ein, ohne selbst ins operative Geschehen einzugreifen.

Gerade weil der eigene Einfluss gering ist, spielt ein anderer Punkt eine umso größere Rolle: der bewusste Umgang mit Risiko. Denn ob kleines Ticket bei Family & Friends oder Millionenbeteiligung in einem Fonds – am Ende entscheidet die Risikostruktur darüber, ob dein Investment Wirkung entfaltet oder verpufft.

Strategien zur Risikominimierung

Investieren ist immer mit Risiko verbunden. Die wichtigste Regel lautet deshalb: Setze nur Kapital ein, dessen Verlust du verkraften kannst. Wer Geld investiert, das er übermorgen für den Hauskauf, die Altersvorsorge oder andere fest eingeplante Zwecke benötigt, wird im Zweifel zu früh nervös und trifft schlechte Entscheidungen. Investieren sollte mit dem Teil des Vermögens geschehen, der nicht fest verplant ist – und idealerweise mit einer Haltung, die eine gewisse spielerische Distanz zulässt. So entsteht der notwendige Abstand, um Chancen zu erkennen und Rückschläge auszuhalten.

Gerade bei Direktinvestments in Startups ist das wichtig, denn sie gehören zu den riskantesten Anlageformen überhaupt. Nur ein kleiner Teil der Investments geht wirklich auf – je nach Erfahrungswerten vielleicht jedes vierte oder fünfte. Doch die erfolgreichen haben das Potenzial, die Ausfälle mehr als wettzumachen. Das liegt an der Logik des sogenannten Power Law: Wenige große Gewinner finanzieren die Verluste vieler kleinerer Fehlschläge. Wer das versteht, wird nicht enttäuscht, wenn einzelne Beteiligungen scheitern, sondern plant von Anfang an bewusst ein Portfolio, in dem die Chancen auf mindestens einen „Ausreißer nach oben" realistisch sind.

Damit rückt Diversifikation in den Vordergrund. Risiken lassen sich nicht ausschalten, wohl aber breit und strukturiert verteilen – über mehrere Unternehmen, über unterschiedliche Branchen, über verschiedene Entwicklungsphasen. Wer die aktive Selektion scheut oder nicht die nötige Zeit und Erfahrung hat, kann Diversifikation auch einkaufen, indem er sich als Limited Partner an einem Fonds beteiligt. Das bedeutet zwar weniger direkten Einfluss, aber eine professionelle Streuung und ein strukturiertes Monitoring.

Auch Co-Investments sind eine wirksame Strategie. Wer sich mit erfahrenen Business Angels oder Lead-Investoren zusammenschließt, profitiert nicht nur vom gemeinsamen Kapital, sondern auch von Erfahrung, Netzwerk und geteiltem Wissen. Clubs und Netzwerke erhöhen den Dealflow, kuratieren die Auswahl und senken so die Gefahr von Blindspots. Natürlich ersetzt das nicht die eigene Prüfung, aber es reduziert viele typische Anfängerfehler.

Viele junge Unternehmen präsentieren sich heute mit Förderstempeln, Hochschulpreisen oder Siegeln. Das ist nützlich, weil es zeigt, dass ein Konzept schon durch mehrere Hände gegangen ist – doch es ist kein Qualitätsgarant. Awards und Programme haben oft auch einen Marketing-Charakter. Sie können ein Signal sein, dass ein Team sichtbar ist und erste Hürden genommen hat, doch die eigentliche Qualitätsprüfung muss der Investor selbst leisten. Marktlogik, Teamkompetenz, Kundenfeedback und Unit Economics sind am Ende weit entscheidender als Pokale auf der Gründerbühne.

Die eigene Due Diligence bleibt deshalb unverzichtbar. Sie muss nicht ausufernd sein, aber sie sollte fokussiert und konsistent durchgeführt werden. Ob Team, Cap Table, Marktgröße, Go-to-Market-Strategie, Cash-Burn, Kundenreferenzen oder rechtliche Basics – wer diese Punkte systematisch prüft, statt sich von Pitch-Narrativen treiben zu lassen, minimiert die Wahrscheinlichkeit unangenehmer Überraschungen.

Auch nach dem Investment lässt sich Risiko aktiv steuern. Wer als Investor dranbleibt, regelmäßige Updates einfordert, Fragen stellt und als Sparringspartner fungiert, erkennt frühzeitig, wenn ein Startup in die falsche Richtung läuft. Für alle, die selbst nicht die Zeit oder die Erfahrung mitbringen, lohnt es sich, auf Sparringspartner zurückzugreifen – sei es in Form von Mentoren, in Netzwerken oder in professionellen Begleitprogrammen. Die Kunst liegt weniger darin, kluge Tipps zu geben, sondern darin, einen verlässlichen Rhythmus zu schaffen, die richtigen Fragen zu stellen und ein Korrektiv einzubauen.

Auch die finanzielle Seite verdient Aufmerksamkeit. Ticketgrößen sollten bewusst gewählt und Reserven eingeplant werden, um im Erfolgsfall an Folgerunden teilnehmen zu können. Ein zu großes Engagement in einer sehr frühen Phase erhöht das Klumpenrisiko erheblich – besonders bevor bewiesen ist, dass ein Produkt einen echten Markt gefunden hat.

Nicht zuletzt steckt Risikomanagement auch in den Vertragsdetails. Bewertungen, Liquidation Preferences, Verwässerungsschutz oder Informationsrechte sind keine Nebensachen, sondern Stellschrauben, die im Ernstfall über Erfolg oder Misserfolg entscheiden. Wer die grundlegenden Mechanismen versteht oder sich erklären lässt, kauft nicht nur Anteile, sondern auch Klarheit darüber, welche Risiken er trägt.

Und schließlich: Gute Investments entstehen nicht nur aus einmaligen Entscheidungen, sondern aus Prozessen. Wer seine Entscheidungen an konkret definierten Meilensteinen ausrichtet – etwa an nachgewiesener Kundennachfrage, erreichter Marge oder funktionierendem Vertrieb –, steuert bewusster und unabhängiger von Bauchgefühl oder Gründercharisma. Risiken lassen sich nicht eliminieren, doch mit einem klaren Set an Regeln, Diversifikation, laufender Begleitung und der Bereitschaft, auch eigene blinde Flecken durch Sparringspartner auszugleichen, sinkt die Fallhöhe erheblich. So wird aus hohem Risiko kalkuliertes Risiko – und damit eine realistische Chance auf echte Wirksamkeit.

Vom Kapital zur Erfahrung

Investieren heißt, Kapital in Bewegung zu bringen und damit Unternehmertum zu ermöglichen. Schon das kann enorme Wirkung entfalten. Doch viele Investoren merken mit der Zeit: Die spannendsten Momente entstehen dort, wo Geld und Erfahrung zusammentreffen.

Wer investiert, begleitet oft auch – als Mentor, Beirat oder Sparringspartner. Hier verschwimmen die Grenzen zwischen Kapital und Erfahrung. Und genau dort beginnt das nächste Spielfeld: *Begleiten*. Dort steht nicht mehr Geld im Mittelpunkt, sondern Erfahrung und Netzwerk – die Währungen erfahrener Möglichmacher.

12

Begleiten: Zeit und Erfahrung einbringen

Warum Begleiten ein spannendes Feld ist

Wer Kapital investiert, bewegt Unternehmen finanziell. Wer Wissen, Netzwerk und Erfahrung einbringt, bewegt sie inhaltlich – oft sogar tiefer und nachhaltiger. Begleiten ist die reinste Form unternehmerischer Wirksamkeit jenseits des Geldes. Es geht darum, Gründer und Unternehmer so zu stärken, dass ihre Vorhaben tragfähig, widerstandsfähig und zukunftsfähig werden.

Begleiter sind keine operativen Mitstreiter und keine stillen Zuschauer. Sie nehmen eine Zwischenrolle ein: nicht im Tagesgeschäft, aber nah genug dran, um Orientierung zu geben, die richtigen Fragen zu stellen, Türen zu öffnen und Impulse zu setzen. Ihre Wirksamkeit entsteht dort, wo sie Klarheit schaffen, Vertrauen stiften und Perspektiven einbringen, die nur entstehen, wenn man selbst Krisen, Wendepunkte und Transformationen durchlebt hat.

Diese Form der Wirksamkeit ist vielfältig – sie reicht vom punktuell begleitenden Mentor bis zum Beirat oder Aufsichtsrat, der systematisch in Entscheidungen eingebunden ist. Was sie alle verbindet, ist eine gemeinsame Haltung: Man muss nicht selbst am Steuer sitzen, um den Kurs eines Unternehmens wesentlich zu beeinflussen.

Wann dieses Feld zu dir passt

Begleiten ist das richtige Feld für Menschen, die Freude daran haben, andere wachsen zu sehen – und die schon immer gerne Menschen zusammengebracht, Kontakte hergestellt und Netzwerke aktiviert haben. Es passt zu dir, wenn du darin aufgehst, Orientierung zu geben, Türen zu öffnen und kluge Fragen zu stellen.

Besonders geeignet ist dieses Feld für Persönlichkeiten, die bereits unternehmerische oder berufliche Stationen durchlaufen haben und ihre Erfahrung nun weitergeben möchten. Begleiten heißt, den Erfolg anderer zu ermöglichen – nicht den eigenen fortzuschreiben oder zu wiederholen. Es ist kein Feld für Selbstdarsteller, sondern für Menschen, die bereit sind, Verantwortung in anderer Form zu übernehmen: durch Feedback, Reflexion und die Weitergabe ihres Netzwerks.

Begleiten passt zu dir, wenn du deine Ressourcen bewusst im Hintergrund einsetzt – und wenn du es aushältst, dass andere die Entscheidungen treffen, während deine Wirksamkeit darin liegt, dass diese Entscheidungen fundierter, reflektierter und strategisch klarer werden.

Möglichkeiten in diesem Feld

Das Feld des Begleitens ist besonders vielfältig. Du kannst dich auf ganz unterschiedliche Weise einbringen – je nachdem, wie strukturiert dein Einsatz sein soll, ob er unentgeltlich oder vergütet erfolgt und ob du rechtliche Verantwortung übernimmst oder nicht. Manche Begleiter stehen punktuell zur Verfügung, andere übernehmen dauerhafte Rollen in Gremien. Manche tun es ehrenamtlich, andere professionell.

Um diese Bandbreite greifbar zu machen, hilft ein Stufenmodell. Es zeigt, wie Begleiten von einer niedrigschwelligen, persönlichen Form bis hin zu formaler Verantwortung im Aufsichtsrat reichen kann: vom Mentor, der punktuell Orientierung gibt, über den Experten, der spezifisches Fachwissen einbringt, bis hin zum Beirat und schließlich zum Aufsichtsrat, wo neben Beratung auch Kontrolle, Haftung und Entscheidungsverantwortung hinzukommen.

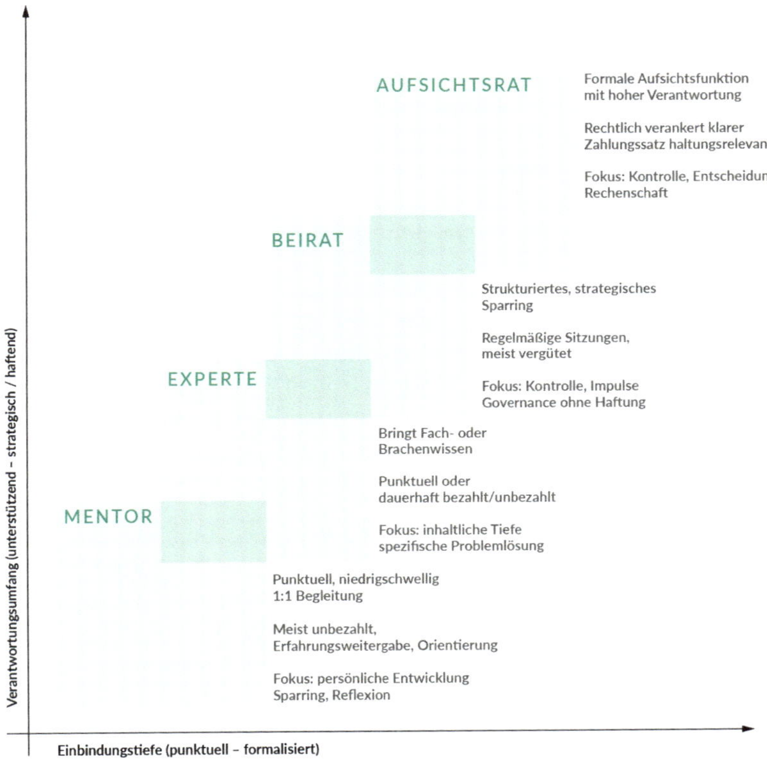

Abb. 12.1: Das Stufenmodell des Begleitens

Die Darstellung zeigt, wie sich Begleiterrollen entlang zweier Dimensionen entwickeln: vom punktuellen Sparring bis zu formalisierten Verantwortlichkeiten in Kontrolle und Governance.

Die vier Ebenen des Begleitens – Mentor, Experte, Beirat und Aufsichtsrat – lassen sich entlang zweier Achsen systematisieren: horizontal steigt die *Einbindungstiefe* von punktuell bis formalisiert, vertikal der *Verantwortungsumfang* von unterstützend bis strategisch. Je weiter du dich auf dieser Leiter nach oben bewegst, desto klarer definiert, strukturierter und verantwortungsvoller wird dein Einsatz. Am Anfang steht die niedrigschwellige Form: das Mentoring.

Mentoring
Mentoren begleiten Gründer oder Unternehmer punktuell, persönlich und ohne formale Rolle. Sie hören zu, stellen die richtigen Fragen, geben Feedback und teilen ihre Erfahrungen. Oft sind es kurze Gespräche oder regelmäßige Treffen, die unspektakulär beginnen, aber dennoch große Wirkung entfalten können. Mentoring ist eine der niedrigschwelligsten Formen, Wissen und Netzwerk einzubringen – und zugleich eine der wirksamsten, weil es direkt bei den handelnden Personen ansetzt.

Die Wirkung liegt selten in umfangreichen Strategiepapieren, sondern in kleinen, entscheidenden Impulsen: eine Nachfrage, die eine Denkfalle löst. Ein Kontakt, der plötzlich Türen öffnet. Oder schlicht die Erfahrung, dass jemand zuhört, der selbst schon Höhen und Tiefen erlebt hat. Gerade diese Nähe macht Mentoring so wertvoll – es ist ein Austausch auf Augenhöhe, der Gründer stärkt, ohne ihnen die Verantwortung abzunehmen.

Viele Mentoren finden ihren Weg über persönliche Kontakte – weil Menschen im eigenen Umfeld gründen oder sie gezielt um Unterstützung bitten. Andere schließen sich Mentorenprogrammen an, die Menschen systematisch zusammenbringen: von Initiativen im Hochschulumfeld über branchenspezifische Netzwerke bis hin zu Programmen von Stiftungen und Verbänden. Auch die Rolle als Juror bei Gründer- oder Businessplanwettbewerben kann eine Form von Mentoring sein – durch Feedback, kritische Fragen und den Anstoß, Ideen zu schärfen.

Mentoring eignet sich besonders für Menschen, die Freude daran haben, andere wachsen zu sehen. Wer zuhören kann, Zusammenhänge schnell erfasst und Wissen gerne teilt, findet hier eine Form der Wirksamkeit, die nah an den Menschen ist – und deren Bedeutung oft unterschätzt wird. Es geht nicht darum, fertige Lösungen zu liefern, sondern Denkprozesse anzuregen, Reflexion zu fördern und Mut zu machen.

Ein Beispiel dafür, wie bedeutsam diese Rolle sein kann, zeigt Josef Brunner. Er hat mehrfach gegründet, Unternehmen aufgebaut und verkauft. Heute engagiert er sich als Investor, Aufsichtsrat und Mentor – und zeigt damit exemplarisch, dass unternehmerische Wirksamkeit nicht an die eigene Gründung gebunden ist, sondern sich in neuen Rollen fortsetzen kann. Aktuell baut er mit NutriUnited einen Buy-&-Build-Ansatz

im Bereich Food & Nutrition auf und gestaltet damit aktiv die nächste Wachstumsphase eines stark fragmentierten Marktes.

Trotz dieser großen unternehmerischen Projekte betont Brunner jedoch immer wieder, dass Wirksamkeit nicht nur im großen Stil entsteht. Für ihn ist entscheidend, dass Menschen sich überhaupt einbringen – auch niedrigschwellig, mit Zeit, Wissen oder als Sparringspartner für die nächste Generation. Sein Blick richtet sich besonders auf den deutschen Mittelstand. Brunner ist überzeugt: Gerade hier entscheidet sich, ob Deutschland seine wirtschaftliche Stärke behält. Doch Zukunftsfähigkeit entsteht nicht von allein – sie braucht Menschen, die ihre Erfahrung teilen und die nächste Generation begleiten.

Stimme der Wirtschaft:
Josef Brunner

Serienentrepreneur & Investor

Ich hatte das Glück, Mentoren an meiner Seite zu haben, die einen enormen Einfluss auf meine Entwicklung hatten – unternehmerisch und persönlich. Dieses Wissen und meine unternehmerischen Erfahrungen möchte ich nun selbst an die nächste Generation weitergeben. Weil ich Verantwortung dazu spüre und weil es kaum etwas Erfüllenderes gibt, als jungen Menschen dabei zu helfen, ihre unternehmerischen Träume zu verwirklichen.

Experte

Während Mentoren meist unentgeltlich arbeiten und Gründer breit begleiten, Orientierung geben und Türen öffnen, ist die Rolle des Experten deutlich fokussierter. Experten bringen spezifisches Fachwissen ein – zu einem klar umrissenen Thema, das für Gründer und Unternehmer in einer bestimmten Phase entscheidend ist. Es geht weniger um Breite, sondern um gezielte Tiefe.

Ein Beispiel: Ein Experte, der sich seit Jahren auf Pricing-Strategien für SaaS-Geschäftsmodelle spezialisiert hat, bringt eine Erfahrungstiefe mit, die Gründer selbst mit intensiver Recherche kaum erreichen könnten. Genau solche Nischenkompetenzen können für junge Unternehmen den Unterschied machen – ob bei Geschäftsmodellen, in technologischen Fragen oder bei rechtlichen und steuerlichen Themen.

Häufig werden Experten in Inkubations- und Akzelerationsprogrammen eingebunden. Dort stehen sie punktuell zur Verfügung, wenn konkrete Fragestellungen auftreten. Wer über solches Spezialwissen verfügt, kann sich in diesen Programmen gezielt einbringen – oft pro bono, manchmal auch im Rahmen klar definierter Honorarsätze.

Die Wirksamkeit der Expertenrolle liegt in dieser Punktgenauigkeit: Experten entscheiden nicht selbst, sie ermöglichen Entscheidungen. Indem sie Wissen einbringen, das anderen den Weg ebnet, schaffen sie Wirkung mit hoher Präzision – genau dort, wo sie gebraucht wird. Und gerade das kann erfüllend sein: der Beitrag, mit punktgenauer Expertise ein ganzes Vorhaben spürbar voranzubringen.

Beirat
Mit der Rolle im Beirat erreicht das Begleiten eine neue Stufe: Sie ist formalisiert, institutionell eingebettet und mit klaren Aufgaben verbunden. Anders als Mentoren oder Experten, die meist punktuell und informell agieren, wird der Beirat systematisch in die Unternehmensführung eingebunden – ohne selbst operativ tätig zu sein.

Ein Beirat ist strategischer Sparringspartner der Geschäftsführung. Er hinterfragt Strategien, eröffnet neue Perspektiven und gibt Impulse, die aus dem Tagesgeschäft heraus oft nicht sichtbar sind. Gleichzeitig übernimmt er eine übergeordnete Kontrollfunktion: Er sorgt dafür, dass unternehmerische Entscheidungen nicht nur visionär, sondern auch tragfähig und verantwortungsvoll sind.

In der Praxis sind Beiräte häufig mit Investoren besetzt. Für Kapitalgeber hat das den Vorteil, unmittelbaren Einblick in die Entwicklung „ihres“ Unternehmens zu erhalten und bei Bedarf stärker eingreifen zu können. Doch genau das birgt eine Gefahr: Wenn Beiräte ausschließlich von Investoren geprägt sind, droht eine einseitige Sicht auf Rendite und Risikosteuerung. Für die Wirksamkeit eines Unternehmens ist es jedoch oft wertvoller, wenn auch andere Stimmen am Tisch sitzen – Branchenexperten, Unternehmer aus verwandten Feldern oder Persönlichkeiten, die bereits große Transformationsprozesse wie die Digitalisierung erfolgreich durchlaufen haben. Diese Vielfalt erhöht die Qualität der Diskussion und macht den Beirat zu einem echten Resonanzraum.

Wichtig ist die Klarstellung: Anders als ein Aufsichtsrat ist ein Beirat nicht gesetzlich vorgeschrieben. Unternehmen sind nicht verpflichtet, einen Beirat einzurichten. Es ist eine freiwillige Entscheidung, die sich in der Praxis zunehmend durchsetzt – oft auch auf Wunsch von Investoren, die vertraglich einen Sitz im Beirat vereinbaren. Genau darin liegt die Chance: Ein Beirat kann so gestaltet werden, dass er nicht nur den Kontrollinteressen einzelner Kapitalgeber dient, sondern echte Mehrperspektivität schafft.

Aufsichtsrat
Noch stärker formalisiert ist die Rolle im Aufsichtsrat. Hier gelten klare gesetzliche Vorgaben – insbesondere bei Aktiengesellschaften oder mitbestimmten Gesellschaften. Der Aufsichtsrat ist nicht nur beratend, sondern vor allem kontrollierend tätig: Er überwacht die Geschäftsführung, bestellt und entlässt Vorstände und trägt eine rechtlich verankerte Verantwortung. Wer hier seine Pflichten verletzt, kann persönlich haftbar gemacht und zur Verantwortung gezogen werden. Diese Rolle reicht damit weit über Sparring hinaus. Sie verbindet Einfluss mit rechtlich bindender Verantwortung.

Der Aufsichtsrat bildet damit die Spitze der Skala im Begleiten: maximale Formalisierung, klare Pflichten, hohe Verantwortung. Während der Beirat flexibel und freiwillig gestaltet werden kann, steht der Aufsichtsrat für institutionalisierte Kontrolle und langfristige Verpflichtung.

An dieser Schnittstelle zwischen Beirat und Aufsichtsrat wird sichtbar, wie vielfältig die Ausprägungen des Begleitens sind – vom informellen Mentoring bis hin zur gesetzlich verankerten Kontrollfunktion. Doch was bedeutet das in der Praxis? Wie findet man die richtige Balance zwischen Beratung, Kontrolle und Inspiration? Und wie lassen sich diese Rollen so ausfüllen, dass sie nicht nur Pflichterfüllung sind, sondern echte Wirksamkeit erzeugen?

Gastbeitrag

Guido Happe

Gründer und Geschäftsführer
Board Partners GmbH

Wirksam mitgestalten: Die Rolle von Beiräten und Aufsichtsräten

---

Vorstellung des Autors: ***Guido Happe*** *ist Gründer der* ***Board Partners GmbH****, einer internationalen Personalberatung mit Standorten in Europa, Afrika, Südamerika und Australien. Zudem hat er die Board Academy aufgebaut, deren Zertifizierungsprogramm „Zertifiziertes Mitglied im Aufsichtsrat und Beirat" seit 2010 etabliert ist und heute auch in Österreich, Südafrika, Brasilien und Mexiko vertreten wird. Darüber hinaus hat er das „Enkelfähigkeit® Eco System" mit Akademie und Beratung für Familienunternehmen ins Leben gerufen. Aktuell ist Happe als Gremienvorsitzender der Unternehmensberatung concimus (SCM, Einkauf, Logistik), als Beiratsmitglied bei HKS Drehantriebe und als Stiftungsrat bei forum Nachhaltig Wirtschaften tätig.*

Ich möchte mit Impulsen und Gedanken beginnen.
Unternehmerische Verantwortung reicht über das eigene operative Geschäft hinaus. Je mehr Erfahrung man gesammelt hat, desto deutlicher spürt man die Möglichkeit, dieses Wissen an anderer Stelle wirksam einzusetzen. Genau hier liegt für mich die Faszination der Gremienarbeit. Beiräte und Aufsichtsräte sind Orte, an denen Wissen, Netzwerke, Lebenserfahrung und die leidenschaftliche Lust auf Zukunft Wirkung entfalten.

In meiner Arbeit habe ich viele Unternehmen in sehr unterschiedlichen Situationen erlebt und begleitet – traditionsreiche Familienunternehmen, die vor einer Nachfolge stehen, Mittelständler im technischen Wandel, junge Startups auf Wachstumskurs. In all diesen Fällen wird eines deutlich: Ein gutes Gremium schafft Wert. Aus der Erfahrung heraus sehe ich einen klaren Zusammenhang zwischen nachhaltigem Erfolg und der aktiven Nutzung eines Beirats.

Ein gutes Gremium bietet der Geschäftsführung Orientierung, stellt systemische Fragen, öffnet Türen, die sonst verschlossen bleiben, und übernimmt Verantwortung für Transparenz und Governance. Diese Rolle ist anspruchsvoll, weil sie Mehrdimensionalität verlangt: nah genug am Unternehmen, um wirklich zu verstehen, was geschieht – und gleichzeitig weit genug weg, um mit Distanz und Überblick zu beraten, ohne zur „Schattengeschäftsführung“ zu werden.

Wer ein Gremium übernimmt, übernimmt Verantwortung auf mehreren Ebenen:

1. Auf strategischer Ebene: Welche Märkte wollen wir erschließen? Wie gehen wir mit neuen Technologien um? Wie sichern wir die Wettbewerbsfähigkeit?

2. Auf der Ebene von Governance und Kontrolle: Werden Regeln eingehalten? Werden Risiken erkannt? Werden Entscheidungen transparent getroffen?

3. Auf der operativen Ebene im Sinne von „Dreams and Details“: also der Verbindung von Zukunftsbild und konkreter Umsetzung – die richtigen Dinge tun, und die Dinge richtig tun.

Hinzu kommt die Netzwerkkraft, die Beiräte und Aufsichtsräte einbringen können. Oft reicht ein Kontakt, ein Hinweis, eine Tür, die aufgeht – und eine Entwicklung nimmt Fahrt auf, die sonst vielleicht nie entstanden wäre. Und das idealerweise mit der richtigen Geschwindigkeit und unter kontrollierten Bedingungen.

Genau aus diesem Grund habe ich die Board Academy gegründet. Sie soll Menschen befähigen, diese Rollen professionell auszufüllen. Wir bieten nicht nur Fachwissen, sondern auch Austausch und Reflexion. Mir geht es darum, Persönlichkeiten zu entwickeln, die bereit sind, Verantwortung in Gremien zu übernehmen – nicht für den Titel, sondern für die Wirkung.

Die Praxis zeigt, wie viel hier auf dem Spiel steht. Es geht nicht um ein Spiel „auf Zeit“, sondern „über Zeit“. Deshalb führe ich meine Erfahrungen und Perspektiven etwas detaillierter aus: Effektiv und effizient die operative und strategische Zukunftsfähigkeit aktiv gestalten – die wesentliche Rolle von Beiräten und Aufsichtsräten.

Erfahrung braucht Orte der Wirkung
Unternehmerische Verantwortung endet nicht dort, wo man selbst kein operatives Geschäft mehr führt. Im Gegenteil: Mit zunehmender Erfahrung, gereiftem Urteilsvermögen aus Höhen und Tiefen, gewachsenen Netzwerken und einem abrufbaren Ökosystem wird es fast selbstverständlich – und erfüllend –, diese Qualitäten in weitere Unternehmen einzubringen. Gleichzeitig ist das auch eine Chance für einen selbst: Die eigene Erfahrung, das eigene Netzwerk und die eigene Blickschärfe werden erneut aktiviert. Man bleibt wirksam.

Für genau diese Art von Wirksamkeit ist die Arbeit als Beirat und/oder Aufsichtsrat ideal geeignet. Sämtliche fachlichen und persönlichen Perspektiven sind gefragt. In dieser Rolle wechselt man vom Steuer zum Orientierungsgeber.

Gerade in Zeiten von Ungewissheit, sich rapide verändernden Technologielandschaften, permanenter Transformation, Digitalisierung und gesellschaftlichem Wandel sind Unternehmen auf Perspektivenstärke und Erfahrungsqualität angewiesen.

Beiräte und Aufsichtsräte, die in ungewissen Zeiten und komplexen Märkten in der Lage sind, sich ein Bild der Zukunft zu machen – und dieses Bild anschließend operativ zu spiegeln –, können all das in dieser Rolle abrufen. Interessant ist: Man kann sich sehr intensiv einbringen, wenn man möchte, muss es aber nicht über jedes Maß hinaus.

Diese Wahlmöglichkeit schafft gerade in jungen Unternehmen eine hohe Flexibilität für alle Beteiligten. Sie ist ein Weg, Wollen, Können, Dürfen und Sollen in Einklang zu bringen.

Die multiple Rolle: Sparringspartner, Wegweiser und Kontrollinstanz
Beiräte und Aufsichtsräte nehmen eine mehrdimensionale Rolle ein. Einerseits sind sie Sparringspartner, die die Geschäftsführung mit Expertise, Fragen und Impulsen begleiten. Andererseits sind sie eine wegwei-

sende Instanz und übernehmen Kontrolle: Zweckmäßigkeit, Ordnungsmäßigkeit, Wirtschaftlichkeit. Damit tragen sie Verantwortung – stets im Sinne und zum Wohle des Unternehmens.

Diese Vielschichtigkeit macht die Arbeit spannend und anspruchsvoll. Wer hier mitwirken will, muss bereit sein zuzuhören, zu hinterfragen, zu unterstützen – und zugleich Grenzen zu setzen. Grenzen auch für sich selbst. Und das will gelernt sein. In jungen Unternehmen gehört dazu auch operative Detailarbeit, die berühmten „Dreams and Details": Die große Linie halten – und trotzdem nah genug am Alltag sein, damit sie überhaupt tragen kann.

Formen von Beirats- und Aufsichtsratsarbeit

Der (Fach)Beirat: Beratend und strategisch, aber ohne Haftung

Ein (Fach)Beirat ist ein freiwillig eingerichtetes Gremium. Er hat keine gesetzlich festgelegten Rechte, wohl aber klare Aufgaben: Sparring, Beratung, Netzwerke öffnen, Impulse geben.

Seine Wirksamkeit hängt stark von der Kultur des Unternehmens ab. Nimmt die Geschäftsführung die Qualitäten des Beirats an, wird dieser zu einem echten werttreibenden Aktivposten. Wird er als „Pflichtübung" gesehen (beispielsweise weil ein Investor dies verlangt), kann es ein wirkungsloses Miteinander sein.

Der kontrollierende Beirat

Dieser Beirat ist regulatorisch in der Satzung der Gesellschaft eingebettet und mit klaren, auch formalisierten Rechten gegenüber der Geschäftsführung versehen. Hier übernimmt der Beirat auch eine Haftung und hat zugleich Personalkompetenz – das passende Geschäftsführungsteam zu komponieren, zu begleiten und zu kontrollieren.

Der Aufsichtsrat: Formalisiert und rechtlich verankert

Der Aufsichtsrat hingegen ist gesetzlich vorgeschrieben (bei Aktiengesellschaften und größeren GmbHs). Er hat verbindliche Rechte und Pflichten: Bestellung und Abberufung der Geschäftsführung, Kontrolle von Entscheidungen, Zustimmung zu wesentlichen Geschäften. Damit trägt er auch ein rechtliches Risiko. Aufsichtsräte haften für Fehlentscheidungen oder mangelnde Kontrolle.

Alle drei Formen von Gremien eint die Verantwortung für die Zukunftsfähigkeit und Prozesssicherheit des begleiteten Unternehmens.

Welche Aufgaben Beiräte und Aufsichtsräte übernehmen
Die Aufgaben sind vielfältig und lassen sich grob in fünf Bereiche gliedern:

1. *Strategisches Sparring*
   Diskussion von Geschäftsmodellen, Märkten, Trends.
   Unterstützung bei Weichenstellungen (z. B. Internationalisierung, Digitalisierung).
2. *Kontrolle und Governance*
   Sicherstellen, dass Regeln, Gesetze und interne Standards eingehalten werden.
   Risiken frühzeitig erkennen und Gegenmaßnahmen anstoßen.
3. *Netzwerk und Zugang*
   Reputation gegenüber Kunden, Investoren, Partnern.
   Türen zeigen und auch teils öffnen, die der Geschäftsführung sonst verschlossen bleiben könnten – eine personifizierte Abkürzung.
4. *Begleitung von Transformation und Nachfolge*
   Unterstützung bei Generationswechseln.
   Impulse für Kulturwandel, Nachhaltigkeit, Innovation.
5. *Technischer Impulsgeber*
   Produktimpulsgeber.
   IT- und datenwertschöpfender Diskussionspartner.

Welche Kompetenzen man braucht
Ein guter Beirat oder Aufsichtsrat ist mehr als ein Titel. Er braucht Substanz – in folgenden Dimensionen:

- Fachliche Kompetenz: Marktkenntnisse, Finanzverständnis, Branchenexpertise.
- Persönliche Kompetenz: Integrität, Kommunikationsfähigkeit, Konfliktfähigkeit.
- Strukturelle Kompetenz: Verständnis für Governance, Prozesse, rechtliche Rahmenbedingungen.

- Emotionale und empathische Kompetenz: Das Gespür für Timing, Konfliktprävention und Mediationsstärken.
- Erfahrung mit Organisationsmanagement, Prozesslandschaften und Situations-Strukturierungs-Fähigkeiten.
- Perspektiven-Kompetenz: Wesentlich ist es, die „richtigen" Fragen stellen zu können, die Plausibilität der Antworten und Informationen zu beleuchten und zwischen Korrelation und Kausalität unterscheiden zu können.
- Mut-Kompetenz: Gremienarbeit hat viel mit „Entscheidung vor Erfahrung" zu tun. Dazu gehört Mut mit dem Willen, für das Große und Ganze das Richtige zu tun.
- Unabhängigkeits-Kompetenz: Urteilsvermögen, Entscheidungsherleitung, Konfliktmanagement und Charakterstärke müssen dazu führen, dass man nicht hinschmeißt, wenn es stürmisch wird, sondern dableibt – bei jeder Wetterlage. Der Integritätskompass als Horizont.

Der Weg ins Gremium – wie man Beirat oder Aufsichtsrat wird
Viele fragen sich: Wie kommt man überhaupt in einen Beirat oder Aufsichtsrat? Die Antwort lautet: durch Reputation, Netzwerke, Reichweite, Vorbereitung.

Unternehmen suchen Persönlichkeiten, die mehr mitbringen als Titel. Entscheidend ist die Fähigkeit, Orientierung zu geben und Verantwortung zu übernehmen. Reputation entsteht durch kontinuierlich gute Arbeit und durch einen breiten Konsens, dass man für Wirkung steht.

Netzwerke helfen, Ansätze für Mandate zu finden – vorausgesetzt, man sagt, was man sucht, und weiß, was man kann. Reichweite multipliziert den Zugang zu Möglichkeiten, weil sie Sichtbarkeit für Ideen schafft. Vorbereitung ist der reflektierte Teil: zu wissen, wo man steht und was noch fehlt, um hinreichend Bescheid zu wissen und Sicherheit nicht nur zu haben, sondern auch anderen zu geben.

Gremienarbeit ist kein „Learning by Doing". Sie ist anspruchsvoll, komplex und risikobehaftet. Deshalb ist es selbstverständlich, sich systematisch vorzubereiten – und kontinuierlich up to date zu halten. Es ist ein

Job, und Jobs und Anforderungen verändern sich. Eine Selbstverständlichkeit.

Vorbereitung und Professionalisierung
Beirats- und Aufsichtsratstätigkeiten erfordern Wissen, das man nicht allein durch Erfahrung sammelt. Rechtliche Pflichten, Governance-Regeln, Finanzaufsicht – all das lässt sich lernen. Unterschiedliche Märkte und Unternehmensgrößen haben zudem unterschiedliche Metriken.

Genau hier setzen Programme wie die Board Academy an: Sie helfen, das eigene Wissen zu strukturieren, rechtliche Grundlagen zu verstehen, Fallbeispiele zu diskutieren und sich mit Gleichgesinnten zu vernetzen – eine Synchronisation der Vergangenheit mit der Ausrichtung der Gegenwart und der Perspektivenstärke für die Zukunft.

Professionalisierung heißt: Verantwortung für das große WIR ernst nehmen und sich selbst fit machen, bevor man Verantwortung für andere übernimmt. Als Beirat und Aufsichtsrat hat man Wirksamkeit und Verantwortung auch über das Unternehmen hinaus – gesellschaftlich, sozial, ökologisch. Denn man kann wirken, und mit dem Können kommt auch ein gewisses Maß an Pflicht. Das ist nicht nur der moralische Blick auf diese Rolle. Dieser moralische und gesellschaftliche Wirkungswille zahlt zudem messbar auf Reputation und Reichweite ein. Der Kreislauf schließt sich spätestens an dieser Stelle.

Praxisbeispiele: Wenn Gremien wirken
Beispiel 1: Familienunternehmen im Wandel
Ein traditionsreiches Unternehmen will die Nachfolge regeln. Der Beirat hilft, die Übergabe zu gestalten, Konflikte zu entschärfen und die nächste Generation einzubinden. Ergebnis: Stabilität in einer kritischen Phase. Der Beirat begleitet direkt und indirekt auch die Gesellschafter, sorgt für die Vermeidung böser Überraschungen und hilft, das Gewünschte mit dem Machbaren in Einklang zu bringen.

Beispiel 2: Startup auf Wachstumskurs
Ein junges Tech-Unternehmen wächst rasant. Der Aufsichtsrat prüft Finanzierungsrunden, stellt kritische Fragen zur Skalierung und sorgt dafür, dass das Wachstum gesund bleibt. Ergebnis: Tempo mit Augenmaß. Das Gremium hilft, Fehler bei der internen Skalierung der Organisation zu vermeiden.

Beispiel 3: Mittelstand in Transformation
Ein Maschinenbauer will nachhaltiger werden. Der Beirat bringt Impulse aus anderen Branchen ein, vermittelt Kontakte und sorgt dafür, dass ESG-Themen nicht nur auf dem Papier stehen, sondern Geschäftssinn ergeben. Ergebnis: Transformation mit Substanz.

Chancen und Herausforderungen
Beiräte und Aufsichtsräte sind keine Zierde. Sie sind anspruchsvolle Rollen mit Licht- und Schattenseiten.

Licht und Chancen:

- Echten Einfluss nehmen, ohne operativ verstrickt zu sein.
- Verantwortung für Richtung und Kultur eines Unternehmens.
- Möglichkeit, eigene Erfahrung in Wirkung zu übersetzen.

Herausforderungen:

- Verantwortung und Haftung.
- Rollenklarheit (Abgrenzung zur Geschäftsführung).
- Hoher Anspruch an Vorbereitung und Professionalität.

Schatten:
Man kann nicht immer wirken, wie man möchte. Man agiert meist aus der zweiten, teils auch dritten Reihe heraus. Sich zurücknehmen, wenn das vermeintlich Richtige in einem brennt.

Fazit: Wirksam mitgestalten
Beiräte und Aufsichtsräte sind Orte, an denen Erfahrung, Verantwortung und Wirksamkeit zusammenkommen. Wer sich hier einbringt, übernimmt eine anspruchsvolle Rolle – und eine anspruchsvolle Reisebegleitung. Aber auch eine Rolle mit spürbarer, begeisterungsfähiger Hebelwirkung.

Ob in Familienunternehmen, Startups oder Konzernen: Gute Gremienarbeit entscheidet mit darüber, ob Unternehmen Kurs halten oder scheitern. Deshalb gilt: Wirksamkeit braucht Substanz. Und Substanz entsteht, wenn Menschen ihre Erfahrung nicht für sich behalten, sondern sie einbringen – strukturiert, verantwortungsvoll und professionell.

Guido Happes Beitrag macht deutlich, dass Begleiten weit mehr ist als ein Ehrenamt oder ein Zusatz für Menschen, die mit ihrer eigenen Unternehmerlaufbahn „fertig" sind. Es ist ein eigenständiges Spielfeld, das heute an Bedeutung gewinnt, weil Wissen, Netzwerke und Erfahrung genauso knapp und wertvoll sind wie Kapital. Wer diese Ressourcen einbringt, prägt Unternehmen auf eine Weise, die nicht sichtbar auf den Bilanzen steht, aber dennoch entscheidend für ihre Zukunftsfähigkeit ist.

Vom Wirksamkeitsmodell zur Praxis

Bevor wir diesen Teil abschließen, lohnt ein kurzer Blick zurück. Zu Beginn haben wir uns gefragt, wo unsere eigenen Hebel der Wirksamkeit liegen: Was treibt uns an? Welche Ressourcen bringen wir mit? In welcher Rolle blühen wir auf? Wir haben gesehen, dass Wirksamkeit dort entsteht, wo Sinn und Gestaltungsspielraum zusammenfinden.

Im nächsten Schritt wurde deutlich, dass sich individuelle Wirkungsprofile ergänzen können – dass unternehmerische Wirkung häufig dann entsteht, wenn unterschiedliche Ressourcen und Rollen zusammenkommen: Menschen, die umsetzen, und Menschen, die ermöglichen.

In diesem Teil hast du die verschiedenen Spielformen unternehmerischer Wirksamkeit kennengelernt. Du hast gesehen, wie du – ausgehend von deinen persönlichen Wirkungskreisen – deinen passenden Einsatzort finden kannst: ob als Gründer, Nachfolger, Investor, Begleiter oder in einer der hybriden Mischformen, die zwischen diesen Feldern liegen. Um dieses Spektrum noch klarer zu machen, lohnt ein abschließender Blick auf das Gesamtbild unternehmerischer Wirksamkeit. Die folgende Darstellung verortet alle Spielformen entlang zweier Achsen:

- Zeiteinsatz (von nebenberuflich bis hauptberuflich)
- Risikograd (von gering bis hoch)

Sie zeigt, wie breit das Feld ist – vom punktuellen Mentoring bis zur vollverantwortlichen Unternehmensübernahme, vom Business Angel bis zur eigenen Gründung. Und sie macht sichtbar, welche Rollen sich mit geringem Risiko und überschaubarem Zeitaufwand bereits heute ausüben lassen – und welche Wege mehr Commitment, Verantwortung oder eine hauptberufliche Ausrichtung erfordern.

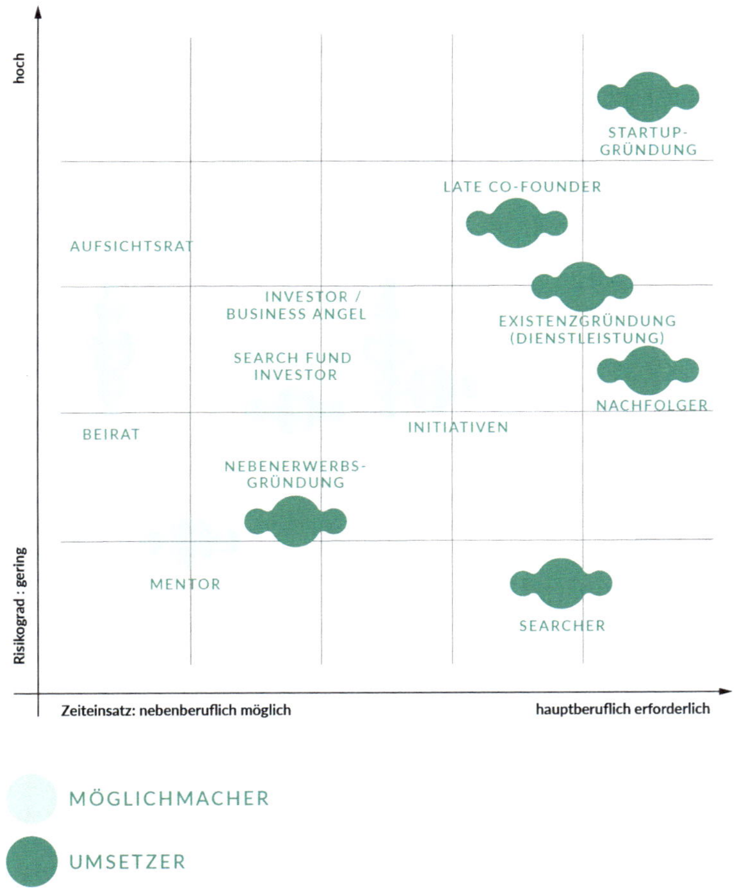

Abb. 12.2: Das Spielfeld unternehmerischer Wirksamkeit
Die Darstellung zeigt typische Formen unternehmerischer Aktivitäten im Spannungsfeld von Zeiteinsatz und Risikograd.

Vielleicht hast du über die letzten Kapitel bereits erste Präferenzen entwickelt – zusammen mit einem Gefühl, wohin es dich zieht. Dieses Bauchgefühl ist ein wichtiger Kompass. Ergänzend zeigt dir die folgende Tabelle, wie sich die Wirksamkeitsfelder entlang zentraler Dimensionen unterscheiden: welche Annahmen ihnen zugrunde liegen, welche Ressourcen sie verlangen und welche Dynamiken du erwarten kannst. Erst in der Zusammenschau wird erkennbar, warum manche Wege besser zu dir passen – und andere weniger mit deinen Voraussetzungen oder Zielen harmonieren.

Die Übersicht bricht die fünf Felder – Gründen, Nachfolge, Investieren, Begleiten sowie Mischformen – auf ihre wesentlichen Dimensionen herunter: Planbarkeit, Kapitalbedarf, Einkommensdynamik, Flexibilität, Innovationshöhe, Gestaltungsspielraum und Voraussetzungen. Diese Faktoren entscheiden im Alltag darüber, ob ein Weg sich für dich trägt, ob er dir Freude macht – und ob du darin wirklich wirksam wirst.

Beide Übersichten machen eines deutlich: Unternehmerische Wirksamkeit ist heute vielfältiger denn je. Es gibt keinen starren Weg, kein Entweder-oder. Gründen, Nachfolge, Investieren, Begleiten – und alles dazwischen – lassen sich so kombinieren, wie es zu deinen Ressourcen, deiner Rolle und deinem Wirkungskern passt.

Damit endet der vierte Teil dieses Buches. Du hast nun ein Instrumentarium an der Hand, das dir zeigt, wo du stehst, was du mitbringst und welche Wege sich daraus eröffnen. Jetzt bleibt nur noch eines: *handeln*. Denn Wirksamkeit entsteht nicht, indem man Modelle versteht, sondern indem man den ersten Schritt macht – egal wie klein er ist. *Ein wirksames Leben ist ein dynamisches Leben*. Es verändert sich mit dir, mit deinem Wirkungskern, mit deinen Ressourcen. Es geht nicht um Ankommen. Es geht ums Loslaufen.

Im nächsten Teil schauen wir auf Menschen, die diese Wege bereits gegangen sind – Gründer, Nachfolger, Investoren und Begleiter, die mit sehr unterschiedlichen Voraussetzungen ihren Platz gefunden haben. Ihre Geschichten zeigen, wie aus Ideen unternehmerisches Handeln wird, wie Ressourcen wirksam eingesetzt werden können und wie Unternehmertum Gestalt annimmt. Es sind keine Hochglanzgeschichten, sondern ehrliche Einblicke – von Menschen, die Verantwortung übernommen und daraus Wirkung geschaffen haben.

Lass dich inspirieren. In den Erfahrungen anderer liegt oft der Schlüssel, den eigenen Weg klarer zu sehen – und den Mut zu finden, loszulaufen.

	GRÜNDEN	NACHFOLGE	INVESTIEREN	BEGLEITEN	MISCHFORMEN
Planbarkeit	gering bis mittel	hoch bis mittel	hoch	flexibel	je nach Konstellation – von planbar bis dynamisch
Kapitalbedarf	hoch (je nach Modell)	hoch	hoch bis sehr hoch	gering	variabel, abhängig von Partnern
Einkommens-dynamik	verzögert, später steigend	schneller Cashflow möglich	variabel (abhängig vom Portfolio)	gering bis indirekt	gemischt: Beteiligungen + operative Vergütung
Flexibilität	niedrig in der Aufbauphase	mittel	hoch	sehr hoch	mittel bis hoch (abhängig von Rollenverteilung)
Innovationshöhe	hoch (Neues schaffen)	mittel (Erneuern)	gering bis mittel (Bewerten, Auswählen)	variabel (Impulse geben)	mittel bis hoch – Kombination aus Bewahren und Neugestalten
Gestaltungs-spielraum	sehr hoch	hoch	mittel	punktuell	hoch – bei geteilter Verantwortung
Voraussetzungen	Unternehmergeist, Risikobereitschaft	Branchenkenntnis, Führungs-verantwortung	Kapital, Analysefähigkeit	Erfahrung, Netzwerk, Zeitfenster	Kooperationsfähigkeit, Rollenklarheit, Offenheit für Partnerschaften

Abb. 12.3: Vergleich der unternehmerischen Wirksamkeitsfelder
Die Matrix ordnet fünf Felder unternehmerischer Wirksamkeit entlang entscheidender Faktoren ein und macht sichtbar, welche Voraussetzungen, Spielräume und Dynamiken jedes Feld prägen.

TEIL V

12 unternehmerische Wirksamkeits-Impulse

Impact und wirtschaftliche Stabilität gehören für mich untrennbar zusammen. Nur wer wirtschaftlich trägt, kann langfristig wirken.

Dr. Philipp Baaske

Gründer und Geschäftsführer NanoTemper Technologies GmbH, Vizepräsident für Entrepreneurship an der Ludwig-Maximilians-Universität München

Ich kam aus der Forschung. Mein Weg war klar: Erkenntnisse gewinnen, publizieren, zitiert werden. Doch dann machte ich eine Erfahrung, die alles veränderte. Meine Mutter erkrankte an Brustkrebs. Ein Biotech-Medikament, Herceptin – Trastuzumab –, rettete ihr das Leben. In diesem Moment wurde mir klar, wofür ich eigentlich arbeiten will: nicht für Zitate, sondern für Wirkung.

Ich bin kein Therapeutika-Forscher, aber ich suchte den Hebel, den ich wirklich bewegen kann. Für mich waren das bessere Werkzeuge für diejenigen, die Therapien entwickeln. So entstand NanoTemper – mit der Mission, „das Unsichtbare sichtbar zu machen" und damit auch solche molekularen Ziele mess- und angreifbar zu machen, die bislang als *undruggable*, also therapeutisch nicht zugänglich, galten.

Diese Entscheidung hat mich nachhaltig geprägt. Erstens, Impact vor Eitelkeit. Ich habe etwas geschaffen, das Menschen hilft. Zweitens, unternehmerische Verantwortung – also früh Umsatz generieren, profitabel bleiben, unabhängig denken. Heute ist NanoTemper ein unabhängiger Biotech-Tools-Anbieter mit über 200 Mitarbeitern und rund 56 Millionen Euro Jahresumsatz. Für mich ist das die Bestätigung, dass Impact und wirtschaftliche Solidität zusammengehen.

Vom Labor zum Markt

Unternehmertum heißt für mich ganz einfach: etwas unternehmen. Also die eigene Komfortzone verlassen, am Markt lernen und sich mit dem Markt finanzieren. Unser Durchbruch kam nicht allein aus dem Labor, sondern aus einem klaren „Ja" eines Kunden.

Ich erinnere mich noch genau: Am 23. Dezember 2009 lieferte ich Messdaten an Crelux. Am 9. Januar kam die Kaufzusage samt 10.000 Euro Anzahlung. Das war der Start. Wir bauten den ersten Prototyp, lieferten, unterstützten – und wiederholten diesen Zyklus 29-mal im Jahr 2010. Seitdem sind wir profitabel.

Der Markt war unser Lehrmeister. Jede Lieferung machte das Produkt besser. Profitabilität war für mich nie Selbstzweck, sondern Freiheit zur richtigen Entscheidung. Sie verschafft Unabhängigkeit von kurzfristigen Moden und erlaubt, langfristig zu denken.

Wachstum bedeutet für mich nicht „schneller um jeden Preis", sondern Sequenz und Disziplin. Der Nachfrage am Markt folgen, Versprechen halten, Vertrauen verdienen. Genau dieses Zusammenspiel – Kundennähe, konsequente Umsetzung, und die Profitabilität immer im Blick – ist für mich der Kern von Unternehmertum.

Impact als Prinzip

Ich wollte nie ein Unternehmen aufbauen, um Investorengelder zu verbrennen oder in Hochglanzmagazinen zu stehen. Mich treibt etwas anderes an: Wirkung. Wenn ich etwas tue, dann soll es Probleme lösen – und zwar reale.

In der Wissenschaft wird oft auf Zitationen geschaut, in der Wirtschaft auf Wachstum. Für mich ist beides zweitrangig. Entscheidend ist, ob das, was ich tue, einen Unterschied macht – für Kunden, für Anwender, für Patienten.

NanoTemper ist für mich der Beweis, dass man wissenschaftliche Exzellenz und wirtschaftliche Verantwortung verbinden kann. Wir haben nie auf kurzfristige Hypes gesetzt. Wir haben Produkte gebaut, die gebraucht wurden. Wir haben Kunden überzeugt, diese haben dafür gezahlt. Und wir sind damit gewachsen. Impact und wirtschaftliche Stabilität gehören für mich untrennbar zusammen. Nur wer wirtschaftlich trägt, kann langfristig wirken.

Vom Gründer zum Universitätsvizepräsidenten

Heute bin ich Vizepräsident der Ludwig-Maximilians-Universität München, zuständig für das Thema Entrepreneurship. Für mich ist das keine neue Welt, sondern eine logische Fortsetzung meines Weges. Ich sehe meine Aufgabe darin, Unternehmergeist in die DNA einer Universität einzubauen.

Universitäten sind für mich Brutstätten für „Warum-getriebene" Ideen. Hier sitzen Menschen, die etwas verstehen wollen, weil sie etwas antreibt. Oft fehlt nur die Übersetzung – von der Erkenntnis zur Wirkung. Von der Forschung zum Produkt. Von der Idee zum Beitrag. Ich möchte drei Brücken bauen:

Die erste: **Vom Erkenntnis- zum Wertschöpfungsweg.** Forschung sollte sich stärker an realen Kundenproblemen orientieren. Ich möchte, dass

Studierende und Forschende lernen, „zu verkaufen, um zu lernen" – also früh Prototypen zeigen, echte Rückmeldungen einholen, sich an Märkten reiben.

Die zweite: **Vom Einzelnen zum Ökosystem.** Unternehmertum funktioniert nicht isoliert. Es braucht Talent, Mentoring, Kapital, Regulatorik und Infrastruktur – und eine Kultur, die Unabhängigkeit, Profitabilität und Verantwortung nicht gegeneinander ausspielt, sondern miteinander verzahnt.

Die dritte: **Vom Erfolg zum Beitrag.** Wer es schafft, soll zurückgeben – durch Lehre, Mentoring und Finanzierung für die nächste Generation. Das ist die Haltung, die ich als „Honorable Entrepreneur" bezeichne: Erfolg als Verpflichtung, nicht als Statussymbol.

Ich möchte an der LMU eine Haltung fördern, in der Unternehmertum als Fortsetzung von Forschung gesehen wird – als Weg, Erkenntnisse in Wirkung zu übersetzen. Erkenntnis ohne Umsetzung bleibt für mich unvollständig.

„Verkaufen, um zu lernen" – was mich antreibt
Ich bin überzeugt: Der Markt ist der beste Lehrer. Erfolg misst sich nicht an Anerkennung, sondern an Annahme. Ob eine Idee wirklich trägt, zeigt sich nicht im Pitchdeck, sondern im Verkauf. Wenn man am Anfang steht, sollte man so früh wie möglich ins echte Feedback gehen. Nicht auf Sympathie hören, sondern auf Entscheidungen. Ein Kunde, der zahlt, gibt dir die ehrlichste Rückmeldung. Geld ist eine hervorragende Informationsquelle: Nur wer profitiert, zahlt.

Viele bleiben in der Komfortzone – weil sie Angst haben, dass der Markt ihnen nicht recht gibt. Aber genau dort liegt der Hebel. Wenn du spürst, da ist mehr, aber dir fehlt der Mut: Starte klein, aber im Markt. Verkaufe eine Version, die du liefern kannst. Fordere ein echtes „Ja" samt Budget ein und lerne dort, wo es zählt.

Fokussiere brutal. Entscheidungen sind immer auch Verzicht. Wähle eine Option und gib ihr alles, statt vieles halb zu tun. Und: Profitiere mit Prinzipien. Profit ist kein Widerspruch zu Haltung. Im Gegenteil: Profit ist die Basis für Unabhängigkeit – und Unabhängigkeit die Basis für Wirkung.

Was ich anderen mitgeben möchte
Ich weiß, dass viele Menschen spüren, dass in ihnen noch unternehmerisches Potenzial steckt – sie sich den Schritt aber nicht zutrauen. Oft, weil sie glauben, sie müssten zuerst alles wissen. Das ist ein Irrtum. Niemand weiß alles. Entscheidend ist, zu handeln und zu lernen.

Ich würde sagen: Habe Selbstvertrauen zu dir. Hole dir viel Rat, aber schreite zur Tat. Mach dein Ding. Unternehmertum heißt nicht, dass du keine Fehler machen darfst – es heißt, dass du sie machst und daraus lernst.

Baue früh ein robustes, tragfähiges Geschäft. Nichts gibt dir so viel Freiheit wie wirtschaftliche Stabilität. Sie erlaubt dir, langfristig zu denken, an deinen Überzeugungen festzuhalten und Wirkung zu entfalten, ohne dich verbiegen zu müssen.

Und unterschätze nie die Kraft der Fokussierung. Erfolg entsteht nicht aus vielen Ideen, sondern aus konsequenter Umsetzung einer einzigen.

> Warte nicht auf Mut. Warte auf Klarheit. Wenn du spürst, dass etwas in dir Potenzial hat – dann setze es in Bewegung.

Torsten Bendlin
Gründer und Geschäftsführer Valuedesk GmbH

Wenn ich heute zurückblicke, zieht sich ein Wort wie ein roter Faden durch mein Leben: Potenzial. Ich glaube zutiefst daran, dass in allem – und in jedem – etwas steckt, das nur darauf wartet, entfaltet zu werden.

Bei mir selbst geschieht das durch lebenslanges Lernen und den Willen, mich immer wieder neu zu erfinden. Bei meinen Kindern, wenn ich sehe, wie sie ihren eigenen Weg gehen. Und bei Unternehmen, wenn aus Ideen echte Wirkung entsteht. Potenziale zu erkennen, zu strukturieren und zu entfalten – das ist meine Bestimmung. Und genau das ist der Kern von Valuedesk.

Ich war viele Jahre in leitender Funktion in der Industrie, zuletzt als Chief Procurement Officer (CPO) bei Nolte SE, verantwortlich für ein Einkaufsvolumen von einer halben Milliarde Euro. Als Einkaufsleiter wird man in erster Linie an Savings gemessen – daran, wie viel man spart. Doch mit der Zeit habe ich gemerkt: Das ist nur die halbe Wahrheit. Wirkliche Wirksamkeit entsteht erst dann, wenn Ideen, Vorschläge und Verbesserungsmaßnahmen sichtbar, umsetzbar und nachvollziehbar werden.

2017 habe ich deshalb den Schritt gewagt und Valuedesk gegründet. Nicht aus einem Impuls heraus, sondern weil ich ein systemisches Problem sah: In Unternehmen steckt unglaublich viel Wissen und Ideen-Potenzial – aber viel zu wenig davon wird wirklich in Bewegung gesetzt.

Warum ich mit Mitte vierzig neu gestartet bin

Oft werde ich gefragt, warum ich mit Mitte vierzig noch einmal bei null angefangen habe. Die ehrliche Antwort: Es war kein Akt des Mutes, sondern der Klarheit.

Ich hatte das Privileg, in verantwortungsvollen Positionen zu arbeiten. Aber ich sah täglich, wie viel Potenzial ungenutzt blieb – wie viele gute Ideen in Meetings besprochen, aber nie umgesetzt wurden. Unternehmen haben kein Ideenproblem, sondern ein Umsetzungsproblem.

Ich hatte die Idee zu Valuedesk zunächst allein – mit der Vision, eine Plattform zu schaffen, die Potenziale sichtbar macht und Maßnahmen von der Idee bis zur Wirkung begleitet. Kurz darauf lernte ich in der Founders Foundation in Bielefeld zwei junge, talentierte Mathematiker kennen: Dennis Cutraro und Ingo Roßdeutscher. Sie kamen nach einem

Workshop auf mich zu und fragten: „Dürfen wir bei dir mitmachen?" So wurden wir zu einem Gründerteam aus Jung und Erfahren, aus Praxis und Technologie. Diese Mischung war eine unserer größten Stärken.

Acht Jahre nach der Gründung werde ich immer noch auf meinen angeblichen Mut angesprochen. Aber ehrlich gesagt: Ich sehe das anders. Mut haben Feuerwehrleute oder Ärztinnen. Ich habe keine Gefahr bekämpft – ich habe eine Chance ergriffen. Selbst wenn es gescheitert wäre, hätte ich mein Kompetenzfeld erweitert. Wenn man zwei Welten – Konzernpraxis und Startup-Mentalität – kombiniert, dann ist 1 + 1 nicht 2, sondern 3.

Was ich über Wirksamkeit gelernt habe

Als CPO war meine Wirksamkeit klar messbar: Savings, Prozesseffizienz, KPIs. Man arbeitet mit Zahlen, Budgets und Strukturen. Als Gründer verschieben sich die Koordinaten. Du startest ohne Titel, ohne System, ohne Garantie. Du bist dein eigener Motor. Und du lernst: Wirksamkeit entsteht nicht durch Position – sondern durch Energie, Klarheit und Konsequenz.

Ich habe fünf zentrale Lektionen gelernt:

1. *System schlägt Heldentat.* Früher glaubte ich, Einzelne könnten durch Engagement die Organisation bewegen. Heute weiß ich: Nur ein gemeinsames System schafft nachhaltige Wirkung. Valuedesk ist genau das – eine Struktur, die Ideen, Maßnahmen und Effekte verbindet.

2. *Transparenz ist Motivation.* Menschen wollen sehen, was sie bewirken. Wenn Ergebnisse sichtbar werden, steigen Verantwortung und Stolz.

3. *Vom Silo zum Fluss.* Wirkung entsteht dort, wo Schnittstellen fließen – wenn Einkauf, Technik, Produktion, Nachhaltigkeit und Finanzen in einem Takt arbeiten.

4. *Kompass statt Karte.* Als Gründer hast du selten einen Plan, aber du brauchst Prinzipien: Wirkung vor Aktivität, Einfachheit vor Komplexität, Haltung vor Hektik.

5. *Erzählung plus Evidenz.* Es reicht nicht, von Transformation zu reden – man muss sie messbar machen. Deshalb können auf der Valuedesk-Plattform auch Maßnahmen quantifiziert und Effekte nachvollziehbar gemacht werden. So entsteht eine starke Kombination aus Beratung und Software, aus Mensch und System.

Ich habe meine eigene Wirksamkeit übrigens erst so richtig durch das Gründen verstanden. Ich bin weniger Unternehmer im klassischen Sinn – ich verstehe mich als Initiator. Ich liebe es, Dinge anzustoßen, Menschen zu verbinden und Themen in Gang zu bringen.

So ist nicht nur Valuedesk entstanden, sondern auch „Frisches Wirtschaften", eine Initiative mit Kerstin Hochmüller von der Marantec Group – für mehr Innovationskraft, Nachhaltigkeit und Dialog im Mittelstand. Dazu kam mein Podcast „Werte & Hebel" und der Performance Summit in Bielefeld – Treffpunkt für CFOs, CPOs und Transformationsverantwortliche, um voneinander zu lernen und neue Standards zu setzen.

Ich glaube, das ist mein eigentliches Talent: Potenziale sichtbar machen – und sie in Bewegung bringen.

„Zu spät" – zum Gründen? Ganz im Gegenteil

Ich bekomme oft die Frage: „War es nicht zu spät, Mitte vierzig zu gründen?" Meine Antwort: Nein – es war genau richtig.

Ich hatte genügend Erfahrung gesammelt, um zu wissen, wie Organisationen ticken, und gleichzeitig noch genug Energie, um Neues aufzubauen. Ich sehe drei große Vorteile des späten Gründens:

1. *Erfahrung ist Zinseszins.*
   Mit zwanzig Jahren Management-Erfahrung hast du kein theoretisches, sondern praktisches Wissen.

2. *Risiko wird kalkulierbar.*
   Du lernst, Risiken zu gestalten, nicht zu vermeiden.

3. *Sinn ersetzt Eitelkeit.*
   Ich wollte nichts beweisen. Ich wollte etwas verbessern.

Gründen ist in diesem Alter kein Wagnis, sondern eine Form der Konsequenz. Selbst wenn es schiefgegangen wäre, wäre ich reicher an Erkenntnis, Kompetenz und Perspektive.

Deshalb sage ich oft zu anderen, die überlegen, neu zu starten: „Warte nicht auf Mut. Warte auf Klarheit. Wenn du spürst, dass etwas in dir Potenzial hat – dann setze es in Bewegung."

Diese Geschichten zeigen: Reife ist kein Bremser, sondern ein Beschleuniger. Wer Erfahrung, Netzwerk und Klarheit mitbringt, gründet nicht aus Euphorie, sondern aus Überzeugung.

Woran ich gemerkt habe, dass es richtig war
Ich wusste, dass der Schritt richtig war, als ich das erste Mal sah, wie eine Maßnahme über Valuedesk von der Idee bis in die GuV geführt wurde – transparent, messbar, nachvollziehbar. Da wusste ich: Wir helfen Unternehmen, Wirkung wirklich zu sehen.

Später kamen die großen Bestätigungen – namhafte Kunden, erfolgreiche Finanzierungsrunden, Investoren, die sagten: „Das, was ihr da baut, ist die Zukunft des Performance Managements."

Aber die wahren Momente der Bestätigung sind kleiner – wenn jemand im Meeting sagt: „Endlich reden wir über Wirkung – nicht nur über Meinung."

Was mich durch schwierige Phasen getragen hat? Drei Dinge:

- *Kundennähe*. Ich spreche lieber mit Nutzer:innen als mit PowerPoints.
- *Team-Spirit*. Jung trifft Erfahren, Technik trifft Praxis – dieses Spannungsfeld ist unser Motor.
- *Langfristige Haltung*. Ich glaube an nachhaltige Wirkung – in Menschen, Prozessen, Ergebnissen.

Was „wirksam" für mich bedeutet
Wirksamkeit ist kein Talent, sondern ein Handwerk. Sie entsteht, wenn drei Dinge zusammenkommen:

- *Klarheit*. Was wollen wir wirklich erreichen – und warum?
- *Struktur*. Wie bringen wir Maßnahmen von der Idee in die Umsetzung?
- *Konsequenz*. Wer entscheidet was – und wann?

Wirkung ist die Kette aus diesen drei Elementen. Und sie endet nicht mit einem Haken im Tool, sondern mit einem nachweisbaren Effekt – etwa in Form von EBIT, Kostensenkung oder CO_2-Verbesserung.

Deshalb habe ich immer gesagt: „Valuedesk ist keine Software. Es ist eine Fähigkeit.“ Eine Fähigkeit, Potenziale zu erkennen, zu priorisieren und zur Wirkung zu bringen. Und genau das ist es, was mich bis heute antreibt – beruflich wie persönlich.

Das Morgen – Wirkung ohne Besitz

Manchmal frage ich mich: Was bleibt, wenn Valuedesk eines Tages nicht mehr ist – wenn ich keine aktive Rolle mehr spiele? Die ehrliche Antwort: Dann bleibt Wirkung. Nicht in Form eines Logos oder einer Software, sondern als Haltung – als Art, zu denken, zu handeln, Verantwortung zu übernehmen.

Ich habe Valuedesk nie als mein Baby gesehen, sondern als Katalysator. Ein Werkzeug, um Potenziale sichtbar zu machen – in Menschen, in Organisationen, in Ideen. Wenn diese Fähigkeit verankert ist, ist mein Beitrag erfüllt. Dann ist die Wirkung unabhängig von mir – und gerade darin liegt ihr Wert.

Vielleicht beginnt mein eigentliches „Morgen“ genau dort: Wenn ich nicht mehr Systeme führe, sondern Systeme der Wirksamkeit mitgestalte. Wenn ich mich dafür einsetze, dass Deutschland seine Potenziale wieder mutiger nutzt – in Bildung, Wirtschaft und Kultur.

Wir leben in einer BANI-Welt – brüchig, ängstlich, nichtlinear, schwer fassbar. Doch sie ist auch eine Einladung: zur Klarheit, zum Miteinander, zur Gestaltung. Unsere Zukunft hängt nicht von Stabilität ab, sondern von Gestaltungsfähigkeit.

Denn Demokratie lebt von Beteiligung – und Beteiligung entsteht nur dort, wo Menschen spüren, dass ihr Tun einen Unterschied macht.

Vielleicht wird das, was bleibt, kein Produkt mehr sein, sondern ein Prinzip: dass Potenzial nie vergeht, sondern nur seine Form wechselt. Dass Wirksamkeit keine Frage des Alters, der Rolle oder des Erfolgs ist – sondern der Haltung, Dinge nicht einfach laufen zu lassen, sondern sie in Bewegung zu bringen.

Schlussgedanke

Ich habe mit Mitte vierzig nicht gegründet, *trotz* meines Alters, sondern *wegen* meiner Erfahrung. Ich wollte die Wirkung nicht mehr nur beobachten, sondern ermöglichen.

Potenziale sind wie Samen: Sie liegen überall um uns herum – in Menschen, Ideen, Organisationen. Aber sie brauchen Struktur, Vertrauen und Klarheit, um zu wachsen.

Und vielleicht ist das meine größte Erkenntnis dieser Reise: *Wirksamkeit entsteht nicht durch Mut, sondern durch Bewegung*. Wer Potenziale entfaltet – bei sich, bei anderen, in Organisationen, verändert die Welt in kleinen Schritten.

„Wirkung entsteht, wenn Menschen Räume bekommen, in denen sie Verantwortung übernehmen können.

Iota Dimou

Gründerin und Geschäftsführerin Pixida GmbH

Warum ich Unternehmertum lebe
- und warum ich es weitergeben möchte
Ich habe Pixida 2008 mitgegründet, weil ich nicht in Strukturen arbeiten wollte, die Menschen begrenzen. Ich wollte ein Umfeld schaffen, in dem Verantwortung nicht delegiert, sondern gelebt wird und Wirkung aus Haltung entsteht, nicht aus Hierarchie. Gründen war für mich nie Selbstzweck. Es war der einzige Weg, eine Organisation zu bauen, die Menschen ernst nimmt und ihnen zutraut, mehr zu gestalten, als ihre Rolle vermuten lässt. Heute weiß ich: Unser größter Erfolg sind die Menschen, die mit uns wachsen und die uns gleichzeitig wachsen lassen.

Organisches Wachstum – ein Prinzip, kein Zufall
Seit dem ersten Tag wachsen wir organisch – ohne Investoren, die uns KPIs vorgeben und unsere Kultur beeinflussen. Wir haben uns im Laufe der Jahre an Unternehmen beteiligt und auch externe Führungskräfte eingebunden, aber immer dann, wenn sie unsere Werte teilen und unseren Weg stärken. Organisches Wachstum bedeutet für uns: Wir entwickeln weiter, was bereit ist – nicht, was sich kurzfristig anbietet oder nur aus Effizienzgründen schnell wäre. Das bedeutet:

- Wir investieren in Menschen, nicht in kurzfristige Effizienz.
- Wir übertragen Verantwortung, bevor sie „perfekt" wirkt.
- Wir entwickeln Führung vor Titeln.
- Wir behandeln Fehler als Lernschritte, nicht als Störfaktoren.

Wir hätten schneller skalieren können, aber Skalierung ohne Kultur ist keine. Dass wir heute zu den beliebtesten Arbeitgebern im Mittelstand gehören, ist kein Programm gewesen. Es ist Konsequenz.

Wie wir Führung entwickeln – mitten im Alltag, nicht im Seminarraum
Mein Kernbereich heute ist die Organisationsentwicklung. Bewusst ein Thema, das weiterhin in Gründerhand bleibt. Mein Leitsatz ist klar: Führung entsteht durch Tun. Wir entwickeln zukünftige Führungskräfte dort, wo Wirkung wirklich entsteht: im Tagesgeschäft, an realen Themen, mit echtem Risiko und klarer Sichtbarkeit. Wir suchen Macher. Diese Talente übernehmen u. a. den Aufbau neuer Standorte oder Geschäftsideen, HR- und Kommunikationsthemen, Organisations- und Strukturentwicklung, Innovationsinitiativen, Prozess- und Strategieprojekte, Moderation und

Leitung crossfunktionaler Teams. Oft parallel zur Kundenauslastung. Das ist fordernd, aber es schafft echte Entwicklung. Sie arbeiten nicht für Directors, sondern mit ihnen. Als Sparringspartner, Impulsgeber, Entscheidungsvorbereiter – mit Raum für Wirkung und Fehler.

Unsere Kultur bedeutet: Verantwortung teilen, Partizipation ermöglichen, Wirkung sichtbar machen, sichere Räume statt Komfortzonen schaffen. Wer dann bei Pixida offiziell/in einer Rolle führt, hat vorher bereits geführt – nur ohne Titel. Führung ist kein Privileg. Führung ist eine Erfahrung.

Warum Fehler dazugehören
– und was das mit Unternehmertum zu tun hat
Wo Fehler analysiert statt bestraft werden, entsteht Entwicklung. Unser Grundsatz: Mut schlägt Perfektion. Wer ein internes Projekt übernimmt, wächst schneller als in jedem Training, bringt Innovationen hervor, die man nicht planen kann, und stärkt eine Organisation, die Verantwortung breit verteilt. Unternehmertum ist für mich die Haltung, sich etwas zuzutrauen, bevor man „fertig“ ist.

Vom Startup zum Mittelstands-Arbeitgeber – dank Kultur
In unserer Employer-Branding-Strategie stand schon immer der Mensch im Mittelpunkt. Wir schafften dadurch eine erlebbare Kultur und einen Weg geprägt von:

- Verantwortung vor Struktur
- Förderung von Menschen statt Rollen
- Stabilität ohne Starrheit
- Internationalisierung mit Identität
- Vertrauen statt Kontrolle

Und als Head of Corporate Communication weiß ich: Attraktivität entsteht, wenn Kultur authentisch ist – nicht, wenn man sie kommuniziert.

Organisation als lebendes System – und meine Rolle darin
Aus komplexen internationalen Technologieprojekten kommend, liegt mein Fokus heute darauf, Organisationen zu bauen, die Menschen befähigen. Drei Dinge bestimmen meine Arbeit: Strukturen geben Orientie-

rung. Menschen tragen Verantwortung. Kultur ermöglicht Wachstum. So definieren wir eher Erwartungen, entwickeln Haltung, nicht nur Skills, und schaffen Wirkungspfade statt Karrieretreppen. Da Organisationen auch Systeme sind, wissen wir: Stärkt man einen Bereich, entsteht Wirkung an anderer Stelle. Vernetzt man die richtigen Menschen, entstehen Innovationen. Gibt man Vertrauen, entsteht Geschwindigkeit.

Warum wir Wirkung durch geteilte Verantwortung erzeugen – und warum es zu unserer DNA gehört

Für mich ist Wirkung kein Ergebnis von Einzelpersonen, sondern ein Zusammenspiel. Unsere Organisation funktioniert, weil Verantwortung bei uns nicht zentralisiert, sondern verteilt ist – bewusst, mutig und früh. Wir schaffen Strukturen, die Orientierung geben, aber keine Begrenzung. Wir eröffnen Räume, in denen Menschen Entscheidungen vorbereiten, gestalten und tragen können – unabhängig von Titel, Standort oder Disziplin. In diesem Kontext begleitet mich ein Satz, der unser Prinzip treffend auf den Punkt bringt: *Lass Talente gestalten – und das Unternehmen sprengt seine Grenzen*.

Und genau das erlebt Pixida seit Jahren. Wenn man Menschen Gestaltung zutraut, entsteht etwas, das keine Struktur allein hervorbringen kann: echte Wirksamkeit. Geteilte Verantwortung bedeutet für uns:

- Menschen wirken lassen, nicht nur einbinden.
- Entscheidungen dort treffen, wo das beste Verständnis liegt.
- Perspektiven verbinden, statt Zuständigkeiten zu verwalten.
- Führung als Beitrag verstehen, nicht als Position.

Diese Haltung verändert, wie Projekte entstehen, wie Teams arbeiten und wie Wachstum gestaltet wird. Sie führt dazu, dass Innovation nicht beauftragt, sondern initiiert wird – aus Nähe zum Kunden, aus Beobachtung, aus Initiative, aus Mut.

Unsere Aufgabe als Organisation ist es daher nicht, Wege vorzugeben, sondern Wege zu öffnen. Nicht Kontrolle zu erhöhen, sondern Vertrauen zu ermöglichen. Nicht Perfektion zu verlangen, sondern Entwicklung zu erlauben. Geteilte Verantwortung ist für uns kein Führungsinstrument. Sie ist ein kultureller Grundsatz, der über Jahre gewachsen ist – und einer der stärksten Gründe für unsere Stabilität, unsere Skalierbarkeit und unsere Innovationskraft. Wirkung entsteht, wenn Menschen nicht folgen müssen, sondern gestalten dürfen.

Was mich antreibt – und was ich weitergeben möchte
Was ich weitergeben möchte: Unternehmertum ist eine Haltung. Führung beginnt, wenn man sie übernimmt. Entwicklung macht mutig, nicht abhängig. Wirkung entsteht durch geöffnete Räume. Stärke entsteht, wenn Verantwortung geteilt wird. Unser Erfolg ist kein Zufall. Er ist das Ergebnis einer Kultur, die Menschen befähigt – und einer Haltung, die sagt: Wirkung entsteht, wenn Menschen Räume bekommen, in denen sie Verantwortung übernehmen können.

Ich habe Pixida gegründet, um gestalten zu können. Wir haben internationalisiert, weil wir vertraut haben. Und ich entwickle die Organisation weiter, weil ich weiß: Wenn Menschen wachsen, wächst alles.

“

Die Nachfolge war für mich der logische Weg: zuerst verstehen, dann übernehmen, dann weiterentwickeln.

Lucy Geppert

Geschäftsführerin Eckl Kamine & Solar GmbH & Co. KG

Ich wollte Unternehmerin sein – und nicht warten, bis irgendwann die eine Idee kommt. Die Startup-Energie in München hat mich begeistert, aber mir wurde klar: Mein Antrieb ist die Umsetzung auf einer bestehenden Basis. Ich wollte nicht theoretisieren oder auf den Zufall einer zündenden Idee hoffen, sondern konkret gestalten, Verantwortung übernehmen und etwas Bestehendes besser machen. In der Restrukturierungsberatung habe ich Unternehmertum in seiner echten, manchmal rauen Form erlebt.

Es ging um Liquidität, Prozesse, Verantwortung für Menschen und um Entscheidungen, die wirklich zählen. Dort habe ich gemerkt, wie sehr mich das Verbessern im Bestand erfüllt. Nicht Folien bauen, sondern Hebel finden und sie umlegen. Diese Klarheit, dieser unmittelbare Bezug zwischen Entscheidung und Wirkung, hat mich geprägt. Aus dieser Erfahrung heraus war die Nachfolge für mich der logische Weg: zuerst verstehen, dann übernehmen, dann weiterentwickeln.

Eine Unternehmensübernahme verbindet genau das, was mir wichtig ist: auf Substanz aufbauen und sofort Wirkung entfalten. Ich wollte nicht auf einen ungewissen Markteintritt wetten, sondern bewusst gestalten, was schon da ist – Strukturen, Marken, Menschen, Potenziale. Mich reizt, das Gute zu bewahren und gleichzeitig Neues zu schaffen: Prozesse zu digitalisieren, Marken zu schärfen, Abläufe effizienter zu machen und ein Umfeld zu gestalten, in dem Menschen ihre Stärken ausspielen können. Die Beratung hat mir gezeigt, wo mein größter Hebel liegt – dort, wo Ideen auf Realität treffen. Deshalb habe ich mich für die Übernahme und nicht für eine Neugründung entschieden.

Als ich diesen Schritt gegangen bin, war ich 28 und seit zwei Jahren in meinem ersten Job in der Restrukturierungsberatung. Unternehmertum war dort schon sehr nah – Liquidität sichern, mit Banken sprechen, Teams durch unsichere Phasen führen. Das hat mich geerdet und mir gezeigt, wie viel Wirkung gut vorbereitete, klare Entscheidungen haben.

Beruflich hat mich diese Zeit geprägt mit einer einfachen Reihenfolge: zuerst verstehen, dann entscheiden, dann umsetzen. Vor allem die Disziplin beim Cash war für mich prägend. Ich habe gelernt, dass Zahlen keine Theorie sind, sondern das Rückgrat jeder unternehmerischen Freiheit.

Persönlich war die Übernahme mein Schritt in echte Selbstständigkeit. Ich komme nicht aus einer Unternehmerfamilie, den Zugang habe ich mir selbst aufgebaut – durch Netzwerken, Gespräche, viel Recherche und ein gutes Stück Beharrlichkeit. Ich wollte verstehen, wie Übernahmen funktionieren, wie man sie finanziert, worauf es bei einer Due Diligence ankommt. Also habe ich Wochenenden damit verbracht, Businesspläne zu analysieren, Finanzierungspfade zu prüfen und mit Unternehmern zu sprechen, die schon diesen Weg gegangen waren. Ich nehme mir die Zeit, Dinge gründlich zu verstehen, und gehe dann konsequent in die Umsetzung.

Sehr geprägt hat mich auch die Arbeit mit Menschen: zuhören, Erwartungen klarmachen, verlässlich handeln. Diese Mischung aus Empathie und Klarheit beschreibt meinen Führungsstil. Ich glaube daran, dass gute Führung aus Vertrauen entsteht – aber auch aus Konsequenz. Wer führen will, muss aushalten können, dass nicht alle Entscheidungen bequem sind. Gleichzeitig weiß ich, dass Veränderung nur gelingt, wenn Menschen sich gesehen und eingebunden fühlen.

Inhaltlich hat mich das Handwerk angezogen, weil dort Technik auf Design trifft und Qualität sichtbar wird. Es ist ein Bereich, in dem Können zählt, in dem Produkte Bestand haben und in dem Verantwortung konkret wird – für Kunden, für Mitarbeitende, für das Ergebnis. Genau dieses Umfeld wollte ich übernehmen und weiterentwickeln.

Heute sehe ich mich als Innovatorin mit großem Respekt für das Handwerk und einem klaren Blick nach vorn. Mich treibt die Idee an, den Mittelstand so zu modernisieren, dass er für jüngere Menschen genauso spannend ist wie ein Startup. Ein Handwerksbetrieb soll sich heute wie 2026 anfühlen: digitale Abläufe statt Zettelchaos, klare Kommunikation, eine starke Marke, verlässliche Termine und Qualität, die man messen kann. Ich will zeigen, dass Innovation nicht nur in hippen Loftbüros entsteht, sondern auch in Werkstätten, in denen echtes Können auf neue Technologie trifft.

Innen entsteht dabei ein Umfeld, in dem Teams gute Tools nutzen, wissen, worauf es ankommt, und echte Karrierepfade sehen. Bewahren möchte ich, was Substanz hat – die Liebe zum Material, Präzision, Nähe zum Kunden. Erneuern möchte ich alles, was uns schneller, klarer und attraktiver macht. Ich will zeigen: Mittelstand ist cool – wenn man ihn ernsthaft modernisiert, ohne seine Seele zu verlieren.

Für mich zählen Mut und Herz genauso wie klare Kante. Mut heißt, Entscheidungen zu treffen, obwohl noch nicht alles perfekt ist. Herz heißt, Menschen wirklich mitzunehmen. Führen auf Augenhöhe bedeutet zuhören, Spannungen aushalten, klar sprechen und Verantwortung übernehmen. Ich blicke nach vorn, erkenne Trends und setze Technologie dort ein, wo sie uns spürbar besser macht. Gleichzeitig bleibt der Boden wichtig: Handwerk, Qualität, Nähe zum Kunden.

Dieser Mix aus Moderne und Wertschätzung für das Traditionelle macht für mich den Unterschied. Entscheidend ist auch Pragmatismus – weniger Konzernlogik, mehr Machen. Kurze Schleifen, klare Prioritäten, Zusagen einhalten. Dazu gehört Disziplin in Zahlen und Prozessen, damit gute Ideen auch tragen. Am Ende prägt die Kultur alles: ein familiäres, verlässliches Miteinander, in dem Menschen wachsen können, Verantwortung übernehmen und stolz auf ihre Arbeit sind.

Ich sehe meine Rolle als Nachfolgerin deshalb nicht nur darin, ein Unternehmen fortzuführen, sondern es zukunftsfähig zu machen – wirtschaftlich, technologisch und menschlich. Das ist für mich unternehmerische Wirksamkeit.

> „Wir haben eine Brücke gebaut zwischen den Ökos und den Hipstern – und nachhaltigeres Handeln allen zugänglich gemacht.

Florian Pachaly

Gründer und Gesellschafter RECUP GmbH

Ich habe an der dualen Hochschule Villingen-Schwenningen studiert – und mich hat damals enorm gestört, wie selbstverständlich in jeder Kaffeepause Einwegbecher weggeworfen wurden. Das war einfach nicht-hinterfragter Standard. Ich wollte das nicht länger hinnehmen. Kurz nachdem ich mich intensiver mit dem Thema beschäftigt hatte, lernte ich meinen Mitgründer Fabian kennen. Wir hatten unabhängig voneinander die gleiche Idee eines Mehrwegsystems und wurden dann von Julia Post miteinander vernetzt. Ab da war klar: Wir wollen gemeinsam gründen. Alleine gründen wäre nichts für mich gewesen.

Uns hat von Anfang an verbunden, dass wir mit wirtschaftlichen Mitteln etwas verändern wollten – also ein funktionierendes, tragfähiges System schaffen, kein studentisches Projekt, keinen Verein. Wir wollten zeigen, dass Nachhaltigkeit und Unternehmertum sich nicht ausschließen. Und das gelingt am besten und langfristigsten, wenn man die Nachhaltigkeit – in unserem Fall Einweg abschaffen – zum Kern der Unternehmung macht. Damals war das noch keine Selbstverständlichkeit.

Wir haben früh getestet, in Rosenheim, meiner Heimatstadt. Da war es überschaubar, wir konnten schnell Partner gewinnen und Erfahrungen sammeln. Nach drei Monaten war klar, dass wir weitermachen. Spätestens, als eine Cafébetreiberin sagte: „Das ist schön und gut, dass das Projekt jetzt vorbei ist, aber die Becher kriegt ihr nicht mehr von mir zurück." Das war der Moment, in dem aus der Idee ein echtes Produkt wurde.

Dann ging alles schnell. Wir kamen in Kontakt mit der Stadt München, wurden Teil der Kampagne zur Abfallvermeidung, bekamen die Chance, unsere Becher auf einer Pressekonferenz mit dem Oberbürgermeister vorzustellen. Die Bedingung war: fünfzig Cafés bis zum Start. Das haben wir geschafft – buchstäblich auf den letzten Drücker. Ab da war RECUP da, sichtbar, relevant.

Wir wollten nie klein bleiben. Uns war klar, dass ein Pfandsystem nur funktioniert, wenn es groß gedacht wird. Also haben wir das System deutschlandweit ausgerollt, Partner gewonnen, Investoren überzeugt, Prozesse aufgebaut. Es war eine wilde, intensive Zeit – und gleichzeitig unglaublich lehrreich.

Über die Jahre gab es viele Höhen, aber auch echte Wendepunkte. Besonders prägend waren die ersten großen Ketten, die sich RECUP angeschlossen und damit den Sprung in den Massenmarkt möglich gemacht haben. Das waren Momente, in denen wir gemerkt haben, wie viel Kraft in dieser Idee steckt. Aber es gab auch schwierige Phasen – zum Beispiel, als 2023 die Mehrwegpflicht kam. Eigentlich war das unser Moment: Das Gesetz verpflichtete die Gastronomie, Mehrweg anzubieten. Aber der Markt hat sich anders entwickelt, als wir dachten. Viele Betriebe hatten andere Sorgen, die Umsetzung lief zäh. Wir hatten hohe Stückzahlen produziert, der Absatz blieb hinter den Erwartungen zurück. Das war eine harte Zeit.

Operativ bekommt man vieles hin, wenn man dranbleibt. Schwierig wurde es dort, wo die Interessen auseinanderliefen – mit Investoren, mit Erwartungen. Das hat Kraft gekostet. Für mich persönlich war die größte Herausforderung aber nicht der Markt, sondern das Aushalten von Spannungen mit Menschen.

Nach acht Jahren habe ich für mich entschieden, dass es Zeit ist, meine Rolle zu hinterfragen. Ich war für Operations, Finanzen, Prozesse, Logistik und Digitalisierung zuständig – Themen, die wichtig sind, aber mich irgendwann mehr Energie gekostet, als sie mir gegeben haben. Ich wusste, dass es Menschen gibt, die genau das lieben – und dass das Unternehmen jemanden braucht, der darin aufgeht.

Der Moment, in dem ich gemerkt habe, dass ich an der falschen Stelle sitze, war entscheidend. Ich glaube, jeder Mensch sollte möglichst viel Zeit damit verbringen, in seinen Stärken zu arbeiten – dort, wo sich Arbeit wie Spielen anfühlt. Das habe ich selbst aus den Augen verloren. Und als ich erkannt habe, dass ich wieder mehr „spielen“ will, war klar: Ich muss loslassen.

Ich bin stolz darauf, dass der Übergang gelungen ist. Bei meinem Nachfolger Can wusste ich, dass er die Rolle aus vollem Herzen übernimmt. Für ihn ist Operations nicht Arbeit, sondern Freude. Das zu sehen, hat es mir leicht gemacht, wirklich loszulassen.

Ich bin als Geschäftsführer zurückgetreten, aber ich bleibe dem Unternehmen und dem Team stark verbunden. Ich habe weiterhin Anteile und war zuletzt wieder auf einer Workation dabei. Da habe ich gemerkt, wie viel diese Kultur uns gegeben hat – und wie sie bis heute trägt. Wir haben bei RECUP eine Feedbackkultur aufgebaut, die auf Vertrauen basiert. Wir haben uns früh und konsequent gegenseitig Feedback gegeben – offen, ehrlich, respektvoll. Das war nicht immer bequem, aber es war unser größtes Kapital. Diese Kultur hat das Unternehmen stark gemacht.

Ich bin stolz, wenn ich heute Menschen mit einem RECUP oder einer REBOWL in der Hand sehe. Dann wird mir bewusst, wie viele Menschen täglich mit dem Produkt interagieren und dass daraus eine echte Bewegung entstanden ist. Wir haben gezeigt, dass nachhaltiges Verhalten nichts sein muss für die Reichen oder die Ökos. Und dass auch ein hipper Lifestyle wie Coffee-to-go, der von allen in der Gesellschaft gelebt wird, nachhaltiger gestaltet sein kann.

Nach meinem Ausstieg habe ich mir eineinhalb Jahre Auszeit genommen. Ich bin Vater geworden und habe mir bewusst Zeit für Familie, Regeneration und Reflexion genommen. In dieser Phase wurde mir klar, dass meine Wirksamkeit nicht an eine Rolle gebunden ist. Ich kann auch an anderen Stellen etwas bewegen.

Heute begleite ich Teams in ihrer Entwicklung. Ich arbeite mit Startups und Organisationen, die selbst wachsen und sich neu aufstellen wollen. Es geht um Stärkenorientierung, um Klarheit in Rollen, um Feedback und Konfliktkompetenz. Ich helfe Teams, gemeinsam Sprache für ihre Spannungen zu finden und sie produktiv zu nutzen. Jede Spannung ist ein Impuls zur Veränderung – das habe ich bei RECUP gelernt, lange bevor ich es so hätte benennen können.

Was mich heute antreibt, ist nicht mehr das Bauen von Strukturen, sondern das Befähigen von Menschen. Ich sehe mich als jemand, der Türen öffnet, Reflexion anstößt und andere dabei unterstützt, ihr eigenes Spielfeld zu finden. Vielleicht ist das die logische Fortsetzung meiner Gründerzeit – Wirkung nicht mehr durch mein eigenes Unternehmen zu entfalten, sondern durch Entwicklung anderer.

Ich habe in den letzten Jahren erlebt, wie viel Kraft in klarer Kommunikation, Vertrauen und gemeinsamer Zielorientierung steckt. Unternehmenskultur ist kein weiches Thema, sondern ein harter Erfolgsfaktor. Sie entscheidet darüber, ob Menschen sich sicher genug fühlen, um mutig zu sein.

Wenn ich auf meinen Weg zurückblicke, dann war RECUP für mich viel mehr als ein Unternehmen. Es war eine Schule für Wirksamkeit. Ich habe gelernt, dass man mit einer klaren Idee und konsequentem Handeln Strukturen verändern kann. Ich habe gelernt, dass man Menschen mitreißen kann – und dass ich auch loslassen kann. Und ich habe gelernt, dass unternehmerische Wirkung nicht endet, wenn man eine Rolle verlässt, sondern dass sie sich weiter entfaltet – in dem, was man teilt, ermöglicht und vorlebt.

Ich bin dankbar, diesen Weg gegangen zu sein. Und ich bin neugierig, was daraus noch entsteht – vielleicht auch wieder eine Gründung.

“

Mein Leitsatz für junge Gründer? Dem Gehenden schiebt sich der Weg unter die Füße.

Michael Scheidel

Gründer und Geschäftsführer MS Investment Partners GmbH, „Mister Pflege"

Ich war angestellt, Verlags- und Vertriebsleiter, aber nur mäßig zufrieden. Die Handlungsspielräume waren eng, der Chef cholerisch, neue Ideen unerwünscht. Ich hatte ein Konzept für die Zielgruppe der Best Ager und Senioren entwickelt – und bekam dafür nur den Satz: „Dort liegt kein Potenzial, wir bleiben im klinischen Bereich."

Diese Situation hat in mir etwas ausgelöst. Ich wollte unternehmerische Freiheit, kein Reporting, keinen cholerischen Chef. Ich wollte mein eigenes Leben gestalten. Also habe ich gemeinsam mit zwei Kollegen den Schritt in die Selbstständigkeit gewagt. Es war nicht meine erste Gründung – schon im Studium hatte ich mit einem Kommilitonen eine studentische Werbeberatung aufgebaut. Wir wollten einfach Theorie in Praxis umsetzen und haben losgelegt. Oft weiß man nicht, was auf einen zukommt – genau dieser Mut ist entscheidend, sonst kommt man nie ins Handeln.

So ist vor rund 17, 18 Jahren das Deutsche Seniorenportal entstanden. Wir hatten keinerlei Fremdkapital, nur unsere eigenen Einlagen. Ich weiß noch genau, wie das Konto fast auf null war – und dann kam der erste Auftrag. Dieser Moment hat sich eingebrannt. Wir haben mit Einsatz und Fleiß Schritt für Schritt einen Kundenstamm aufgebaut und wurden zu einem der großen Portale für Senioren und Angehörige in Deutschland.

Es war ein harter Weg. Der Markt war digital noch nicht aufgeschlossen, es gab Konflikte unter den Geschäftsführern, und wir haben live erlebt, wie groß der Informationsbedarf bei Senioren und Angehörigen ist – und wie allein viele Menschen gerade in Zeiten wie Corona waren. Mit der Übernahme des Seniorentreffs, einer der größten Communitys für ältere Menschen, konnten wir eine Plattform schaffen, die Austausch ermöglicht und Einsamkeit lindert. Das war für mich persönlich ein sehr erfüllender Moment.

Unternehmerisch habe ich mich oft gefühlt wie Braveheart – immer mit der Fahne in der ersten Reihe, an vorderster Front. Irgendwann habe ich gemerkt, dass ich diese Rolle nicht mehr jeden Tag ausfüllen möchte. Vor etwa zweieinhalb Jahren habe ich mich aus der operativen Leitung zurückgezogen und bin nur noch Gesellschafter.

Fast zeitgleich kamen die ersten Anfragen von Unternehmen aus dem Pflegemarkt, die digitale Lösungen entwickelt hatten und nun den nächsten Wachstumsschritt gehen wollten. Gute Teams, Traction, klare Vision – und die Frage: „Kannst du uns helfen?“ Daraus ist die heutige Ausrichtung von MSI Partners entstanden.

Unser Fokus liegt ganz klar auf Healthcare und Elderly Care. Wir begleiten Unternehmen bei Investmentprozessen, begleiten M&A-Verfahren und bauen als Company Builder eigene Beteiligungen auf. Das unterscheidet uns von klassischen Investoren: Wir geben nicht einfach Geld und warten. Wir arbeiten mit. Wir bauen mit. Wir bringen Netzwerke, Fachwissen und strategischen Blick mit ein. Heute haben wir fünf eigene Beteiligungen und zwei bis drei neue Anfragen pro Tag.

Besonders stolz macht mich, dass mein Sohn Leonard jetzt Mitgesellschafter ist und stark operativ eingebunden ist. Wir bauen das gemeinsam weiter auf – als Familienunternehmer, im besten Sinne des Wortes.

Mir ist wichtig, dass wir nur mit Unternehmen arbeiten, deren Werte passen. Ohne gemeinsame Basis entsteht kein Erfolg. Ich sehe meine Rolle nicht als Berater von oben, sondern als Begleiter auf Augenhöhe: Ich gebe Erfahrung weiter, stelle die richtigen Fragen, öffne Türen. Und als „Mister Pflege“ kenne ich die Branche gut genug, um Unternehmen strategisch richtig zu positionieren. Mein Leitsatz für junge Gründer lautet immer: *„Dem Gehenden schiebt sich der Weg unter die Füße.“* Das heißt: weitergehen. Auch wenn es schwierig wird. Nicht beim ersten Gegenwind aufgeben.

Der Pflegemarkt steht vor enormen Herausforderungen. Fachkräftemangel, Arbeitsbelastung, steigende Kosten – das Kerngeschäft vieler Pflegeeinrichtungen ist am Limit. Gleichzeitig entsteht rundherum ein komplett neuer Markt: Software, Plattformen, digitale Tools, Robotik, KI. Alles, was Angehörigen hilft, Senioren unterstützt oder Pflegekräfte entlastet, hat Chancen.

Worauf es ankommt? Nicht irgendetwas nachbauen – sondern besser machen. Näher am Bedarf. Im Austausch mit denjenigen, für die man entwickelt. Wer das ernst nimmt, hat riesige Möglichkeiten. Wer glaubt, die Pflegebranche zu revolutionieren, ohne sie zu verstehen, wird scheitern. Ich stehe für eine Pflegewirtschaft, die nicht jammert, sondern gestaltet. Für Lösungen, die Wirkung erzeugen. Und für Unternehmer, die den Mut haben, den ersten Schritt zu gehen.

“

Ich habe mich nie als Bewahrerin verstanden. Ich wollte immer gestalten und entwickeln.

Michaela Schenk

Geschäftsführerin MAWA GmbH

Damals habe ich in den Medien gearbeitet. Die standen durch das Internet vor großen Umwälzungen, aber aus meiner Sicht wurden nicht die richtigen Konsequenzen daraus gezogen. Ich konnte wenig bewegen, weil ich angestellt war. Das hat – besonders vor meiner Historie aus einer Unternehmerfamilie heraus – meinen Wunsch verstärkt, das, was ich gelernt hatte, im eigenen Unternehmen umzusetzen. Ich wollte gestalten. Ich wollte bewegen.

Ich habe mir ein Produkt gewünscht, das ich selber produzieren kann. Ich war viele Jahre im Dienstleistungsbereich, aber ich wollte etwas anderes machen. Mit einem neuen Produkt bei null anzufangen, ist extrem schwierig – und ich hätte auch nicht gewusst, welches das hätte sein können. Außerdem wären die Investitionen so hoch gewesen, dass ich das nicht alleine hätte stemmen können.

Deshalb habe ich ein bestehendes Produkt gesucht, das schlecht vermarktet wird und bei dem ich Potenziale sehe. Das habe ich mit MAWA Kleiderbügeln gefunden.

Wenn man erzählt, dass man ein Kleiderbügelunternehmen übernommen hat, reagieren viele erst einmal überrascht. Kleiderbügel gelten als Commodity, als etwas, das man schlicht mitbestellt. Aber genau das hat mich gereizt: Ein Alltagsgegenstand, der in Wahrheit eine enorme Wirkung hat. Kleiderbügel sind ein Produkt, das täglich millionenfach genutzt wird, in Haushalten, in Hotels, im Modehandel, in der Industrie. Ein Produkt, das jeder braucht – aber kaum jemand wirklich bedenkt.

Ich habe schnell verstanden: Wenn etwas so selbstverständlich ist, lohnt es sich, genauer hinzuschauen. Dann liegt die Frage nahe: Ist dieses Produkt eigentlich schon so gut, wie es sein könnte? Ist es nachhaltig gedacht? Ist es ergonomisch? Entspricht es modernen Lebens- und Konsumgewohnheiten? Und vor allem: Wird es klug vermarktet?

Die Antwort bei MAWA war: *Nein. Nicht mehr.* Genau das war die Chance. Wenn ein Unternehmen in die Insolvenz geht, heißt das nicht, dass das Produkt schlecht ist. Oft heißt es, dass Strukturen, Vertrieb, Strategie oder Nachfolge versagt haben. Bei MAWA lag das Problem nicht in der Fertigung, sondern in fehlendem Marketing und fehlender Weiterentwicklung. Für mich war das kein Makel, sondern ein ideales Einstiegsszenario: ein funktionierender Kern, aber niemand, der ihn weiterdenkt.

Heute ist Nachhaltigkeit ein zentrales Differenzierungsmerkmal. Wir produzieren in Deutschland, wir setzen auf Materialien, die lange halten, wir entwickeln Formen, die Kleidung schonen. Ein Kleiderbügel ist nicht das Gegenteil von Innovation – er ist ein Beispiel dafür, wie unterschätzt Innovation manchmal ist. Und wie viel Gestaltung möglich ist, selbst in einer Branche, die scheinbar „fertig" ist.

MAWA war damals in der Insolvenz, und genau das war der Punkt: Das Unternehmen war durch mangelnde Nachfolge, aber auch durch mangelndes Marketing und Vertrieb in Schieflage geraten. Damit passte es perfekt zu dem, was ich konnte: Restrukturierung und Marketing/Vertrieb. Mein Hintergrund war genau das, was MAWA gebraucht hat.

Ich habe mich nie als Bewahrerin verstanden. Es hatte ja Gründe, dass es zur Insolvenz kam – also musste sich viel ändern. Ich wollte und will immer gestalten und entwickeln. Besonders in den letzten Jahren nach Corona haben sich die Märkte sehr gravierend verändert, und hier gilt es, mitzugehen.

Ich liebe Herausforderungen, und meine Stärke liegt in der Analyse der Veränderungen und dem Finden von Lösungen. Für mich bedeutet Gestalten auch Innovation. Gestaltungsfreude heißt für mich: Dinge nicht so hinnehmen, wie sie sind, sondern Wege suchen, wie es besser geht. Das ist bis heute meine Haltung als Nachfolgerin.

Was man als Nachfolgerin braucht? Einen starken Willen, Durchhaltevermögen und Überzeugungskraft. Sich nicht gleich beim ersten Gegenwind infrage zu stellen. Dann braucht es eine Vision und eine klare Vorstellung vom Weg. Dieser Weg wird manchmal durchkreuzt, und dann muss man Details anpassen, aber die Zielrichtung darf man nicht verlieren.

Und man braucht die Gabe, Menschen zu überzeugen, diesen Weg freudig mitzugehen – seien es Kunden oder Mitarbeiter. Ich bin überzeugt: Nachfolge ist kein Bewahren, sondern Weiterentwickeln. Und genau so habe ich es immer verstanden.

“Wir brauchen Menschen, die mutig sind, Verantwortung übernehmen und nicht nur im bestehenden System navigieren, sondern es verändern wollen.

Matthias Schwarz

Gründer der Plattform Healthcare Founders

Ich bin viele Jahre in einer großen Organisation tätig gewesen – bei der Barmer. Ein Konzern mit über 16.000 Mitarbeitern, einer riesigen Struktur, klaren Prozessen und einer zentralen Rolle im deutschen Gesundheitswesen. Und trotzdem habe ich irgendwann gemerkt: Ich will etwas anderes machen. Nicht, weil die Aufgabe bedeutungslos war – sondern weil ich gespürt habe, dass ich Wirkung an anderer Stelle erzielen kann.

Schon während meiner Zeit bei der Barmer habe ich deshalb angefangen, Startups nebenberuflich zu begleiten. Das war am Anfang nichts Großes – einfach eine Art Beratungsangebot für Gründer, die in den Gesundheitsmarkt wollten, aber nicht verstanden haben, wie dieses System funktioniert. Ich kannte die Strukturen, ich wusste, wie Entscheidungen getroffen werden, und ich hatte über die Jahre ein Gefühl dafür entwickelt, wie man Dinge im Gesundheitswesen platzieren muss, damit sie überhaupt wahrgenommen werden.

Relativ schnell habe ich dabei gemerkt: Meine vertriebliche Erfahrung ist für viele Teams ein entscheidender Unterschied. Die meisten Startups sind fachlich sehr stark. Sie haben eine gute Idee, ein gutes Produkt, oft auch eine technologische Innovation. Aber sie haben keine Vorstellung davon, wie man Zugang zu Krankenkassen, Leistungserbringern oder Institutionen bekommt. Sie unterschätzen, wie lang Entscheidungszyklen sind. Und sie vernachlässigen den Vertrieb – oder lassen ihn komplett weg. Für mich war deshalb klar: Wenn ich diesen Teams helfe, entsteht unmittelbar Wirkung. Und genau das hat mich motiviert, Healthcare Founders aufzubauen.

Die Zeit bei der Barmer hat mich in mehrfacher Hinsicht geprägt. Erstens habe ich dort gesehen, wie komplex das System ist. Man braucht langen Atem. Man muss aushalten können, dass eine gute Idee nicht automatisch angenommen wird. Und man darf die Logik des Systems nicht unterschätzen – sonst verzweifelt man nach drei Monaten. Diese Erfahrung gebe ich heute weiter, weil genau das der Punkt ist, an dem viele Gründer scheitern: Sie kommen voller Energie in den Markt, treffen auf hohe regulatorische Hürden, auf lange Entscheidungsprozesse – und verlieren dann an Tempo oder Motivation.

Zweitens habe ich gelernt, wie wichtig die richtige Ansprache von Stakeholdern ist. Es reicht nicht, eine Lösung zu haben. Man muss wissen, wie ein Entscheider in der gesetzlichen Krankenversicherung denkt. Was eine Pflegeeinrichtung wirklich braucht. Warum ein Krankenhaus manchmal anders entscheidet, als es rational erscheint. Dieses Verständnis ist ein Vorteil, den ich heute einbringe.

Und drittens: Ich habe gelernt, dass man im Team mehr erreichen kann als allein. Gerade in großen Strukturen sieht man, was möglich ist, wenn Menschen mit unterschiedlichen Kompetenzen gemeinsam an einem Ziel arbeiten. Diese Erkenntnis hat mich nie verlassen – und sie ist ein Grund, warum Healthcare Founders nie nur „Matthias Schwarz" sein sollte, sondern ein Netzwerk.

Meine ursprüngliche Idee war eigentlich nur: Ich berate Startups. Punkt. Aber ich habe früh mit Netzwerken gearbeitet und gemerkt, wie stark der Multiplikationseffekt ist, wenn man Experten verbindet. Über die Jahre wurde das immer mehr. Aus einzelnen Kontakten wurde ein System. Und irgendwann stand die Frage im Raum: Wie kann ich das so aufstellen, dass es für Gründer schnell, unkompliziert und qualitativ hochwertig funktioniert – ohne dass ich selbst alle Leistungen abdecken muss?

So ist die Plattform entstanden. Healthcare Founders ist heute ein Ökosystem – auf der einen Seite Startups, die Hilfe brauchen, auf der anderen Seite Experten, die genau diese Hilfe leisten können. Für mich ist das auch eine Form der Befreiung. Ich kann entscheiden, mit wem ich arbeite. Ich kann Projekte ablehnen, wenn sie nicht passen. Ich kann meine Zeit sinnvoll einsetzen, statt in Hierarchien festzuhängen. Und ich kann die Lösungen voranbringen, von denen ich überzeugt bin, dass sie erfolgreich sein können.

In meiner Arbeit mit Gründern stehen für mich zwei Dinge im Mittelpunkt: Offenheit und Authentizität. Nur wenn man ehrlich miteinander arbeitet, entsteht Vertrauen, und nur dann kann man auch schwierige Entscheidungen treffen. Ich komme zwar aus dem Vertrieb, aber ich bin kein Mensch, der etwas verkauft, nur weil es verkauft ist. Es muss stimmen – inhaltlich, strategisch und menschlich.

Natürlich spielt wirtschaftlicher Erfolg eine Rolle. Niemand gründet, um Verluste zu machen. Aber mir geht es auch darum, eine Versorgungsperspektive mitzudenken. Vielleicht ist heute ein Startup dabei, das ich begleite – und in zwanzig Jahren erleichtert genau diese Lösung mein Leben oder das meiner Angehörigen. Das ist für mich ein zusätzlicher Antrieb. Ich sehe mich nicht als klassischer Berater, der aus der Distanz beobachtet. Ich sehe mich als Partner auf Augenhöhe. Und ich lerne von den Teams genauso viel wie sie von mir.

Wenn ich auf das Gesundheitssystem blicke, sehe ich eine zentrale Veränderung, die jetzt kommen muss: Digitalisierung ist nicht optional. Wenn wir weiterhin eine gute Versorgung sicherstellen wollen, müssen wir digitale Lösungen ernst nehmen – nicht als Zusatz, sondern als Kern. Was uns massiv bremst, ist das Denken in Problemen statt Chancen. Datenschutz ist wichtig, aber er wird oft als Blockade benutzt. Wir brauchen ein anderes Verständnis von Risiko und Verantwortung.

Genauso wichtig ist das Aufbrechen starrer Hierarchien und Silos. Solange jeder im System in seiner Logik bleibt – Kassen, Verbände, Kliniken, Politik –, wird sich wenig ändern. Wir können nur gemeinsam Wirklichkeit gestalten. Und dafür braucht es mehr Macher. Menschen, die mutig sind, Verantwortung übernehmen und nicht nur im bestehenden System navigieren, sondern es verändern wollen. Und es braucht Entscheidungsträger, die diesen Mut unterstützen.

Weg vom nächsten Titel, hin zu echter Wirkung … ich will nicht ewig 100 Prozent im Tagesgeschäft kleben.

Gosia Schweizer

Geschäftsführerin der Schweizer Beteiligungsconsult GmbH

Kurz vor meinem 46. Geburtstag habe ich mich gefragt: Will ich wirklich weitere zwanzig Jahre das gleiche Spiel in einer neuen Farbe spielen? Keine Midlife-, sondern eine Mid-Work-Crisis. Ich weiß, wie ich ticke: Sobald es zu gemütlich wird, fange ich an, innerlich zu gähnen. Ohne Lernkurve kein Höhenflug.

Also habe ich meinen Blick gedreht: weg vom nächsten Titel, hin zu echter Wirkung. Startups? Kurz gedatet, aber wir wurden kein Paar: zu viel Pitch-Romantik, zu wenig belastbarer Cashflow. Dann sprachen Freunde über Search Funds – und bei mir machte es „klick". Ein solides mittelständisches Unternehmen übernehmen, es mit System, Menschenführung und Handwerk heben: Das ist Verantwortung mit Werkzeugkoffer, nicht Abenteuerspielplatz mit Selfie-Stick.

Klar, die „Fallhöhe" gibt's: Geld, Zeit, Reputation – kein Yoga-Retreat mit Smoothie-Flat. Aber das Risiko ist gerahmt: Ich suche Substanz, prüfe gründlich, plane mit Hebeln statt Hoffnungen. Für mich ist die Übernahme eines laufenden Unternehmens die beste Mischung aus Abenteuer und Absicherung: groß genug, um mich wach zu halten, stabil genug, um morgens nicht zuerst den Kontostand zu streicheln. Ich wollte nicht länger verwaltet werden, sondern Wert schaffen – dort, wo es zählt. (Und ja: Ein bisschen Adrenalin gehört dazu. Sonst macht's ja keinen Spaß.)

Eine Neugründung ist oft One-(Wo)man-Zirkus: Produkt bauen, verkaufen, Buchhaltung, HR – die ganze Manege im Alleingang. Respekt, aber mein Talent liegt woanders. Ich will Hebel bedienen, nicht sämtliche Kunststücke selbst turnen. Beim Search Fund steige ich in ein Unternehmen ein, das schon atmet: Kunden, Cashflow, Team. Mein Job: professionalisieren, skalieren, transformieren – nicht am Startstrich zittern, sondern aus der Kurve beschleunigen.

Zum klassischen MBI unterscheidet mich die Haltung: „Stabil führen und Gehalt sichern" kann großartig sein, aber nicht meine Zielgerade. Ich denke von Tag eins in Wertsteigerung: klare Wachstumsstory, Margenhebel, Buy-&-Build, später Exit-Option oder Staffelstab-Übergabe. Ich investiere selbst, habe aber auch einen Mitinvestor, der vor allem als Sparring – Katalysator statt Klammer – wirkt. Und ich will nicht ewig 100 Prozent im Tagesgeschäft kleben. Mein Sweet Spot: Bühne bauen,

Hauptrollen besetzen, Ensemble stark machen – und dann Strategie, M&A, Skalierung treiben.

Kapital ist auf dem Markt genug da; was fehlt, sind Operator, die wirklich suchen, prüfen und anschließend führen. Genau da gehe ich rein. (Und ja, es macht Spaß. Sogar richtig viel.)

Ich stecke mitten in der Due Diligence. Kein Glitzer, kein Hype, kein roter Teppich (hatte ich genug in meinen vorherigen Unternehmen) – genau mein Geschmack. Ich suche nicht die Marsrakete, sondern einen Betrieb, der solide atmet und sich mit gutem Handwerk von „stark“ zu „richtig stark“ entwickeln lässt. Im Mittelstand heißt „langweilig“ oft „widerstandsfähig“ – und, Hand aufs Herz, ziemlich sexy.

Ausschlaggebend war die Mischung aus Substanz und klaren Hebeln. Wiederkehrende Aufträge, nachvollziehbare Margen, und überall Stellschrauben: Vertrieb, Pricing, Prozesse, Produktivität und vor allem HR. Der Markt ist fragmentiert genug, damit Add-ons Sinn ergeben. Vor allem passen die Menschen: kein Heldenkult, sondern ein Team mit Potenzial. Und auch Potenzial, um neue Leute für das Team zu finden.

Geografie, Logistik, Nachfolge-Logik – alles beherrschbar. Risiken? Sichtbar statt versteckt (ich mag es, wenn die Monster unterm Bett die Taschenlampe aushalten).

Ich bin 47 und habe zwanzig Jahre, bis ich mein Rentenalter erreiche. Das ist mein Zeitrahmen, und da denke ich in zwei Takten: zehn Jahre, um es erst zu professionalisieren, zu skalieren, Plattform bauen, Add-ons integrieren; die nächsten zehn Jahre, um einen sauberen Exit an PE/Strategen – oder Übergabe an einen intern entwickelten Nachfolger – zu erreichen.

Beide Wege wollen dasselbe: ein robustes, wachstumsfähiges Modell. Genau das bringt dieses Unternehmen mit. Ich habe mich nicht „verliebt“ – ich habe gerechnet, geprüft und die Hebel gesehen. (Verliebtheit darf später kommen – gerne in Form schöner Kennzahlen.)

Der Weg war keine Rakete, eher eine Bergtour mit fantastischer Aussicht. Geholfen hat radikale Selbstklärung: Mit starken Coaches und ehrlichem Feedback habe ich geschärft, worin ich exzellent bin, was ich delegiere und wovon ich die Finger lasse. Mein Lieblingsreflex: fragen, bis es klickt. Ich habe Dutzende Unternehmer und Searcher kalt angeschrieben, zugehört, mitgeschrieben. Null Eitelkeit, maximale Lernkurve.

Ich habe früh ein kleines „Board-of-Brains" gebaut – Unternehmer, Investor, Sparringspartner. Die bringen nicht nur Kapital, sondern vor allem gute Fragen. Und zu Hause habe ich meinen Mann, der selbst Unternehmer seit Teenageralter ist und versteht, dass das kein Glamour ist – und trotzdem Gold wert.

Die echten Hürden?

Erstens: Talente zu finden, die führen und verbessern – nicht nur verwalten. Zum Glück: Junge Leute für mich zu gewinnen und weiterzuentwickeln, ist eine meiner größten Stärken.

Zweitens: Das Veränderungstempo so wählen, dass die Kultur mitkommt (Turbo ja, Schleudern nein). Da muss ich immer wieder mit mir selbst und meiner Ungeduld kämpfen, aber über die Jahre habe ich viel gelernt.

Drittens: Kapitaldisziplin über Zyklen halten – Entscheidungen, die 2026 und 2031 gut aussehen. Integration: In Excel sind Synergien zahm, am Werkstor brüllen sie.

Viertens: Mein eigener Energiehaushalt – das ist ein Ultra-Marathon statt LinkedIn-Sprint.

Last but not least: Gesellschaftlich spüre ich geringe Risikoneigung und Skepsis gegenüber Unternehmertum. Mein Antidot: mit großem Lächeln einen guten Job machen – und Ergebnisse liefern, die nicht schreien müssen, um gehört zu werden.

Wir haben ein massives Nachfolgethema – und gleichzeitig viele fähige Führungspersönlichkeiten, die Verantwortung wollen, aber keinen direkten Weg ins Eigentum sehen. Search Funds sind die Brücke: Zeit für die Suche, ein Gehalt zum Leben, Kapital und Sparring für die Übernahme – kurz: ein professioneller Laufsteg vom Management in das Miteigentum.

Was das auslöst, ist unaufgeregt und wirksam: geordnete Übergaben statt Notverkäufe. Produktivitätsgewinne durch besseres Pricing, professionellen Vertrieb, Automation und sinnvolle Digitalisierung. Konsolidierung, wo Märkte zersplittert sind. Innovation ohne Hype – finanziert aus Cashflow statt aus PowerPoint. Regionale Resilienz, weil starke Betriebe Ausbildung, Vereine, Steuern und gute Arbeit tragen. Und bessere Governance, weil Eigentum und Verantwortung wieder zusammenfinden.

Unterm Strich: Unternehmertum ist kein Zuckerschlecken – eher ein gutes Workout: anstrengend, aber man fühlt sich lebendig. Und das Search-Fund-Modell ist die stabile Brücke für alle, die nicht nur führen, sondern verantworten wollen. Wer Lust auf Wirkung hat: rüberkommen. Die Aussicht lohnt sich.

"Ich habe erlebt, dass Wirksamkeit ansteckend ist: Wenn man selbst ins Handeln kommt, zieht das andere mit.

Günes Seyfarth

Serienentrepreneurin

Meine unternehmerische Reise begann nicht mit einem Businessplan, sondern mit einem inneren Drang, etwas zu verändern. 2010 gründete ich gemeinsam mit anderen Eltern die Kita Karl & Liesl e. V. in München.

Damals war ich selbst zum ersten Mal schwanger, doch Kitaplätze waren rar. Ich spürte sehr deutlich, wie wichtig gute Betreuung, ein verlässliches Umfeld und ein Gemeinschaftssinn für Familien sind. Diese Erfahrung war für mich der erste Schritt ins Unternehmertum. Ich habe gesehen, dass man Dinge selbst in die Hand nehmen kann, wenn man sie vermisst – und dass dadurch Strukturen entstehen, die weit über die eigene Familie hinauswirken.

Kurz danach habe ich Mamikreisel ins Leben gerufen, das später zu Vinted wurde. Hier habe ich miterlebt, wie eine kleine Idee – getragene Kinderkleidung weiterzugeben – zu einem internationalen Unternehmen mit Millionen Nutzer:innen wachsen kann. Diese Erfahrung hat mir gezeigt, was Skalierung bedeutet und wie stark Unternehmertum wirken kann, wenn ein Problem wirklich viele Menschen betrifft. Als ich Mamikreisel nach vier Jahren verließ, fing ich an, meine Expertise weiterzugeben.

Einige Jahre später, 2021, stand ich dann vor einem ganz anderen Problem: der massiven Lebensmittelverschwendung. Mit dem Community Kitchen in München habe ich ein Hub aufgebaut, das jährlich Tausende Tonnen Lebensmittel rettet und sie Menschen zugänglich macht. Es war kein theoretisches Konzept, sondern ein sehr praktischer Moment: Das Essen war da, die Menschen waren da – es brauchte nur jemanden, der beides zusammenbringt.

Dabei hatte ich gar nicht vor, eine Immobilie zu verwalten und Gastronomin zu sein. Ich wurde wegen meines Engagements für eine bessere Bildung auf ein Gebäude aufmerksam gemacht und erfuhr, dass dort eine zeitlich befristete Zwischennutzung vorgesehen war.

Einen Monat später durfte ich das Haus besichtigen. Ich sah die riesige Kücheninfrastruktur auf 2.000 m^2 und spürte den Call. Ich wusste, ich musste es machen. Aus diesem Impuls entstand nicht nur das Community Kitchen, sondern auch Deutschlands größte soziale Zwischennutzung auf 15.000 m^2.

Der Moment „Jetzt mache ich mich selbstständig" war bei all diesen Projekten nie ein strategischer Beschluss, sondern ein Gefühl von Notwendigkeit: Wenn ich es nicht tue, macht es niemand. Ich wollte gestalten statt zuschauen. Und so sind aus diesen ersten Schritten immer weitere Projekte entstanden – jedes Mal getrieben von dem Wunsch, Wirkung und Wertschöpfung zusammenzubringen.

Die größten Hürden waren immer die Balance zwischen Vision und Realität – zwischen großem Gestaltungswillen und den sehr praktischen Grenzen von Finanzierung, Bürokratie, Zeit und Energie. Ich war mehrmals an Punkten, an denen ich dachte: Das war's, ich kann nicht mehr. Zum Beispiel, wenn Strukturen zusammengebrochen sind oder wenn ich als Person stärker im Fokus stand als das Projekt. Aber genau diese Momente haben mich am meisten wachsen lassen. Ich habe gelernt, Systeme zu bauen, die nicht von mir als Einzelperson abhängig sind, und Verantwortung abzugeben.

Rückblickend bin ich besonders stolz darauf, dass ich Räume geschaffen habe – reale Räume wie beim Shaere oder Community Kitchen, aber auch mentale Räume, in denen Menschen anders über Ressourcen, Verantwortung und Unternehmertum nachdenken. Ich habe erlebt, dass „Wirksamkeit" ansteckend ist: Wenn man selbst ins Handeln kommt, zieht das andere mit.

Oder, um es mit Karl Valentin und Liesl Karlstadt zu sagen – die auch Namensgeber meiner Kita sind: „Wir brauchen unsere Kinder nicht zu erziehen, sie machen uns eh alles nach." Ersetze Kinder durch Nachbar:innen, Freund:innen, Kolleg:innen, Mitarbeitende – und du hast ein Prinzip: Sei du die Veränderung, die du dir wünschst.

Nach vorne schaue ich mit einem klareren Fokus. Mit shift.shape.shine möchte ich Menschen dabei unterstützen, ihre eigenen unternehmerischen Kräfte zu entfalten – nicht als Selbstzweck, sondern um Wirkung und Wertschöpfung gleichzeitig möglich zu machen. Meine Rolle sehe ich heute weniger in einem einzelnen Projekt, sondern darin, meine Erfahrung weiterzugeben, Klarheit zu schaffen, Systeme aufzubauen und Menschen zu ermutigen, wirklich groß zu denken.

“

Wirksamkeit ist kein Zufall. Sie ist eine Entscheidung.

Warum tue ich, was ich tue? Diese Frage hat 2008 mein Leben umgekrempelt. Ausgelöst durch einen Schicksalsschlag in meinem Umfeld. Eine Freundin aus Kindertagen war schwer krank, und plötzlich stand da diese eine, unbequeme Frage im Raum: Was will ich eigentlich? Ich stand damals beruflich mitten im Leben, hatte einen tollen Job, trug Verantwortung, hatte eine gute Perspektive. Von außen sah alles nach Erfolg aus.

Und trotzdem: Ich kündigte. Mit dem festen Willen, etwas aufzubauen, das Sinn ergibt. So entstand Zaplive, eine Live-Streaming-Plattform, Jahre bevor das Thema groß wurde. Die Idee war richtig, die Zeit nicht. Wir haben gelernt, gebaut, verworfen, wieder neu gedacht. Und am Ende stand ein Scheitern auf dem Papier, das ein wichtiger Startschuss in meinem Leben war. Ich hatte begriffen: Wirksamkeit misst sich nicht am Ergebnis, sondern daran, ob man etwas in Bewegung setzt.

Ich ging mit neuer Rolle zurück an meine alte Wirkungsstätte ins Familienunternehmen. Vom Gründer zum Angestellten? Nein. Ich bekam die Chance, Unternehmer im Unternehmen zu sein und durfte das damalige Geschäftsmodell von Lexware von Grund auf neu denken. So entstand 2012 Lexware Office, unsere Cloud-Buchhaltungslösung. Heute arbeiten über 600.000 Unternehmen mit Lexware, wir sind Marktführer. Und jedes einzelne zeigt mir: Wirksamkeit hat viele Gesichter.

Selbstständige scheitern selten an Ideen. Sie scheitern daran, dass zu viel zu spät sichtbar wird – Liquidität, Zeit, Risiken, Chancen. Genau da setzen wir an. Wir bauen Technologie, die für Menschen arbeitet. Wir nehmen Bürokratie raus, automatisieren Routinen, schaffen Klarheit. Denn Unternehmertum heißt machen und Machen ist Wirksamkeit.

Unser größter Wettbewerber sind wir selbst. Solange wir uns ständig überholen, schafft es kein anderer. Das größte Risiko liegt nicht draußen im Markt, sondern drinnen, in unseren Routinen, in unserer Selbstzufriedenheit, in dem Moment, in dem wir glauben: „Es läuft doch." Deshalb lösen wir bei Lexware regelmäßig Teams aus Abläufen, trennen Fokusbereiche, schaffen Perspektivwechsel. Lethargie kommt nicht aus Fehlern, sie kommt aus Erfolg. „Stay hungry, stay foolish" ist für mich kein Spruch für Konferenzen, sondern ein Arbeitsmodus. Ein Schutzmechanismus gegen Stillstand, für Wirksamkeit.

Führung heißt für mich, den Markt als Maßstab zu nehmen. Nicht unsere Absichten zählen, sondern Wirkung. Ob Lösungen entlasten. Ob sie stabil sind. Ob sie im Alltag funktionieren. Wachstum ist dabei keine Zielgröße, sondern eine Konsequenz. Mit jeder Skalierung verschiebt sich der Fokus: weg von Tempo, hin zu Verantwortung. In Software geht es nicht um Features, sondern um Existenzen. Um Vertrauen, Abläufe, Zahlen, die stimmen müssen.

Ich bin täglich im Austausch mit Unternehmerinnen und Unternehmern, die den Fortschritt dieses Landes tragen. Vier Millionen Selbstständige, die 97 Prozent aller Unternehmen in Deutschland ausmachen. Sie sind das Rückgrat unserer Wirtschaft. Menschen, die nicht reden, sondern handeln. Die Wirkung zeigen, weil sie jeden Tag etwas bewegen. Genau für sie arbeiten wir. Und genau für sie entsteht jetzt das Nächste: das Lena Prinzip.

Eine neue Form von Wirksamkeit durch Technologie, die Verantwortung übernimmt. Ich nenne das mandatierte KI. Keine KI, die man promptet, sondern eine, der man Ziele setzt. Nicht „schreib eine E-Mail", sondern: „Du bist verantwortlich für pünktliche Zahlungseingänge." Lena denkt mit, bereitet vor, handelt – im Rahmen klarer Werte und Grenzen. Sie ist keine Assistentin, sie ist Partnerin auf Augenhöhe.

Das klingt technisch, ist aber zutiefst menschlich. Denn es geht nicht darum, Kontrolle abzugeben, sondern Vertrauen zu ermöglichen. Es geht um Partnerschaft zwischen Mensch und Technologie, um Entlastung, damit Menschen wieder gestalten können.

Ich habe gelernt: Wirksamkeit ist kein Zustand, sondern eine Haltung. Sie wächst, wenn man Verantwortung teilt. Sie beginnt, wenn man loslässt, ohne den Anspruch aufzugeben, es besser machen zu wollen. 2008 wollte ich wirksam sein. Heute will ich, dass Millionen andere es sein können. Deshalb gibt es Lexware: weil wir glauben, dass Selbstständige die treibende Kraft für Innovation und Fortschritt sind. Und weil wir wollen, dass ihnen nichts im Weg steht.

Wir machen Unternehmertum einfach. Damit Wirkung dort entsteht, wo sie hingehört: bei denen, die machen.

"Ich wollte wissen, wie es ist, selbst auf dem Feld zu stehen und Verantwortung zu übernehmen – und messbar zu sein.

Niclas Storz

Gründer und Geschäftsführer Tidely GmbH

Von der Beratung ins Unternehmertum

Bevor ich meine Reise bei Tidely begonnen habe, war ich über zwanzig Jahre in der Beratung unterwegs: fünf Jahre bei A.T. Kearney und dann 18 Jahre bei der Boston Consulting Group. Bei BCG war ich zuletzt Senior Partner und Managing Director. Ich war Mitglied der globalen Praxisgruppen Financial Institutions, Operations sowie IT/Technology und habe zwei Geschäftssegmente verantwortet: „Technology & Operations in Banking" sowie „Transaction Banking and Payments".

Mein Alltag war über Jahre hinweg geprägt von internationalen Projekten bei Großbanken rund um den Globus. Ich war von Montag – manchmal auch Sonntag – bis Freitag bei Kunden vor Ort, meistens im Ausland, und ich habe es sehr gemocht, weltweit mit „meinen" Kunden an großen Transformationsprogrammen zu arbeiten. Es waren immer tolle Partnerschaften. Ich habe dabei immer versucht, eine klare Rollenverteilung zu leben, also nicht als „Besserwisser" aufzutreten, sondern klarzumachen: Der Kunde ist der Experte. Ich bringe analytisches und methodisches Wissen sowie einen Blick auf Best Practices anderer Banken mit. Diese Haltung hat immer zu sehr guter partnerschaftlicher Zusammenarbeit geführt.

Es gab keinen konkreten „Schlüsselmoment", der mich dazu bewogen hat, das Beraterleben zu verlassen. Es ist über die Jahre gereift. Ich habe irgendwann gemerkt: Ich bin immer nur der Coach an der Seitenlinie. Ich gebe Ratschläge – aber es spielen andere auf dem Spielfeld. Und irgendwann hatte ich das Gefühl, dass mir etwas fehlt. Ich wollte wissen, wie es ist, selbst auf dem Feld zu stehen und Verantwortung zu übernehmen – und messbar zu sein.

Beratung ist ein Geschäft, das nach klaren Regeln verläuft: Wenn man analytisch ist, gerne mit Menschen arbeitet, physisch robust ist, mit wenig Schlaf auskommt und gerne präsentiert, dann hat man die wesentlichen Werkzeuge parat, um ein guter Berater zu sein. Das hatte ich lange sehr gut hinbekommen. Aber irgendwann hat mich die Beratung nicht mehr so begeistert wie in den ersten Jahren. Also habe ich gekündigt, ohne etwas Konkretes zu haben – nur mit der Überschrift „Fintech & SME". Fintech, weil ich das Umfeld gut kenne. KMU, weil dieses sehr große Kundensegment von Banken teilweise vernachlässigt wird. Durch Interviews mit über achtzig Unternehmen aus dem Mittelstand

Anfang 2020 ist dann die Idee zu Tidely entstanden. Mein Team habe ich dabei zufällig auf dem Weg kennengelernt – das war kein strukturierter Recruitingprozess, sondern eher ein organischer Weg.

Vom Senior Partner zum Rookie

In der Beratung wird man nicht auf Scheitern vorbereitet. Und als Senior Partner bringt man eine gewisse Selbstverständlichkeit mit, dass man alle Probleme lösen kann. Auch wenn ich mich grundsätzlich als sehr „geerdet" beschreiben würde, war ich da keine Ausnahme. Ich war fest davon überzeugt, die Gründung eines Fintech „easy" schaffen zu können. Dann habe ich sehr schnell und sehr hart gelernt, dass ich ein absoluter Rookie war. Ich stand ganz hinten in der Kompetenzkette. Ich hatte von vielen Dingen überhaupt keine Ahnung.

Ich musste lernen, Entscheidungen unter Unsicherheit zu treffen – ohne Excel-Modelle, ohne wochenlange Analysen. Nur mit Bauchgefühl und dem Mut, ins kalte Wasser zu springen. Und ich habe festgestellt: Ich kann mit diesem „anderen" Druck gut umgehen. Früher habe ich mich als rein analytischen Menschen gesehen. Heute weiß ich, dass mein Bauchgefühl mindestens genauso stark ist. Ich sehe und fühle Dinge, bevor ich sie analytisch belegen kann.

Ich verstehe heute besser denn je, wenn die Leute sagen, dass man als Berater in einer Art „Parallelwelt" lebt. Man fliegt ein, analysiert Probleme, erstellt Slides, bewertet Optionen – aber die Konsequenzen tragen andere. Heute treffe ich selbst die Entscheidungen. Und ich muss mit den Folgen leben. „Fail fast" lässt sich sehr leicht auf eine PowerPointwand schreiben – aber emotional durchleben kann man es nur, wenn man sich den Staub abschüttelt, nachdem man auf die Nase gefallen ist und dann wieder aufsteht.

Gleichzeitig kann ich heute ein Unternehmen nach meinen Werten aufbauen. Das war als Senior Partner kaum möglich. Ich habe es als Berater geliebt, auf neue Projekte zu kommen und im Firefighting-Modus zu arbeiten – und zu wissen, dass ich das immer in den Griff bekomme und spätestens nach ein paar Wochen „vor der Welle" bin.

Heute habe ich diesen Firefighting-Modus jeden Tag. Und ich genieße das. Ich habe ein inhaltlich und menschlich tolles Team und weiß, dass wir gemeinsam jede Herausforderung lösen werden. Ich würde diese

Entscheidung immer wieder treffen – aber es ist gut, dass ich vorher nicht wusste, was mich erwartet.

Mehr als Folien – echte Kunden, echte Nutzung
Das stärkste Gefühl entsteht, wenn man weiß, dass ein Produkt wirklich genutzt wird. Als wir die Grenze von 1.000 Kunden überschritten hatten – heute sind es über 1.600 zahlende Unternehmen –, war klar: Wir haben ein echtes Produkt, echte Nachfrage, und wir haben die kritischen ersten Jahre überstanden.

Dieses Gefühl hatte ich in der Beratung nie. Ich habe Folien produziert. Heute weiß ich, dass draußen jeden Tag über 1.600 Unternehmen unsere Software nutzen – und happy sind. Und jeden Monat kommen 50 bis 75 Unternehmen dazu.

Wir schaffen mit unserer Software echten Mehrwert. Liquiditätssteuerung ist ein entscheidendes Problem. Kein Unternehmen muss aufhören, wenn es nicht profitabel ist – aber wenn die Liquidität fehlt, ist es sofort insolvent. In einem wirtschaftlich instabilen Umfeld in den kommenden Jahren wird das Thema noch wichtiger werden.

Wir haben zwei funktionierende Vertriebswege: direkten Vertrieb an KMU und White-Label-Partnerschaften. Mit mehr als vierzig Banken in Europa sind wir bereits im Gespräch, erste Verträge sind unterschrieben. Wir bleiben bewusst fokussiert auf Liquidität und haben damit seit Jahren eines der komplexesten Themen besetzt. Genau das ist unsere Eintrittsbarriere: Alle Marktteilnehmer, die Liquidität nur als Nebenprodukt angeboten haben, sind gescheitert, haben sich zurückgezogen oder suchen heute die Partnerschaft mit uns.

Meine Vision? Tidely wird der Category Leader beim Thema Liquiditätsmanagement für KMU in Europa – und gleichzeitig als White-Label-Lösung im Onlinebanking vieler Banken integriert sein. Wir wollen das Unternehmen werden, an dem man künftig nicht mehr vorbeikommt, wenn es um Liquiditätssteuerung für den Mittelstand geht – egal ob direkt oder über Banken. Es erfüllt mich mit Stolz, dass wir mit unserer Software einen zentralen Beitrag leisten für die Unternehmen in einem so herausfordernden Umfeld.

Epilog: Deine Zeit für Wirksamkeit beginnt jetzt

Du hast dieses Buch gelesen, weil dich etwas antreibt. Vielleicht eine Ahnung, dass du mehr beitragen kannst. Vielleicht ein unruhiges Gefühl, dass es so, wie es ist, nicht bleiben darf. Vielleicht die Sehnsucht nach Sinn, nach echter Wirksamkeit. Es sei dir gesagt: Die gibt es.

- Es gibt ihn, den Ort, an dem du deine Wirksamkeit maximal entfalten kannst – dort, wo Sinn und Einfluss zusammenkommen.
- Es gibt sie, die Tätigkeit, die deiner Rolle und deinen Ressourcen entspricht.
- Es gibt sie, die Menschen, die dich perfekt ergänzen – und mit denen du mehr bewirken kannst, als du je für möglich gehalten hättest.
- Aber es gibt ihn nicht – den perfekten Moment, um zu starten. Es gibt nur *jetzt*. Also begib dich auf den Weg – und lass Großes passieren.

Ich schließe mit einem Satz, der mir selbst geholfen hat, loszugehen. Sein Ursprung ist nicht zweifelsfrei belegt, aber seine Wirkung dafür umso stärker:

Don't fear failure. Fear regret.

Danksagung

Dieses Buch ist nicht aus einem einzelnen Moment entstanden. Es ist gewachsen. Über Jahre. In Gesprächen, im Zweifel, im Ringen um Klarheit.

Ich danke all jenen Menschen, mit denen ich in den vergangenen Jahren denken durfte. In langen Gesprächen und kurzen Begegnungen. In Zustimmung und Widerspruch. In Momenten, die weitergeführt haben – und in solchen, die bewusst offen geblieben sind.

Manche Türen haben sich geöffnet, als ich an ihnen gerüttelt habe. Dafür bin ich dankbar. Andere sind geschlossen geblieben. Auch dafür.

Denn gerade diese Türen haben bewahrt, was reifen musste. Sie haben verhindert, dass Gedanken zu früh ausgesprochen, vereinnahmt oder vereinfacht wurden. Sie haben Zeit geschenkt. Und damit Tiefe.

Dieses Buch trägt die Spuren eines Weges, der nicht immer leicht war. Eines Prozesses, der mich gefordert, verunsichert und immer wieder neu ausgerichtet hat. Vielleicht war genau das notwendig, damit die Fragen dieses Buches heute gestellt werden können – und deren Antworten zur Orientierung beitragen.

Ich danke allen, die mich auf diesem Weg begleitet haben. Mit Offenheit, mit kritischen Fragen, mit Vertrauen – oder einfach mit der Bereitschaft zuzuhören.

Und ich danke der Zeit. Denn ohne sie wäre dieses Buch nicht möglich gewesen.

Fotocredits

Die nachfolgende Liste enthält die Fotocredits alphabetisch sortiert nach dem Namen der fotografierten Person (Nachname, Vorname). In Klammern sind jeweils die Fotocredits angegeben.

- **Baaske, Philipp** (Stefan Schmerold, blende11 Fotografen)
- **Bendlin, Torsten** (Till Stürmann)
- **Brunner, Josef** (PRIVAT)
- **Carsten, Niklas** (Dominik Müller)
- **Dammer, Leo** (PRIVAT)
- **Dimou, Iota** (Pixida)
- **Düring, Adrian von** (Anne Großmann)
- **Fassbender, René** (blende11 Fotografen)
- **Gärtner, Daniel** (Novastone Capital Advisors GmbH)
- **Geppert, Lucy** (PRIVAT)
- **Happe, Guido** (PRIVAT)
- **Henze, Matthias** (Alina Atzler)
- **Hesselmann, Kai** (DEALCIRCLE)
- **Höper, Stefan** (PRIVAT)
- **Jentzsch, Christoph** (PRIVAT)
- **Kouris, Evgeni** (Frank Gronau)
- **Kreutzer, Katharina** (Julian Ebinal)
- **Lutsch, Peter-Georg** (PRIVAT)
- **Monteiro, Johann** (Pixida)
- **Pachaly, Florian** (RECUP)
- **Reichel, Alexander** (Oakstreet)
- **Rhotert, David** (Malina Ebert)

- **Scheidel, Michael** (MSI Partners)
- **Schenk, Michaela** (Mawa GmbH)
- **Schwarz, Matthias** (PRIVAT)
- **Schweizer, Gosia** (Matthieu Rouil)
- **Seyfarth, Günes** (Hauke Seyfarth)
- **Steiger, Christian** (Jigal Fichtner)
- **Storz, Niclas** (Tidely)
- **Tropper, Manfred** (PRIVAT)

ForwardVerlag